_____级_____班

_____留存

(学号:_____)

清华大学荐读书目

RECOMMENDED
BOOKS
BY
TSINGHUA
UNIVERSITY

胡显章 ◎ 主编

清华大学出版社
北京

版权所有，侵权必究。举报：010-62782989，beiqinquan@tup.tsinghua.edu.cn。

图书在版编目（CIP）数据

清华大学荐读书目 / 胡显章主编. —北京：清华大学出版社，2017（2024.7重印）
ISBN 978-7-302-48435-6

Ⅰ.①清⋯ Ⅱ.①胡⋯ Ⅲ.①推荐书目–世界 Ⅳ.① Z835

中国版本图书馆 CIP 数据核字（2017）第 225245 号

责任编辑：纪海虹
封面设计：高语鄢
责任校对：王凤芝
责任印制：沈　露

出版发行：清华大学出版社
　　网　　址：https://www.tup.com.cn, https://www.wqxuetang.com
　　地　　址：北京清华大学学研大厦 A 座　　　邮　　编：100084
　　社　总　机：010-83470000　　　　　　　　　邮　　购：010-62786544
　　投稿与读者服务：010-62776969, c-service@tup.tsinghua.edu.cn
　　质量反馈：010-62772015, zhiliang@tup.tsinghua.edu.cn
印　装　者：三河市天利华印刷装订有限公司
经　　销：全国新华书店
开　　本：182mm×257mm　　印　张：17　　插　页：4　　字　数：389 千字
版　　次：2017 年 9 月第 1 版　　　　　　　　　印　　次：2024 年 7 月第 15 次印刷
定　　价：68.00 元

产品编号：075563-03

编委会

编委会主任：胡显章

编委会顾问：张岂之

编委会成员（按姓氏拼音排序）：

艾四林　曹　莉　陈　来　范爱红　黄裕生

李　睦　李正风　刘北成　刘　勇　谈火生

万俊人　汪　晖　王　巍　王　媛　王振民

王中忱　张　希　张国刚　郑　力

导读文章作者名单
（按姓氏拼音排序）

曹莉	陈来	陈永国	程钢	邓欢娜	丁夏
方朝晖	高静	郭嘉	郭金华	黄裕生	降边嘉措
李春平	李季旋	李睦	李若语	李潇	李学勤
李正风	廖名春	林培源	刘北成	刘国忠	刘敬东
刘石	刘涛雄	刘勇	牟钟鉴	穆宏燕	彭刚
钱逊	钱浩	秦佑国	申祖胜	宋继杰	孙明君
谈火生	唐孟	童燕萍	汪晖	王峰明	王贵贤
王天夫	王巍	王中忱	吴彤	肖巍	宿志丕
解志熙	薛刚	阎学通	颜海平	杨君游	余太山
俞燚帆	张国刚	张涵	张玲霞	张萍	张勇

序

这是一本关于引导读书的册子。

许多名人大家对读书都有着深刻的领悟。莎士比亚说:"书是全世界的营养品。"高尔基说:"书是人类进步的阶梯。"培根说:"读书使人充实。""精神上的各种缺陷,都可以通过求知来改善。"臧克家说:"读过一本好书,像交了一个益友。"在哈佛大学当了40年校长的艾略特说:"养成每天用10分钟来阅读有益书籍的习惯,20年后,思想上将大有进步。所谓有益的书籍,是指世人所公认的名著,不管是小说、诗歌、历史、传记或其他种种。"清华学长钱钟书、杨绛伉俪因书结缘,他们将读书视作一种信仰。钱钟书酷爱读书,进校后誓扫清华图书馆被传为佳话。杨绛说:"我觉得读书好比串门儿——隐身的串门儿。要参见钦佩的老师或拜谒有名的学者,不必事前打招呼求见,也不怕搅扰主人。翻开书面就闯进大门,翻过几页就升堂入室。""读书不是为了拿文凭或者发财,而是成为一个有温度懂得情趣会思考的人。""书虽然不能帮你解决所有的问题,却能给你一个更好的视角。""它会在不知不觉中影响你的思考、逻辑、谈吐、与人共事等各个方面。""读书能让人遇到更好的自己。"为了鼓励清华学子读书,她在九十高龄时,用她与钱钟书的稿费在清华设立了"好读书"奖学金,同学们以两位老学长提出的"好读书、读好书"倡议为宗旨成立了好读书协会。

为了引导大家读好书,1997年清华大学推出一本《清华大学学生应读书目(人文部分)》,推荐了中国文化名著、中国文学名著、世界文化名著和世界文学名著各20种,收效良好,在校内外获得积极评价。当前,面临中华民族伟大复兴,清华大学正在加快推进建设"世界一流、中国特色、清华风格"大学的进程。国家与学校领导都越来越关注人的素质,强调多读书,读好书,善读书。习近平同志一再倡导读书,指出"读书可以让人保持思想活力,让人得到智慧启发,让人滋养浩然之气",他谈到在插队的艰苦岁月,常常以书为伴,当今日理万机,"经常能做到的是读书,读书已成了我的一种生活方式"。李克强同志在人民代表大会上强调人们在追求物质财富的同时,希望有更丰富的精神生活。书籍和阅读是人类文明传承的主要载体。阅读是一种享受,也是一份财富,阅读者将终身受益。希望全民阅读能够形成一种氛围,无处不在。为此,"全民阅读"被三次写入《政府工作报告》,并提出建设书香社会的愿景。处在文化高地的大学理应成为书香社会的典范和导引者。清华大学邱勇校长也十分重视引导大家读书。他在给2015年新生的信中强调:读书是一种生活态度,这对于处在个人成长黄金阶段的年轻人而言尤为重要,与书为伴将使同学们受益终生,并向新生赠送路遥的《平凡的世界》,继而在2016年又向新生赠送亨利·戴维·梭罗的《瓦尔登湖》。邱校长还支持"读在清华"深度阅读推进计划的实施,十分关注推荐书目的工作。依据形势的要求,在总结以往指导阅读实践的基础上,由清华大学图书馆出面,邀集了清华大学国家大学生文化素质教育基地、新雅书院、教务处和人文学院等院系的教授组成了一个编委会,对1997年版的《清华大学学生应读书目(人文部分)》进行了修订,形成了新版《清华大学荐读书目》。

新版书名由"应读"到"荐读"的修改,体现了对阅读主体的尊重,变"你应读"为"我要读"。新版书目比之旧版有如下的变更:一是对部分书目做了调整,扩大了学科覆盖面,增加了社会科学、自然科学领域和美学方面的书籍;扩大了对地域、民族和人类文明发展重要阶段的覆盖面。二是总量由原来的80种增至120种,并依然在其中注明了优先推荐的书目(共30种,以 ※ 标示)。有人会说,在校学习期间是无法读完这120种的,甚至终生都难以读完。实际上,《荐读书目》只是对大家的阅读起一种导引作用,至于能够读多少,关键在于读书的需求和态度。唐宋八大家之一王安石说:"尽吾志也,而不能至者,可以无悔矣。"这对于我们读书不无启迪作用。又有人会说,这书目推荐的书太少了。实际上在选择过程中，我们参阅过各种各样的阅读书目，编委们也推荐过其他的书，最后我们以同一学科背景的书不宜过于集中为原则，立足全局进行了选择，有的书采取了在同类书目导读中提及的办法，还有的书将在学科推荐书目中列选，例如，清华美术学院曾经推出一本《清华大学美术学院学生素质教育推荐书目》，着重列出系列美学的书籍，修订后要再版；新闻与传播学院学术委员会主任李彬教授给同学们编了《清华新闻书目导读100种》，不仅列选了与新闻传播相关的经典读物，还涉及为人、为学、审美的宽博领域；清华马克思主义学院也将推出阅读书目，其中部分有关马克思主义的书籍是配合马克思主义理论必修课列出的，是面向全校同学的，许多重要的书籍在这个《荐读书目》中就没有列出。新版还考虑到中学阅读的情况，删节了旧版部分书目。新版所推荐的书目除个别是近期一经面世便为世人公认为富有启迪意义的好书，一般均带有经典特色，历经岁月的淘洗，是具有传世性、普适性和权威性的文化遗产。

怎样阅读这些名著？不同的人，对待不同的读物，有不同的读法，总体上提几点建议供参考：一是正如历史学家钱穆先生在《国史大纲》弁言中倡导的，对中国历史文化应该带有温情与敬意那样，对经典读物也应该抱有这样的心态；二是经典，尤其是带有深刻哲理的文化名著，有较大难度，要花大工夫研读，要有耐心和韧劲；三是要有心灵的交流。德国哲学家雅斯贝尔斯说：教育意味着一棵树撼动另一棵树，一朵云推动另一朵云，一颗心灵唤醒另一颗心灵。阅读作为一种自我教育，也应该有这样的过程；四是，要联系实际，进行独立思考和判断，并学以致用。《礼记·中庸》十九章有："博学之，审问之，慎思之，明辨之，笃行之。"被朱熹称为"为学之序"，对我们今天的阅读仍是适用的。这样，我们就可以像华罗庚教授总结的做到读书"由薄到厚"，又"由厚到薄"，即通过思考判断，分析归纳，达至去庞存菁，融会贯通，转识成智，并经过实践，成为自己稳定的素质。

这次推荐书目的工作，得到各方的关注和支持，许多学科的领军者和教学名师或对书目提出建议或亲自提笔撰写导读文章，保证了书目的质量，提升了书目的吸引力和影响力，我们在此向他们，向所有为书目奉献了心力的朋友们表达谢意。

我们希望此次新版的书目相对于旧版能收充实完善之效，由于能力所限，依然会有不足之处。这个册子是为大学生阅读提供导引的，也可以为同等阅读水平的读者提供阅读参考。我们期望这个册子对大家多读书、读好书和善读书能够有所助益，也期望读者能将意见反馈给我们，以便进一步完善。

《清华大学荐读书目》编委会主任

2016 年冬

目录

1 中国文化名著（共30种）

- ※ 论语 /2
- ※ 老子 /4
- 孙子兵法 /6
- 墨子 /8
- ※ 孟子 /10
- 庄子 /12
- 荀子 /15
- 韩非子 /17
- 易传 /19
- ※ 礼记 /22
- 左传 /24
- ※ 史记 /26
- 汉书·西域传 /28
- ※ 论衡 /30
- 坛经 /32
- 读通鉴论 /34
- 四书集注 /36
- 传习录 /38
- 明夷待访录 /40
- 天下郡国利病书 /42
- 天演论 /45
- 大同书 /47
- 清代学术概论 /50
- 中国哲学简史 /52
- 国史大纲 /54
- 青铜时代 /57
- 中国建筑史 /59
- 乡土中国 /63
- ※ 中国古代科学思想史 /65
- ※ 美的历程 /67

2 中国文学名著（共30种）

- ※ 诗经选 /72
- 楚辞选 /74
- 汉魏六朝诗选 /76
- 世说新语 /78
- ※ 唐诗三百首 /80
- ※ 宋诗选注 /82
- ※ 唐宋词选释 /84
- 中国古典四大名剧 /86
- 三国演义 /88
- 水浒传 /90
- ※ 红楼梦 /92
- ※ 古文观止 /94
- 儒林外史 /96
- 金锁记 /98
- ※ 鲁迅选集 /100
- 中国新诗萃 /102
- 子夜 /104
- 家 /107
- 骆驼祥子 /109
- 围城 /111
- 北京人 /114
- 生死场 /117
- 死水微澜 /119
- 青春之歌 /121
- 李有才板话 /123
- 陈映真文选 /125
- 透明的红萝卜 /127
- 平凡的世界 /129
- 福乐智慧 /132
- 格萨尔 /134

3 世界文化名著（共30种）

※ 理想国（古希腊）/140
※ 尼各马可伦理学（古希腊）/142
沉思录（古希腊）/144
论自由意志（古罗马）/146
论道德的谱系（德）/148
新工具（英）/151
思想录（法）/153
谈谈方法（法）/155
政府论（英）/158
※ 论法的精神（法）/160
社会契约论（法）/162
国民财富的性质和原因的研究（英）/164
历史理性批判文集（德）/166
哲学史讲演录·导言（德）/168
※ 共产党宣言（德）/170
资本论第1卷（节选）（德）/172
※ 旧制度与大革命（法）/174
精神分析引论（奥）/176
※ 新教伦理与资本主义精神（德）/178
第二性（法）/180
※ 科学革命的结构（美）/182
疯癫与文明（法）/184
历史的起源与目标（德）/186
正义论（美）/188
国际政治理论（美）/190
从混沌到有序（比利时）/192
甜与权力：糖在近代历史上的地位（美）/194
时间简史（英）/196
人类简史：从动物到上帝（以色列）/198
※ 美的历史（意）/200

4 世界文学名著（30种）

荷马史诗（古希腊）/204
奥狄浦斯王（古希腊）/207
罗摩衍那（古印度）/210
变形记（古罗马）/212
※ 神曲（意）/214
波斯古代诗选（古波斯）/216
※ 哈姆雷特（英）/218
堂吉诃德（西班牙）/220
傲慢与偏见（英）/222
※ 浮士德（德）/224
高老头（法）/226
白鲸（美）/228
草叶集（美）/230
包法利夫人（法）/232
悲惨世界（法）/234
玩偶之家（挪威）/236
卡拉马佐夫兄弟（俄）/238
※ 伊凡·伊里奇之死（俄）/240
※ 契诃夫小说选（俄）/242
泰戈尔诗选（印度）/244
都柏林人（爱尔兰）/246
荒原（英）/248
先知（黎巴嫩）/250
城堡（奥地利）/252
※ 高尔基中短篇作品精选（苏联）/254
雪国（日）/256
静静的顿河（苏联）/258
※ 海明威短篇小说全集（美）/260
迪伦马特喜剧选（瑞士）/262
百年孤独（哥伦比亚）/264

我的阅读记号

- ☐ 论语
- ☐ 老子
- ☐ 孙子兵法
- ☐ 墨子
- ☐ 孟子
- ☐ 庄子
- ☐ 荀子
- ☐ 韩非子
- ☐ 易传
- ☐ 礼记
- ☐ 左传
- ☐ 史记
- ☐ 汉书·西域记
- ☐ 论衡
- ☐ 坛经
- ☐ 读通鉴论
- ☐ 四书集注
- ☐ 传习录
- ☐ 明夷待访录
- ☐ 天下郡国利病书
- ☐ 天演论
- ☐ 大同书
- ☐ 清代学术概论
- ☐ 中国哲学简史
- ☐ 国史大纲
- ☐ 青铜时代
- ☐ 中国建筑史
- ☐ 乡土中国
- ☐ 中国古代科学思想史
- ☐ 美的历程

中国文化名著

CLASSICS OF CHINESES CULTURE

· 1922 FOUNTAIN ·

《论语》

导读作者 / 钱逊

> 《论语》是孔子的弟子和再传弟子追记孔子的言行思想编纂而成,全书20篇,498章,是儒家思想和中国文化最重要的典籍。

作者简介

孔子,名丘,字仲尼,生于公元前551年,卒于公元前479年。孔子少时贫贱,做过管仓库和放牧的小吏;30岁开始招收弟子,办私学,是中国最早的私学之一。一生主要活动是从事教育,传说有弟子3000人,其中优秀的有72人。孔子是儒家学派的创始人,春秋末期的大思想家、大教育家。

孔子的思想,中心是讲做人的道理。他提出"政者正也"的治国理念和"为政以德"的主张,认为治国要以道德教化为基础;为改变当时"天下无道"的局面,恢复社会安定,他提出以"仁"为核心的道德思想体系,并致力于道德教育。

《论语》的思想,融政治、道德与教育为一体,其中包含了许多有普遍意义的原则。他强调,道德与刑政不同,单纯依靠刑罚和行政手段,百姓摄于刑罚,不敢做坏事,却不会有知耻之心;只有实行德治,才能使百姓有知耻之心,自觉不做坏事。他提出了正人先正己,先富后教,取信于民等重要原则。在仁学中,一方面倡导爱人、匹夫不可夺志,提倡独立的人格精神;另一方面又要求以仁为己任,见利思义,见义勇为,把社会责任放在第一位,提出了一种把个人人格与社会责任、社会义务相统一的人生观;在人我关系上,他提出"己所不欲,勿施于人""己欲立而立人,己欲达而达人",推己及人的原则;提出了孝、悌、忠、信、恭、宽、敏、勇、直等一系列道德规范;还特别强调"为仁由己",启发每个人的自觉道德精神,提出了不少重要的修养方法;并且论证了道德思想与礼仪规范的关系,要求人们仁礼兼备,文质彬彬。在教育方面,孔子提出有教无类、启发式教学等许多有价值的思想。这些思想对中国教育和文化的发展有深远的影响。《论语》中许多话都成为格言流传于后世。读《论语》要着重吸取其有普遍意义的精华,以提高我们的道德意识、责任感和使命感。孔子处于2500年前的宗法等级制社会,《论语》的内容也不免带有时代的烙印。今天继承吸取其精华,也要注意剔除其旧的时代内容,赋予它新的时代内容。

《论语》的读法，可以一章一章读，一章一章地理解、把握，领会一点即有一分收获。同时要注意把散见于各章中的对同一问题或相关问题的论述，联系起来，融会贯通，以求较全面、深入的了解；注意不要只据片言只语，做不恰当的理解和发挥。

《论语》版本很多。初学者可读杨伯峻的《论语译注》（中华书局出版）、钱逊的《论语浅解》（北京古籍出版社出版）。如想做较深入的研读，可读清人刘宝楠的《论语正义》、三国魏人何晏的《论语集解》和宋人朱熹的《论语集注》。各家注释各有不同；通过各本不同注释的比较，有助于更深入地理解和把握《论语》的精义。

《老子》

导读作者 / 程钢

> 《老子》既是中国古代哲学的重要典籍，也是道家、道教的重要典籍。中国哲学的主要范畴多源出于《老子》。

作者简介

《老子》的作者姓李，名耳，字聃，史称老子。春秋末期楚国苦县（今河南省鹿邑）人。曾经担任周王朝史官，后退隐。关于《老子》这本书及其作者，争议颇多。对于老子究竟是谁，司马迁在《史记·老子韩非列传》中也不敢十分肯定，他还提到老莱子、太史儋，不排除他们也是老子的可能性。总体来说，老子的生卒年难于详考。学界一般认为，老子年长于孔子大约20岁左右。

《老子》一书最核心的范畴是"道"。所谓"道"，以冯友兰先生的阐述较为简明切要："万物之所以生之总原理"，即万事万物生成发展、变化衰亡的总体规律。老子之"道"，乃生命之道，与纯粹机械物的运行规律不同。《老子》："道生之"（51章），道就是生命的源头。若不符合道，生命就不能延续。"物壮则老，是谓不道，不道早已"（30章）。道的追求目标是："天长地久"（7章）、"根深固柢，长生久视之道"（59章）。

得道之人，面对浮躁的世界，身心修养的途径就是"致虚极，守静笃"（16章）、"静为躁君"（26章），要在静笃中做自己的主人。与人交往则表现出：（1）提倡柔弱，反对强硬，"坚强者死之徒，柔弱者生之徒"（76章）；（2）为人谦下，反对骄泰，"江海所以能为百谷王者，以其善下之，故能为百谷王"（66章）、"去甚，去奢，去泰"（29章）；（3）宽容、包容，"容"是修养的重要内容。"知常容"（16章）、"圣人常善救人，故无弃人；常善救物，故无弃物"（27章）。

圣人道治天下的最高原则是："无为而无不为"（37章）。具体表现为：（1）无私心，不与民争利。"圣人无常心，以百姓心为心"（49章）、"天地之道，利而不害"。（2）公正。"以正治国"（57章）、"天之道，损有馀而补不足"（77章）。反对社会的不平等。

《老子》在历史上影响很大，是道家、道教的重要典籍。不少儒家知识分子也十分喜欢《老子》。例如，宋代的王安石父子，对《老子》有深入研究，《老子》思想是其变法的理论资源。理学家兴起之后，《老子》地位有所下降。即便如此，也有理学家对《老子》研究颇深，最著名的是元代吴澄。明代释德清的《老子注》，融通释道，也有很大影响。近代以来，魏源、严复都将老子思想作为变法革新的理论支撑，见解具有深刻的启发意义。

《老子》全书约五千字，分为上下两篇，习称《道经》《德经》，故《老子》又称《道德经》。篇幅不长，《老子》大致押韵（先秦古韵），适合记诵。

建议在通读全文的基础上，从人生哲理意义明显的章节入手，逐步深入解读文本，并联系相关章节，由已知通达未知，由浅显通达深奥。例如：第63至64章（从"为无为，事无事，味无味"到"辅万物之自然而不敢为"），这两章从大小问题着手，对事物的发展成长规律进行了深入浅出的阐发。这两章中的名言警句，如"为大于其细"、"千里之行，始于足下"等，影响极大。再如，第22章（从"曲则全，洼则盈"到"诚全而归之"）。这几章虽不直接运用"道"这个范畴，但对人生之道的阐述非常清晰，是理解《老子》非常好的入门章节。

《老子》的某些思想素有争议。例如，第7章"非以其无私邪？故能成其私"，第36章"将欲歙之，必固张之"，历史上既有人解读成权谋法术，也有人反对，视其为误读，争议不休。通观全书，《老子》学说是一种以生命为中心的功利主义，整体上仍然是实用理性主义的哲学。当功利有利于生命时，《老子》不反对功利；当功利危害生命时，《老子》则反对功利。

《老子》的权威版本是王弼本，可参考楼宇烈《老子道德经注校释》，中华书局2010年版。陈鼓应、白奚著有《老子评传》，南京大学出版社2001年版，第1~11页，对老子其人、《老子》其书的重要争鸣有学术综述。高亨著有《关于老子的几个问题》一文（收入《老子注译》，第1~13页），对老子生平相关问题有学术讨论，可供深入研读时参考。

1973年长沙马王堆出土帛书本《老子》，有甲、乙本两种，上下篇序与今本正好相反，文字与今本有一定差异。1993年在湖北荆门郭店村发现楚简本《老子》，篇幅约为今本的五分之二，文本与今本有更明显的差异。出土文献引发了众多学术争论，对《老子》研究有极大的推动作用。如果要深入研读《老子》，不妨参考相关研究。

汪致正的《汪注老子》人民出版社2016年版，每章均有一节"老子版本"，依次列出郭店甲本、乙本、丙本、马王堆帛书甲本、乙本、王弼本、河上公本、傅奕本、严遵本，为深入研读者提供了方便。

《老子》版本很多。初学者可读陈鼓应：《老子今注今译》，商务印书馆2003年版；高亨：《老子注译》，清华大学出版社2010年版。还有多种当代学者译注本，读者可自行选择参看。

《孙子兵法》

导读作者 / 程钢

> 《孙子兵法》是孙武所著的军事学著作，全书13篇，约6100字，是古代最重要的兵家典籍。

作者简介

　　孙子，名孙武，是春秋末期的大军事家、思想家。其生平难于详考。一般认为其军事成就的辉煌时期大致为公元前512年至公元前482年之间。孙子祖先姓陈名完，是陈国贵族，为躲避陈国内乱，逃奔齐国，因食采邑于田，故又称为田氏，陈完改称田完。孙子的曾祖父为田完之少子，因功被赐姓孙，与田氏分开，另立宗族。可能是因为躲避齐国内斗，孙武前往吴国求仕。孙武著《孙子兵法》，得到吴王阖闾的赏识。

　　《孙子兵法》既是兵书，又是哲理著作。孙子主要有如下思想。

　　（1）"兵者，国之大事。"孙子对待战争的态度是："明君慎之，良将警之，此安国全军之道也。"（《火攻篇》）既要慎战，又要备战。"兵者，国之大事，死生之地，存亡之道，不可不察也"，主张要慎战；另一方面，在列国竞争的时代，要"恃吾有以待"（《九变篇》），"待"就是备战。

　　（2）全胜。战争的目标是争取"全胜"。有学者认为，"全"是《孙子兵法》的核心观念。"全"就是全局。一般人以为战争就是攻城略地。孙子对此持否定态度。孙子指出："上兵伐谋，其次伐交，其次伐兵，其下攻城。攻城之法，为不得已。"（《谋攻篇》）战争是整个政治体系的一部分，要从政治全局评判一场战争的得失，"攻城"只是一个环节。最高明的战争方式是"不战"，也就是"上兵伐谋""不战而屈人之兵"（《谋攻篇》）。

　　（3）争取主动。孙子认为，用兵的核心是争取主动。"善战者，致人而不致于人"，致人是抓住主动权，致于人是丧失主动权，被动挨打。只有把握主动权，才能"形人而我无形""兵无常势，水无常形，能因敌变化而取胜者，谓之神。"（《虚实篇》）。

　　（4）求势。"势"是孙子学说中独特的观念。它描述的是军事家通过巧妙组合作战的各种要素，给对手造成致命的冲击态势或冲击力。这种态势稍逊即逝，高明的军事家都善于营造并巧用这种态势（势）。

在当代社会中,《孙子兵法》对企业家也有很深刻的启迪,企业经营的核心是赢得竞争力,与战争有相通之处。

《孙子兵法》对于一般读者也有人生哲理的启示。人生如逆水行舟,不进则退,应对逆境、与命运抗争是人生的常态。《孙子兵法》对于人生的重要启迪是:要牢牢把握人生的主导权,凸显人的主体性、主动性和自觉性,这是人之所以为人最为根本的特征之一。

《孙子兵法》共有十三篇。篇目如下:《始计篇》《作战篇》《谋攻篇》《军形篇》《兵势篇》《虚实篇》《军争篇》《变篇》《行军篇》《地形篇》《九地篇》《火攻篇》《用间篇》。这些篇章,也可以用一个字贯通起来,它就是"知"。"知"字在全书中出现过69次。这种重"知"的精神甚至在篇名上也有所体现。例如:"计""谋""势""虚实""变""用间"等,这些均与人的自觉性、主动性有非常直接的联系。全书以"知"相贯串,始于"计",终于"用间",构成了一个有机的整体。

全书约6000字,花不多时间就可以通读完毕。建议在通读全书的基础上,针对自己感兴趣的主题进行分析思考。希望读者能超越军事或商战谋略的层次,体会其实用理性精神的合理成分。由于本书自始至终都包含有浓厚的功利主义色彩,比较容易引导人们关注竞争性的权谋。这些权谋原本运用于政治、军事、经济领域,有一定的合理性,若简单运用于日常人生,就有较大的负面作用。因此,《孙子兵法》应当和《论语》《道德经》合在一起学习,以便对这部经典著作有比较全面的理解。

《孙子兵法》版本很多。初学者可读郭化若:《孙子兵法今译》,上海古籍出版社2006年版。郭化若将军对《孙子兵法》的研究贡献很大。还有多种当代学者译注本,读者可自行选择参看。

关于孙子的生平及其争议,可参看黄朴民:《孙子评传》,广西教育出版社1994年版,2014年解放军出版社再版。

对《孙子兵法》进行深入研读,建议参考杨丙安:《十一家注孙子校理》,中华书局1999年版。收入的注家并不限于"职业军事家"(如曹操),还包括看起来不是军事家的道教人物李鉴、唐代以史学著称的官员杜佑、以写诗著称的杜佑之孙杜牧、北宋以写诗著称的官员梅尧臣等人。这说明,兵家在中国文化中具有广泛的吸引力。这本书是《孙子兵法》最权威的古注选集。

近年来,著名史学家何炳棣发表了《中国现存最古的私家著述:〈孙子兵法〉》《中国思想史上一项基本性的翻案:〈老子〉辩证思维源于〈孙子兵法〉的论证》等论文,以《孙子兵法》早于《老子》为话题,对中国古代思想的谱系结构发表了新见解,引起了争论,可供深入学习者参考。

《墨子》

导读作者 / 钱逊

《墨子》是阐述墨家思想的著作，原有71篇，现存33篇。一般认为是墨子的弟子和后学记录，整理、编纂而成。

作者简介

墨家的创始人墨翟（约公元前468年—前376年），鲁国人，原是手工工匠，善于制作守城器械等，曾学儒学，后自创墨家学说。

《墨子》内容分两部分。一部分记载墨子言行，阐述墨子思想，主要是反映前期墨家思想；另一部分《经上》《经下》《经说上》《经说下》《大取》《小取》六篇，主要阐述墨家认识论和逻辑思想，也包含部分自然科学知识，主要反映后期墨家思想，一般称作墨辩或墨经。

墨家思想的精神是"自苦利人"。他倡导"兼相爱，交相利"，以利人为义，亏人自利为不义；以是否利人为衡量义与不义的标准。他的兼爱、非攻、非乐、节用、节葬等主张，都体现了这种精神。他要求人们学习大禹治水，自苦为极的精神，在个人物质生活取最低的标准。孟子称他是"墨子兼爱，摩顶放踵，利天下而为之。"

政治方面墨子主张"尚贤""尚同"。尚贤是主张"有能则举之，无能则下之"，突破当时的贵族世袭制度。尚同是主张百姓逐级与上级官长保持一致，最后上同于天子，以天子之是非为是非，统一全国思想。

墨子承认天有意志和鬼神的存在，以天志为其思想的最后依据，认为天和鬼神都能赏善罚恶。同时他又反对天命思想，认为人和禽兽的区别，在于禽兽以羽毛为衣，水草为食，不必耕织，衣食已足；人则是赖其力者生，不赖其力者不生。强调了一切要依靠人自己的努力。他还提出衡量言行是非的三个标准：上古圣王的经验，百姓耳目之实和符合国家人民之利。

墨子思想包含着深刻的矛盾。他自苦利人，精神高尚，但带有若干空想成分，难于为多数人接受。他主张有能则举之，无能则下之，否定贵族世袭，要求平等的政治权利；又主张尚同，有专制主义的倾向。这些都反映出小生产者的思想特点。

总体说来，中国古代逻辑思想不够发达。而《墨经》所阐述的逻辑思想，则已经达到相当高的水平。《墨经》是了解中国古代逻辑思想的主要著作；其中关于自然科学知识的内容，也有重要意义。

读《墨子》，可用今人王焕镳的《墨子·校释》，或清孙诒让的《墨子间诂》；可以重点读《尚贤》《兼爱》《非攻》《节用》《节葬》《天志》《非乐》等篇。

《孟子》

导读作者 / 钱逊

> 《孟子》，儒家的重要经典。宋儒将它与《论语》《大学》《中庸》合编成《四书》，作为当时学子初读入门的书，后来更成为科举考试的基本读物。

作者简介

孟子名轲，战国中期邹（今山东邹城市）人，约生于公元前372年，卒于公元前289年（一说约公元前390年—前305年）。他晚于孔子189年，自称所愿是"学孔子"，《史记》说他"受业子思之门人"。他以天下为己任，前半生周游列国，游说诸侯，宣传他的主张，但被看作迂阔而不见用。晚年回故乡从事教育和著述，《孟子》一书是他晚年带领弟子写成。他继承和发展了孔子的思想，是儒家思想的重要代表，被尊为亚圣。

孟子继承孔子成人、成圣之学，《孟子》的思想也是以做人的道理为中心，由做人而推及治国，而又多有发展。孔子教人"博之以文，约之以礼"，要求德礼兼修，成为文质彬彬的君子。孟子倡言仁义，认为仁是"安宅"，人的精神家园，义是"人路"，人一切言行应遵循的道路，做人就是要"居仁由义"；又提出要培养浩然正气，有"富贵不能淫，贫贱不能移，威武不能屈"的精神气概；明确提出"所欲有甚于生者""所恶有甚于死者"，义和生不可兼得时要能舍生取义的价值观；强调个人独立人格的尊严，对于士的出处进退，提出不少具体要求。对后世影响极大。

孟子把仁义推扩到对待百姓，治理国家，提出王道仁政思想。明确提出"民贵君轻"，强调得民心者得天下，失民心者失天下；反对诸侯争霸的战争，重视民生；认为百姓的温饱是进行道德教化的基础，以黎民不饥不寒为施政目标，提出了一系列具体的惠民政策和措施。

"孟子道性善"，提出他人性善的思想。他否定"生之为性"，从人与禽兽相区别之处认识人性，认为只有天赋本性中人所独有，人之所以为人的那一部分，才是人性；人有恻隐之心、羞恶之心、辞让之心、是非之心，这四心是天赋的，是仁、义、礼、智等善性的源泉和萌芽，是人性善的根据；人之所以有恶，是由后天习染所造成的。他提出"人皆可以为尧舜"，只要自觉努力，人人都可以成为尧舜那样的人，所以没有做到，"是不为也，非不能也"，并提出了一系列修养心性的原则和方法。

孟子的人性学说中还论述了人性与天道、天命的关系。提出尽心就可以知性，知性也就知天。充分发挥本心就可以了解自己固有的善性；了解了善性也就知道了天命，可以安顿好自己的人生，安身立命。建立起了由心性修养而上达于天的理论架构，完善了天命与人生，天道与人道合一的天人合一思想，为以后儒家思想和中华文化的发展奠定了基础。

孟子思想是对孔子思想的传承和发展。要懂得孟子思想，必先读《论语》，并对《论语》《孟子》作会通的理解。要把握《论语》《孟子》共同的中心思想。《论语》的中心思想是讲做人，读《孟子》也应牢牢把握这个中心；既要注意二者的同，也要注意二者的异。既要看到同中有异，也要能够异中见同，看孟子如何在传承孔子思想时实现创造性的转化和发展；把握二者的异同，要注意二者所处时代背景的不同。

《孟子》书，可读朱熹《四书章句集注》中的《孟子集注》，当代学者注本有杨伯峻的《孟子译注》、钱逊的《正气浩然·孟子读本》和颜炳罡的《中华传统文化经典教师读本·孟子》可作参考。

《庄子》

导读作者 / 程钢

> 《庄子》在中国古代文化史上拥有独特的地位：既是文学名著，又是哲理经典，还是道家道教的重要典籍。

作者简介

庄子名周，战国中期蒙人（今安徽河南交界处）。庄子本人曾担任过管漆园的小官吏，生活清贫。庄子的传记见于司马迁的《史记·老庄申韩列传》。庄子生活的年代与孟子同时而稍后，生卒年及生平难于详考。令人遗憾的是，庄子与孟子生活于同一时代，他们的著作中都没有提到对方，这让我们失去了欣赏大思想家之间对话品评的机会。

现存《庄子》33篇，分为《内篇》（7篇）、《外篇》（15篇）、《杂篇》（11篇）。一般认为，《内篇》的作者是庄子本人，其余由庄子后学所著。现在读到的《庄子》33篇是魏晋时代郭象所编。

庄子继承并发展了老子的思想。庄子的核心范畴仍然是"道"。庄子之"道"，以"道通为一"（《齐物论》）为宗旨，着眼点不在于揭示万物生存变化的操作性规律，而是帮助人们理解、接受并应对这个充满偶然性、恢诡奇谲、不合常规、变化不定的世界。在庄子看来，万物一体，道通为一。万物（包括人在内）都是由气所聚合而成。"人之生，气之聚也。聚则为生，散而为死"（《知北游》）。这个世界又是由色彩斑斓、形态各异的事物组成的，它们之间存在着错综复杂的关联。"万物皆种也，以不同形相禅"（《寓言》）。"禅"是替代。每个事物都是有限的，都有生死，都会被其他事物替代,宇宙生化，无穷无尽。"道"的独特功能就是"通"。个体都是有限的、偶然的，在无尽的宇宙中孤苦怜仃。只有藉助于"道通为一"，个体才能将有限的生命与更大的宇宙整体联通起来，并融入其中，从而真正体验到生命的意义，摆脱对于死亡的恐惧。在庄子看来，死亡原本是自然现象，有如四季的代谢转移。

庄子的"道"可以外现为人格。"夫道，有情有信，无为无形"（《大宗师》）。道是有情，可以与人感通。对于得道之人，庄子有多种称法。有"真人""至人"等。大宗师是庄子心目中的理想人格。庄子认为，万物一齐，没有本质差别。通过认知之路，无法通达真理。但这并不意味着世界上没有真理。真理要以真人作为前提。"有真人而后有真知"（《大宗师》）。

庄子推崇达观游世，提倡以道为师，放弃自我中心，物我一如，达到无我的境地。自我中心是人类根深蒂固的缺点。它有两种局限性：一是束缚了人类的生命想象力，认识不到宇宙的浩瀚无边，看不到宇宙无可言说的"大美"，体验不到天人一如的"天和""天乐"（《天道》）；二是在自我与他人之间建立了贵贱等级，人为物役，相互争斗，乐此不疲。依庄子看，一切等级都是浮云。"以道观之，物无贵贱。以物观之，自贵而相贱"（《秋水》）。种种物我差别都是一种自我欺骗，与大道完全背离。真正得道的人，会摆脱自我中心，不为物役，真正地做到"物物而不物于物"（《山木》），回归自己的本性，做物的主人。对于现实的一切，顺其自然，坦然达观。"用心若镜，不将不迎，应而不藏，故能胜物而不伤。"（《应帝王》）。大宗师是真正达观游世的人。

"道通为一"的体验，无法用精确的方式表述，必须藉助于寓言、重言、卮言，才能传达。《庄子》书中，有极其丰富的寓言，它们以汪洋恣肆的想象力与富于哲理的构思，向人们展现了宇宙的丰富多样与复杂关联。

《庄子》对自我中心的批判在中国文化史上有极大的影响。庄子道论，既是佛学传入中土的哲理媒介，还为宋明理学的崛起提供了理论资源。近代王国维《人间词话》中的"无我之境"，也从庄子学说中得益匪浅。破除自我中心主义是世界性的话题，庄子思想仍有其启迪意义。

近年来，不少学者关注庄学与儒学的关联。儒家思想的重要提法如"内圣外王"以及"六经"等儒家思想的主要范畴，多源出于《庄子》。宋代思想家王安石援儒入庄、援庄助儒的庄学观也受到关注。

《庄子》全书共有33篇，篇幅较大，通读不易。建议认真通读《内篇》（共7篇），外加《秋水》《知北游》和《天下》3篇。

历史上，知识分子喜欢《内篇》，主要因为《庄子》脱去了《老子》书中的"权诈"因素。有些学者干脆直接以《内篇》为文本依据，研究庄子本人的思想。也有学者认为，《内篇》固然是理解庄子的基础，但是庄子的某些重要思想，在《外篇》《杂篇》中也有同样深刻、甚至是后出转精的阐述。例如《秋水》中的"无以人灭天"深受当今环境保护人士的喜爱。《天地》中关于机事、机心的寓言，深受现代技术哲学家的关注。《天下篇》是一部精要的学术史，历来受到学界推崇。

司马迁在谈论庄子时，未提及《内篇》，谈论的是《外篇》中的《胠箧》《杂篇》中的《渔父》《盗跖》。受司马迁影响，有些学者视《外篇》《杂篇》为庄子所作，《内篇》为庄子后学所作。

英国汉学家葛瑞汉（A.C Graham）认为，《庄子》由五部分人共同写成：庄子本人、庄子弟子、原始主义者、杨朱派、折衷主义者（杂家）。作为一家之言，可以参考。（参看《论道者》，张海晏译，中国社会科学出版社2013年版，第202~203页）

《庄子》版本很多。初学者可读陈鼓应的《庄子今注今译》，商务印书馆2016年版，这是当代最通行的庄子注译本。张默生的《庄子新释》，齐鲁书社1993年版。本书系由张翰勋根据张默生的讲义和著作补订整理成书。本书最大的特点是：其译文类同串讲，没有回避篇中难解的关键词语，对初学者很有帮助。还有多种当代学者译注本，读者可自行选择参看。关于庄子的生平，可参看颜世安的《庄子评传》第一章"生平著述"。（颜世安：《庄子评传》，南京大学出版社 1999 年版）

《庄子》的权威版本是郭象本，可参考《南华真经注疏》,（晋）郭象注,（唐）成玄英疏，曹础基、黄兰发点校，中华书局 2016 年版。

《荀子》

导读作者 / 廖名春

> 《荀子》一书为战国末期赵人荀况及其弟子后学所著。
> 荀况本为孙氏,故此书又称《孙卿书》或《孙卿子》。西汉刘向整理时定为32篇,大致分为三类:一类为荀子亲手所著,有二十余篇,占大多数;一类是荀子弟子所记录的荀子的言行,有几篇;还有几篇是荀子及其弟子所引用的先秦儒学的材料,甚至有荀子弟子的作品。前两类是研究荀子思想的直接材料,是《荀子》一书的主体。

作者简介

荀子(约公元前336—前238年),名况,字卿。著名思想家、文学家。曾三次出任齐国稷下学宫的祭酒,后为楚兰陵(位于今山东兰陵县)令。

人性论是荀子思想的逻辑起点。荀子认为人天生有恶性,天生好利恶害,如果任凭人性恶的一方面发展,人与人之间就会互相争夺,使社会陷入混乱。要注意的是,荀子强调"人之性恶",是说人生有恶的一面,并非说人性全恶。荀子认为"凡以知,人之性也",人天生有这种"可以知之质,可以能之具",圣人凭着这种知性,可以化掉恶性而选择善。所以,礼义之善并非从恶性中产生,而是产生于知性,是"知有所合"的结果。这就是著名的"化性起伪"论。

荀子认为"能群"是人类区别于禽兽并能胜过和役使禽兽的基本条件,而"分"则是人类组成社会的基本法则。为了消除人们由于利欲引起的争夺,必须明确规定人们在经济上、政治上贫富贵贱的等级区别。这就是礼义的起源和实质。在此基础上荀子在政治上提出了隆礼重法说。在君民关系上,一方面尊君、隆君;一方面,重视民本,提出君民舟水说。

在天人关系方面,荀子认为天是客观存在的自然界,有它固有的客观规律;人类社会的治乱兴废,在人而不在天。人应顺应自然规律,利用自然,"制天命而用之",将自然之物大规模地生产出来而供人所用,这就是所谓的"人成天生"说。

在认识论方面,荀子特别强调"解蔽",认为认识的片面性是人的通病。为此提出"虚壹而静"的解蔽方法,主张认识事物要虚心,要专心,不要让各种胡思乱想和烦恼来扰乱思维,将正确的认识坚持到底,这样就能达到"大清明"的境界。

荀子又建构了以正名为中心的逻辑体系，他揭示了名反映实的本质，制定了关于名的划分和推演的理论，阐述了制名的原则，又指出了命题的本质，特别是在直言判断的定义上超越了前人。

荀子的战争观出自孔、孟，其认识的深度则超过了孔、孟。他以禁暴除恶为目的的战争观、以壹民附民为本的强兵论，虽然不无创造发展，但从总体看，是对孔子、孟子儒家传统军事思想的继承；他以为将之道、王者之军制为内容的治军术则主要是他在战国末期这一新的历史条件下对儒家传统军事思想的创新和补充，其中许多见解往往发人之所未发，弥足珍贵。

荀子以孔子思想为本，对诸子百家之说，甚至包括思孟学派，都进行了激烈的批评，其论虽不无偏颇，但足可称为先秦时期继孔子、孟子之后最有成就的儒学大师。荀子的性伪之分、明分使群、天人之分、虚壹而静、兵以壹民附民为本、名以指实等思想是荀子对于中国哲学的创造性贡献。因此，说荀子是先秦儒学的殿军，是春秋战国"百家争鸣"的集大成者，应不为过。

《荀子》一书唐杨倞曾为之作注。较好的注本有王先谦的《荀子集释》，收入中华书局版的《诸子集成》。上海古籍出版社又推出了王天海的《荀子校释》（2005年）上、下两册；廖名春有《荀子新探》（台北：文津出版社，1994年；北京：中国人民大学出版社，2014年），代表了荀子研究的最新水平。

《韩非子》

导读作者 / 廖名春

《韩非子》二十卷,先秦法家学派的代表著作。

作者简介

韩非(约公元前280年—前233年),战国时期韩国人,为韩国公子,与李斯同学于荀子,喜好刑名法术之学,继承并发展了法家思想,为战国末年法家之集大成者。

《韩非子》全书由55篇独立的论文集辑而成,大都出自韩非之手,除个别文章外,篇名均表示该文主旨。

韩非继承总结了战国时期法家的思想和实践,提出了"以法为主",法、术、势结合,进而达到君主专制中央集权的理论。其主张国家的大权,要集中在君主一人手里,君主必须有权有势,才能治理天下。为此,君主应该使用各种手段清除世袭贵族,"散其党""夺其辅";同时,选拔一批经过实践锻炼的军功官吏来取代他们,"宰相必起于州部,猛将必发于卒伍"。韩非主张改革和实行法治,要求"废先王之教""以法为教"。强调制定了"法",就要严格执行,任何人也不能例外,做到"法不阿贵""刑过不避大臣,赏善不遗匹夫"。认为只有实行严刑重罚,人民才会顺从,社会才能安定,统治才能巩固。而严重的徭役和赋税只会让臣下强大起来,不利于君王统治。

韩非认为历史是不断发展进步的。如果当今之世还赞美"尧、舜、汤、武之道""必为新圣笑矣"。因此主张"不期修古,不法常可""世异则事异""事异则备变",要根据今天的实际来制定政策。他的历史观,为当时的变法运动提供了理论根据。

韩非首先提出了矛盾学说,用矛和盾的寓言故事,说明"不可陷之盾与无不陷之矛不可同世而立"的道理。

在学术思想史方面,《韩非子》也颇有贡献。其中《显学》一篇,保留了"孔、墨之后,儒分为八、墨离为三"的珍贵记载。而《解老》和《喻老》则是现存最早研究和注释《老子》的作品。

该书在先秦诸子书中风格独特,思想犀利,文字峭刻,逻辑严密,议论透辟,推证事理,切中要害。比如《亡征》一篇,分析国家可亡之道达47条之多,实属罕见。

《难言》《说难》两篇，无微不至地揣摩所说者的心理，以及如何趋避投合，周密细致，无以复加。

清代以来卢文弨、顾广圻、王念孙、俞樾、孙诒让都整理过此书，清末王先慎著《韩非子集解》总结了清人的成果。民国时期较好的注本有陈启天的《韩非子校释》（《民国丛书》本），近年来较好的注本有张觉的《韩非子校疏》（上海古籍出版社，2010年）。

《易传》

导读作者／廖名春

> 《易传》是一部战国以来系统解释《周易》经文的专集，由《彖传上》《彖传下》《大象传》《小象传》《文言传》《系辞传上》《系辞传下》《说卦传》《序卦传》《杂卦传》八种十篇组成。这十篇著作自汉代起，又被称为"十翼"。
>
> 《易传》八种十篇的出现最迟者不晚于战国。其中《大象传》等可能要早些，《序卦传》等可能稍晚些。《文言传》《系辞传》成于七十子之世，也就是战国初期。《彖传》《说卦传》不会晚于战国中期。《小象传》《序卦传》可能是战国晚期的作品。《杂卦传》虽然和《易传》其他篇来源不同，但成书也不会晚于战国。

作者简介

　　《易传》的思想源于孔子，孔子与《易传》有着密切的关系。但战国时期的孔子后学对《易传》各篇也做了许多创造、发挥的工作。因此，《易传》的作者主要应是孔子及其后学。

　　《彖传》上、下两篇是解释卦辞的。因为《周易》的卦名往往寓于卦辞之中，或者和卦辞联在一起，所以《彖传》也兼释卦名，并由卦名、卦辞进而阐释一卦之义。《周易》六十四卦共有六十四条卦辞，《彖传》因而也有六十四条。

　　《彖传》解经，一是分析别卦卦体；二是阐释卦名卦义；三是解释卦辞；四是解释别卦卦象；五是剖析爻位爻义；六是阐发易理。其中乘、承、比、应、当位等说，对后来易学的发展，影响尤大。

　　《彖传》在自然观上提出了"乾元""坤元"说、盈虚消息说。其政治观的核心特征一般都认为是"法天治人"，其实，这是很不够的，《彖传》政治观还有法天因人的一面。其"革命"说、"尚贤"说、"损上益下"说非常深刻。《彖传》的人生观，最突出的就是其尚中守正说和好谦说。

　　《易传》中的《象传》实际当分为《大象传》和《小象传》。《大象传》六十四条，分别解释《周易》六十四卦的卦名和卦义；《小象传》三百八十六条，分别解释《周易》三百八十四条爻辞和两条用辞。

　　《大象传》分析别卦的卦象，主取象说，并根据别卦的卦名、卦义发挥其政治观和人生观。其解经的特点，前半句讲天道，后半句讲人事。认为天道与人事有同一性，故因天道而明人事。清华校训"自强不息、厚德载物"，就取自《乾·大象》和《坤·大象》。

《小象传》是解释爻辞的，其解说分为取义说和爻位说两种，其思想主要是关于修养论、伦理论和政治论方面的。

《文言传》又称为《文言》。"文言"，即"文饰乾、坤两卦之言"。因为乾、坤两卦为《易》之门户，在《周易》六十四卦中意义重大、地位突出，所以特意加以文饰解说，以作为训释其他六十二卦的榜样。

《系辞传》上、下两篇通论《易经》和筮法大义，对一些重要的观念和爻辞又作了重点诠释。其论占筮的原则和体例，其内容有两方面，一是对卦爻辞的意义及其卦象爻位等的解释；一是论揲蓍求卦的过程。《系辞传》关于《周易》一书性质的论述，将《周易》的卜筮功能降低到极度，完成了《周易》从卜筮到哲理化的创造性转换，这给后来的思想家和易学家以深刻的影响。《系辞传》将《易经》的基本原理概括为三：一是"一阴一阳之谓道"；二是"刚柔相推而生变化"；三是"《易》与天地准"。其对《周易》的解释，奠定了后来易学发展的基本精神。

《说卦传》第一、第二章，讲的是"六画而成卦""六位而成章"，显然是就六画卦而言；第三章至第十一章，是"专说八卦"。通过论述《周易》的象数、阐发《周易》的义理，《说卦传》提出了不少新见解。比如父母六子卦说，将八卦的关系定义为家庭伦理；其"帝出乎震"章将八卦与方位、时间相联系，画出来就是后人所谓"文王八卦图"。通过阐述八卦的取象、德性、功能和相互作用，《说卦传》表达了它对万物生成的看法。八卦能生出无穷无尽的物象，它能象征世界上的万物。而这大量的物象中，其基本的又只有八种，即天、地、雷、风、水、火、山、泽。这八种物象是其他众多物象的根本，也可以说是构成万物产生的基础。八卦所代表的八种自然现象在万物的生成过程中并不是彼此孤立、互不相干的，而是相反相成，两两构成对立面的统一。

《序卦传》是一篇分析《周易》六十四卦的编排次序，并揭示诸卦前后相承意义的专论。通过对《周易》六十四卦序的分析，《序卦传》表达了它对自然和社会的认识，提出了"盈天地之间者，唯万物"的命题。又探讨了自然和社会的历史发展的过程，承认先有自然界而后有人类社会，人类社会是以家庭为基础而发展起来的。其以相反说解释卦序，表现了穷极则反的对立面转化的思想。这些见解都是相当深刻的。

《杂卦传》以卦象对举见义的形式揭示《周易》六十四卦的卦德。其卦序排列顺序都很有规律，皆"二二相耦"，每两个卦成一组；每组两个卦的关系又是相综相错、非覆即变。其以"乾，刚；坤，柔"始，以"柔遇刚""刚决柔"终。中间的六十卦，虽未明言刚柔，但刚柔之义或示之于六爻，如否、泰、剥、复；或显之于上下卦，如渐、归妹。未言刚柔而实寓刚柔之义于其中。所以，《杂卦》实际是以反对为内在结构形式，以刚柔思想为主线的一篇《易》说。

《易传》较好的古注本是孔颖达的《周易正义》，收在《十三经注疏》中。较好的今注本有徐志锐的《周易大传今注》（齐鲁书社，1986年）、黄寿祺、张善文的《周易译注》（上海古籍出版社，1989年）。学术思想方面，可参考廖名春《周易经传十五讲》（北京大学出版社，2012年）的第十讲至第十五讲。

《礼记》

导读作者 / 陈来　申祖胜

　　《礼记》,又称《小戴礼记》或《小戴记》,是一部儒家有关先秦礼制的文献资料集,由西汉儒学家戴圣编纂。《礼记正义·序》引郑玄《六艺论》云:"戴德传《记》八十五篇,则《大戴礼》是也。戴圣传《礼》四十九篇,则此《礼记》是也。"后《大戴礼记》渐不传,而主要传礼者皆用《小戴礼记》。

　　后世将《礼记》与《周礼》《仪礼》并称为"三礼",自东汉末郑玄为三者注释开始,三礼便成为我国重要的典籍。在汉代,经师一向视《仪礼》为礼经,《周礼》及《礼记》都不能与之相提并论。然唐朝敕修《五经正义》时,将《礼记》取代了原本《仪礼》的地位,《礼记》的地位便提高了。宋代以降,《礼记》中的有些篇章,如《学记》《礼运》《檀弓》等广为学人所重;其中的《大学》《中庸》更被宋代大儒朱熹拿来与《论语》《孟子》合为"四书",之后被作为科举教材,影响中国文化甚深。

　　《礼记》中的大部分是解释、阐述礼经《仪礼》的,它们之间的关系,相当于《易传》和《易经》。《礼记》四十九篇,前人对它的分类比较琐碎,而且多有歧义。如果按照礼"经"与礼"记"的关系,可以将之分为三类:一是与《仪礼》有直接对应关系的;二是与《仪礼》有间接对应关系的;三是与《仪礼》无关的,如《礼运》《王制》等篇。《礼记》各篇写成的时间,今已无法确定。此书成于众手,其中在思想上特别有价值的几篇,都与"礼"没有多大关系,就内容看,应是战国中期到秦汉之际的作品。

　　大体上说,《礼记》的内容主要是记载和论述先秦的礼制、礼仪的内容及产生与变迁,记录孔子和弟子及他人的问答,记述修身做人的准则,论述如何以礼正确处理各种人伦关系等。这部九万字左右的著作内容广博,门类杂多,涉及政治、法律、道德、哲学、历史、祭祀、文艺、生活习俗、历法、地理等诸多方面,几乎包罗万象,广泛体现了先秦儒家的政治、哲学和伦理思想,是研究先秦思想、文化、制度的重要资料。《礼记》之思想,与孔子、孟子、荀子一起共同构成了先秦儒学的基本精神,成为后世儒学的思想根源。通行的注释本有东汉郑玄《礼记注》、唐孔颖达《礼记正义》、元陈澔《礼记集说》、朱彬《礼记训纂》以及孙希旦《礼记集解》等。

《礼记》字数甚多，在唐代被称为"大经"，如果加上郑玄的《注》和孔颖达的《疏》，确乎庞然大物。如果漫无目标地全篇通读，既费时费力，又无太大必要。梁启超在《要籍解题及其读法》中，为"以常识修养应用"为目的而读《礼记》者开列了一个阅读篇目，即：

第一等：《大学》《中庸》《乐记》《礼运》《王制》；

第二等：《经解》《坊记》《表记》《缁衣》《儒行》《大传》，《礼器》之一部分，《祭义》之一部分；

第三等：《曲礼》之一部分、《月令》《檀弓》之一部分；

第四等：其余。

梁氏言道："吾愿学者于第一等诸篇精读；第二、三等摘读；第四等竟或不读可也。"读者可以参考。

如今学界通用的《礼记正义》，是清人阮元主持刊刻的《十三经注疏》本，然阮刻本以扬州文选楼旧藏的南宋十行本为底本，参校其他刻本而成，并非善本。南宋黄唐编印、绍熙初刻于越州的八行本《礼记正义》，堪称善本，上海古籍出版社 2008 年出版的吕友仁先生点校的《礼记正义》，即以八行本为底本，吸收阮本以及阮校之后的成果而成，尤其适合研究者使用。普通读者学习《礼记》，则可选用王梦鸥《礼记今注今译》，杨天宇《礼记译注》以及王文锦《礼记译解》等本。

《左传》

导读作者 / 方朝晖

> 《左传》，又称《春秋左氏传》《春秋左传》或《左氏春秋》，是一本记载公元前722—前468年，共计255年春秋列国大事的编年体史书。学术界一般认为是一部战国前期基本成书的作品，但其中许多内容取材于鲁国古史，其形成年代应更早。在儒学史上，它常被理解为一部以史实、史料来注解孔子《春秋经》的著作。但是早在汉代就有人主张"左氏不传春秋"，认为《左传》作为一部史书本不为传《春秋》而作，而是自成一体。最近一百年来地下出土的大量春秋战国时期的器物铭文，证实了《左传》中所记许多人名、地名或事件确实存在，可见《左传》一书的真实可靠。

作者简介

根据《史记》《汉书·艺文志》，《左传》作者是鲁国史官左丘明。但也有人对此提出过质疑。从内容上看，《左传》的作者可能不止一个人，其主体部分有可能是由左丘明在前人历史记录的基础上加工而成，后经几代人的增补最终成书。

关于左丘明这个人，许多学者认为他可能与孔子同时代，并在鲁国担任过史官。《论语·公冶长》有"子曰：'巧言、令色、足恭，左丘明耻之，丘亦耻之。匿怨而友其人，左丘明耻之，丘亦耻之。'"据此可知，左丘明是一位深受孔子赏识的贤人君子或才学之士。《汉书·艺文志》称左丘明为"鲁太史"。《史记·十二诸侯年表》中称左丘明为"鲁君子"。当然，有人认为《左传》作者非《论语》中那个左丘明，甚至有人认为此书非左丘明所作。

《左传》一书按春秋时期鲁国12位国君的在位年数纪年，这12位国君是隐公、桓公、庄公、闵公、僖公、文公、宣公、成公、襄公、昭公、定公、哀公。全书主体就是记录春秋列国、包括周王室发生的大事。除王室外，所记列国包括晋、齐、秦、楚、鲁、宋、郑、卫、陈、蔡、吴、越等国，还有与它们发生关系的数十个小国。

《左传》一书的主要内容基本上不离外交和内政两大方面。掌握了这两条线索，就能从总体上把握此书。从外交上看，此书围绕着春秋时期列国会盟、攻伐来进行。其中齐国、晋国、楚国及吴国（后来出场）是列国会盟、战伐的主要核心。春秋前期是齐、楚争霸，中期是晋、楚争霸，后来是吴、越兴起。从内政上看，此书紧紧围绕列国内政上的一系列内乱展开，分析其中的人物性格、矛盾起因、最后结局，等等。

《左传》不仅包含大量春秋时期列国政治、经济、制度、风俗、地理、文化等方面内容，也是一部思想性和文学性极为丰富的不朽经典。清代桐城派学者称其为我国的"文章之祖"。

  《左传》在古代最权威的注解本是晋杜预注、唐孔颖达疏的《春秋左传正义》。清代以来，《左传》研究取得了许多新成就。对于当代大学生来说，阅读《左传》最便利的读本可能是杨伯峻先生所著《春秋左传注》（全四册，中华书局本）。杨注本文字通俗易懂，简明扼要，也吸收了不少清代以来的最新研究成果及出土文献。对于有志打下古文基础的人来说，还是建议先从杜预注、孔颖达疏的《春秋左传正义》读起，而以杨注本为参考。

  阅读《左传》最好参考一些工具书。首先是人名。杨伯峻、徐提所著《左传人名词典》对春秋时期主要人物名称、特别是一人多名的情况有较好的介绍；程发轫《春秋人谱》对春秋时期人物世系关系有较全面的介绍；方朝晖《春秋左传人物谱》（上下册）对《左传》中一百五十多位人物的生平事迹及写作方法进行了汇总。此外，顾栋高《春秋大事表》、高士奇《左传纪事本末》和吴闿生《左传微》都是阅读《左传》非常好的参考书。《春秋大事表》提供了有关《左传》所涉及各重要领域材料的分类汇编；《左传纪事本末》是按国别对《左传》中重要内容进行的重新编排；《左传微》重在根据《左传》中各主要事件对其义法进行阐发。

《史记》

导读作者 / 刘国忠

> 《史记》原名《太史公书》，是西汉著名史学家、文学家、思想家司马迁撰写的中国第一部纪传体史书。该书凝聚了司马迁及其父亲司马谈的毕生心血，为后人研究先秦、秦汉历史文化提供了全面、系统的材料，被列为"二十四史"之首。

作者简介

　　司马迁字子长，夏阳（今陕西韩城南）人，约生于公元前145年，到公元前90年以后去世。司马迁出生于史官世家，其父司马谈长期任太史令一职。司马迁在父亲的指导下，自幼诵习经典，并师从孔安国、董仲舒等大儒，积累了渊博的学识。二十岁以后，司马迁到全国各地游历，考察沿途名胜古迹，访问历史遗事，调查社会风俗。他还随汉武帝出巡西北诸地，又曾奉命出使西南，这些经历极大地开阔了他的视野和见闻。

　　司马迁的父亲司马谈一直有志于撰写一部历史著作，并已经完成了部分篇章，但该书尚未完成他就因病去世，临终前把撰史的工作托付给司马迁。元封三年（公元前108年），司马迁继任太史令之后，有机会阅读皇室典籍和文献档案，积极搜集史料。太初元年（公元前104年），他与公孙卿、壶遂、落下闳等人共同制定太初历，此后即开始着手著史。天汉3年（公元前98年），他因替败降匈奴的李陵辩解，得罪入狱，被处以宫刑。他忍辱发愤，艰苦撰述，终于写成了"究天人之际，通古今之变，成一家之言"的《史记》一书。除《史记》外，其著作存于今者尚有《报任安书》《悲士不遇赋》《素王妙论》等。

　　《史记》记载了上起五帝时代，下至汉武帝统治时期共三千多年的历史，全书包括十二本纪、十表、八书、三十世家、七十列传，共一百三十篇。但因流传过程中有所佚失，其中《孝武本纪》《汉兴以来将相名臣年表》《律书》《三王世家》《龟策列传》等十篇仅存目录，"有录无书"，现存的这些篇章为后人所补写。

　　《史记》对后世史学和文学的发展都产生了深远影响。司马迁在继承以往史学成果的基础上，创造了纪传体这种比较完备的史学表述形式，成为后来历代正史的楷模；《史记》通过历史的纵横剖析和人物描写来探讨古今治乱兴衰以及人生正道问题，体现了作者从历史视角来思考中国文化精神的深刻思想；同时，《史记》也是一部优秀的文学作品，司马迁擅长用生动形象、准确凝练、饱含情感的语言和独具匠心的艺术手法描绘历史人物，所描写的人物个性鲜明，音容笑貌栩栩如生，千百年后还仿佛如临其境,如见其人。鲁迅称赞该书是"史家之绝唱,无韵之《离骚》",洵非过誉。

《史记》是一部体大思精的著作,如果有时间的话,建议最好全部阅读,但阅读顺序可以适当变通。《史记》的本纪部分按时间顺序列举国家大事,有些类似流水账,比较枯燥一些;十表是一些表格,八书专论典章制度,阅读起来难度都比较大。建议初读的同学们可从列传部分开始读起,然后再读世家,有了相关的基础后,再读本纪、表和书,感觉就会有很大不同。初读时可能会有不认识的字词,要勤查字典,也可通过上下文推测;同时建议结合考古发现、文物资料等来理解《史记》的内容,多去看看历史遗址和相关文物,以便与书中所获认识相印证,这样的话,对于《史记》的理解就不会仅仅局限于文字。随着阅读量增加,专业修养提高,同学们还会逐渐发现《史记》中也会有不少失误之处,可以结合新的考古发现加以订正。如果时间比较紧张的话,建议同学把阅读重点放在列传和世家部分。

《史记》一直受到学者们的推崇,也不断有学者为本书作注,早期的注解本,最有名的当属南北朝时期裴骃的《史记集解》、唐代司马贞的《史记索隐》和张守节的《史记正义》,后人把这三种注解本汇编到一起,这就是《史记》三家注本。在此之后,历代的整理和注解成果不计其数,为我们今天的学习提供了很好的条件。中华书局"简体字本前四史"丛书所收录的《史记》三家注本,比较便于阅读(中华书局2005年出版,共三册),对于古文基础薄弱一些的同学,可以阅读韩兆琦译注的《史记》(中华经典名著全本全注全译丛书,中华书局,2010年版,共九册)。

《汉书·西域传》

导读作者 / 余太山

《汉书》又称《前汉书》，由东汉时期的史学家班固编撰，主要记述西汉一代的历史，上起汉高祖元年（公元前206年），下至王莽地皇四年（公元23年），共230年。

作者简介

班固（公元32—92年），字孟坚，扶风安陵（今陕西咸阳东北）人，著名史学家，主要著作《汉书》，为我国第一部断代史，成书于东汉章帝建初七年（公元82年）。

《汉书·西域传》是《汉书》中的一篇（卷九十六）。所谓"西域"乃指玉门关、阳关以西的广大地区，客观上包括了今天中亚的全部、南亚和西亚的大部，以及北非和欧洲的一部。《汉书·西域传》是研究公元前上述地区历史的重要资料，历来受中外史学界重视。

汉武帝为打击匈奴而开始经营西域，遂有张骞之西使。张骞凭借这次西使的经验，向汉武帝提出了经营西域的策略："大宛及大夏、安息之属皆大国，多奇物，土著，颇与中国同俗，而兵弱，贵汉财物；其北则大月氏、康居之属，兵疆，可以赂遗设利朝也。且诚得而以义属之，则广地万里，重九译，致殊俗，威德遍于四海。"这一策略根本上符合所谓大一统理念，它不仅被汉武帝接受，而且深刻地影响了两汉魏晋南北朝的西域经营。"徕远人、致殊俗"从此成为西域经营最重要的内容，也成了本传编者认知和阐述的轴心，并深刻影响了历代正史"西域传"的编撰。

《汉书·西域传》用很大的篇幅描述葱岭以西诸国。这是因为远国来朝，是中原王朝文治武功的理想境界。本传中，葱岭以东诸国所占篇幅虽然超过了葱岭以西诸国，但涉及塔里木盆地周围诸国本身的内容少得可怜，大量的篇幅用于叙述这些绿洲国家和两汉中央、地方政府的关系，且多涉及与匈奴的斗争。

尽管事实上西汉对葱岭以东诸国的经济情况不可能没有较深入的了解，但传文对诸国经济却仅留下了一些笼统的记载。不仅一些绿洲小国的经济情况未有只字涉及，连龟兹这个塔里木盆地最大的绿洲国，其经济形态竟也没有直接的记载，以致只能根据后世的记载推知该国兼营农牧。与西汉关系颇为密切的车师诸国的农牧业情况同样不见比较翔实的记载。这也可以看出编者贵远贱近，对于葱岭以东诸国，笔墨是十分吝啬的。至于手工业，本传仅对铸冶业有所注意，重点在武器制造和铸币；而对另一重要部门——纺织的关注也是很不够的。传文编者对于商业情况的记载更是凤毛麟角，这可能反映了这些绿洲以自给自足、物物交换的自然经济为主，以及本身资源贫乏、只能进行所谓过境贸易的客观事实。但是，从其他资料不难推知，这类过境贸易的规模不可小觑。因此，有关贸易活动记录的贫乏，主要缘自编者的关注点不在于此。

除葱岭以西诸国外，编者关心较多的是乌孙——伊犁河、楚河流域的游牧政权。这是因为西汉王朝经营西域的动机之一，是为战胜塞北游牧政权——匈奴而寻求与其西方的敌国结盟。

本传以"国"为记述单位，内容除了与中原王朝、塞北游牧部族之关系外，主要包括：王治名称，去中原王朝都城之距离，户、口和胜兵数，职官名称和人数，去中原王朝驻西域长官府治之距离，去周围诸国王治距离，民俗、风土、物类等。其中，里数记录突出诸国王治去中原王朝首都和去中原王朝驻西域长官府治的里数，意在表明诸国和中原王朝之间的联系和对中原王朝的向往。

概言之，本传有关诸国文化、宗教、习俗、制度，以及人种、语言、文字等方面的记录都极其零碎，有很大的随意性，猎奇之外，较多的是与华夏的异同以及所受华夏之影响。重视"致殊俗"的"西域传"对于习俗等的记述疏略如此，只能说明"致殊俗"的兴趣不在殊俗本身，而在其象征意义。

《汉书·西域传》记述的出发点不是西域或西域诸国本身，而是西汉王朝经营西域的文治武功，这决定了传文的性质；传文编者以皇权专制主义政教礼俗为核心的意识形态则在很大程度上决定了资料的剪裁、取舍。这可以说是解读"西域传"的关键。

《汉书·西域传》各版本中，以中华书局版较为精当；近人的注释与研究，可参见余太山《两汉魏晋南北朝正史西域传要注》(中华书局2003初版，商务印书馆2013年再版)。

《论衡》

导读作者 / 牟钟鉴

《论衡》是东汉前期思想家王充所写的名著，是在当时谶纬流行、鬼神迷信泛滥的背景下，出现的一部批判神秘主义、宣扬科学理性的作品，是中国无神论的代表性著作。全书现存85篇，共20余万言，其中《招致》仅存篇名。

作者简介

王充，字仲任，会稽上虞（今浙江上虞）人，生于东汉光武帝建武三年（公元27年），卒于和帝永元年间（约公元100年前后）。王充高祖有军功封侯，后来家道衰落，以农桑为业，自称出身于"细族孤门"。少时好学，青年时游学京师洛阳，师事班彪。家贫无书，常游洛阳市肆，就店阅读，博览强记，通晓众流百家之学，自学成才，卓而成为大家。他一生只短暂做过地方下级官吏，后来归居故里，从事著述与教学，生活清贫，直到老年还是"贫无一亩庇身，贱无斗石之秩"，是位平民学者，深悉民间生活和民众疾苦。

《论衡》的中心思想如《佚文》篇所言："《诗》三百，一言以蔽之曰：思无邪。《论衡》篇以十数，亦一言也，曰：疾虚妄。"《自纪》篇又说："伤伪书俗文多不实诚，故为《论衡》之书"，"故作实论，其文盛，其辩争，浮华虚伪之语，莫不澄定"，"故为论衡者，所以铨轻重之言，立真伪之平"，总之是要立一个实事求是的真理标准，用真实可靠的知识，破除各种虚浮妄诞的假说，以正视听，以健风气。他用元气一元论和道家天道自然无为说批判今文经学的天人感应和灾异谴告说，认为："夫天道自然也，无为。如谴告人，是有为，非自然也"（《谴告》），"夫人不能动地，而亦不能动天。夫寒温，天气也；天至高大，人至卑小，"以七尺之细形感皇天之大气，其无分铢之验，必也"（《变动》）。他用精气说反对人死为鬼、能作祟，认为："人之所以生者，精气也，死而精气灭。能为精气者，血脉也；人死血脉竭，竭而精气灭，灭而形体朽，朽而成灰土，何用为鬼？"（《论死》）那么为什么会有见鬼的情况呢？"由于疾病，人病则忧惧，忧惧则鬼出"（《订鬼》），因此主张薄葬，但赞成祭祀，"一曰报功，二曰修先"（《祭意》）。王充反对谶纬把圣人神怪化，认为圣人不能"前知千岁，后知万世"（《实知》）。他敬重孔孟，但不迷信孔孟。作《问孔》，指出孔子之言"上下多相违"；作《刺孟》，说孟子以义非利，与五经矛盾，又说"孟子不知天也。"王充作《道虚》篇专驳道教长生不死之说，"物无不死，人安能仙？""夫有始者必有其终，有终者必有其死。"此外，王充《论衡》

还批判了一系列世俗迷信，如忌讳、卜筮、占日、解除等，认为求福之法"在人不在鬼，在德不在祀"（《解除》）。王充思想中也有内在矛盾，既讲天道自然无为，又讲天命难知；既反对世俗迷信，又相信瑞应妖祥；他的"任耳目以定情实"（《实知》）的求真务实之论，偏重于感官的经验，而缺少哲学的论证，这些都是时代的局限性，不必苛求于前人。

《论衡》用实证和说理的方法，批判各种迷信风气，建立元气自然论，在中国无神论和科学思想发展史上树起一座丰碑，影响到南北朝的范缜《神灭论》和清代无神论者熊伯龙的《无何集》。民国初大学者章太炎评论曰："汉得一人焉足以振耻，至今亦鲜有能逮者。"更为重要的是，王充有反潮流的勇敢精神，能独立思考，提倡问难，不惧怕主流思想的打压，不接受民间陋习的浸染，把追求真理、探究事实作为人生担当，这种实证的学风影响到中国学术，使中华思想的人本主义和理性思维始终处于主导地位，神秘主义不能泛滥成灾。

《论衡》的通行注本有：黄晖的《论衡校释》，附刘盼遂《论衡集解》（中华书局版），北京大学历史系编《论衡注释》（中华书局版），比较通俗。周桂钿的《王充评传》（南京大学出版社版）是较新的研究成果，可作为大学生了解王充《论衡》的参考书。

《坛经》

导读作者 / 牟钟鉴

> 《坛经》约成书于七世纪末，是唐代佛教禅宗实际创始人六祖慧能的传教说法纪录，由其弟子整理而成；后几经增删，形成多种版本，如敦煌本、惠昕本、契嵩本、宗宝本等。该书是中国僧人作品中唯一被列为佛经的，是中国化佛教禅宗的代表作品，不仅对唐以后佛教有巨大影响，而且其智慧也被儒学与道教所吸收，促进了儒佛道三教的合流。

作者简介

  慧能，俗姓卢，祖籍河北范阳（今涿州），本人出生于广东新兴，生于唐贞观十二年（638年），卒于唐先天二年（713年）。小时家境贫寒，成年后出家为僧，辗转至黄梅东山五祖弘忍禅师处求法，舂米为务。弘忍为选嗣法弟子，命寺僧作偈（佛教颂词）。上座神秀主张渐悟，其偈曰："身是菩提树，心如明镜台，时时勤拂拭，勿使惹尘埃。"慧能悟性极高，不赞成神秀而主张顿悟，其偈曰："菩提本无树，明镜亦非台，佛性常清净，何处惹尘埃！"弘忍心许之，半夜唤入堂内，密授法衣，定为六祖，令其南去弘法。慧能至岭南，住曹溪宝林寺，开南宗一派，其法门为"直指人心，见性成佛"。宋以后，禅宗大行于天下，而南宗慧能一派则是禅宗主流，直至今日。

  宗宝本《坛经》共有十篇："行由品第一""般若品第二""疑问品第三""定慧品第四""坐禅品第五""忏悔品第六""机缘品第七""顿渐品第八""护法品第九""付嘱品第十"。全书表述了慧能的独创性佛学理念，主要有：（1）佛性本有，不假外求，故曰："本性是佛，离性别无佛""万法尽在自心，何不从心中顿见真如"，要识身中净土。（2）心外无物，万法由心而生，故曰："外无一物而能建立，皆是本心生万种法。故经云：'心生种种法生，心灭种种法灭'。"（3）不立文字，顿悟成佛，故曰："诸佛妙理，非关文字""前念迷即凡夫，后念悟即佛""放下屠刀，立地成佛"，超凡入圣只在一念之间。（4）在入世中出世，真如随处可修，故曰："佛法在人间，不离人间觉""恩则孝养父母，义则上下相怜""运水搬柴即是妙道"。（5）无念为宗，无相为体，无住为本，故曰："于念而无念""于相而离相""于诸法上念念不住，即无缚也"。慧能留下《自性真佛偈》作为遗嘱。偈曰："真如自性是真佛，邪见三毒是魔王。邪迷之时魔在舍，正见之时佛在堂""若向性中能自见，即是成佛菩提因。本从化身生净性，净性常在化身中。性使化身成正道，当来圆满真无穷""不见自性外觅佛，起心总是大痴人。顿教法门今已留,救度世人须自修"。

《坛经》的佛教法门,强调佛性本有、自我解脱和简易功夫,掀起佛教一场改革运动,一扫以往烦琐、教条、痴迷的积习,又打破教内教外的界限,因此极大地推动了佛教在士人和民间的传播。它吸收了儒家重现实、重人伦的精神与理念,又借重于道家微妙玄通、见素抱朴的超越之论,而使佛教在深层次上融入中华固有文化,受到社会欢迎。就不信佛教的人群而言,如把《坛经》为宗经的禅宗看作是一种信仰心理学,从中吸取一些破除人生自寻的烦恼,自觉克服贪(贪欲)、嗔(怨恨)、痴(无明)的病态心理,发现和涵养人性中善良、坦诚、包容的品性,对于造就快乐人生和善美社会是有帮助的。

《坛经》的注释和研究论著很多。丁福保的《六祖大师法宝坛经笺注》,学术参考价值较大。当代佛学专家郭朋的《坛经校释》(中华书局1983年版)和《坛经导读》(巴蜀书社1987年版),比较精到简明。李安纲的《禅悟坛经》(中国社会出版社2005年版),有原文、白话、集注,还有插图与漫画,便于观览。

《读通鉴论》

导读作者 / 宿志丕

> 《读通鉴论》是明末清初杰出思想家、史学家王夫之晚年的历史评论性著作。作者结合当时的社会现实，总结历史经验，有感而发，评人论事，多有独到之处。全书约六十余万字，共三十卷附加卷末叙论，每卷又分为若干篇"论"。

作者简介

王夫之（1619—1692年），字而农，号姜斋，湖南衡阳人。晚年居于湘西衡阳石船山，故称船山。王夫之自幼从学于父兄，博览群书，十四岁即考入衡阳县学，成为秀才。王夫之目睹明末的社会动荡，统治腐朽和满族贵族势力的扩张危局，主张改革弊政。他十分关注国家社会政治时局，格外用心研究历史。明清交替，曾积极参加抗清斗争，后迫于形势逆转，退隐山林。王夫之终生蓄发，在艰苦生活条件下，以全部精力从事著述。力图回答时代所提出的各种问题，寻求社会发展、汉民族复兴之路。

王夫之的著作涉及哲学、政治、历史、文学各方面，多达百余种。

《读通鉴论》是王夫之晚年系统的史论代表作之一。作者研读《资治通鉴》，以史鉴今，阐述自己的见解、主张和思想认识，对历代的治乱兴衰、人物的成败得失多方面进行评论。全书内容丰富，集中表现了作者发展进化的历史观。作者有意识地把评史与论政结合起来。他认为"读古人之书"必须"揣当今之争"才能"为治之贤"。因此王夫之的史论著作不仅贯穿着他的史学思想理论，也渗透了他的政治思想理论。对宋、明理学家厚古薄今，推崇"三代盛世"，妄称三代以下"人欲横流"，主张"法先王"的复古思想，王夫之指出，唐虞以前完全处于未开化的野蛮状态，社会落后生活艰苦，根本不是值得向往的盛世。"世益降，物益备"，随着时代的发展，物质生活才日益丰富起来。古代的办法是治理古代天下的，不一定能通用于今天。没有一成不变的制度法令和治国之道，必须"趋时更新""事随势迁而法必变"。

在对历史发展的认识上，国家的治乱存亡与人的生死寿夭一样都有自己的规律，并且一定程度上是可以被人所认识和掌握的。基于这种思想认识，作者认为秦始皇废除分封行郡县，是历史进步和历史发展趋势的必然结果，是不以人的意志为转移的。秦以后郡县制"垂二千而弗能改矣，合古今上下皆安之，势之所趋，岂非理而能然哉？"顺应了"势之所趋"，符合"理"——历史发展客观规律的结果。作者还进一步辩证地指出"秦以私天下之心而罢侯置守,而天假其私而行其大公",秦始皇出于"私天下"的主观动机与社会发展的客观需求相契合,而历史发展的必然性恰是通过秦始皇主观动机这一偶然性体现出来的。

此外《读通鉴论》一书在分析评论历史人物、历史事件时,多有"特识"(梁启超语)和中肯意见,又能一一列举,给人以启发和思考。但也有其时代局限性,作者对历代采取的一些制度措施多有批判,其认识还限于对原有制度的改良。

《读通鉴论》一书可选读中华书局1975年印行的单行本。以后历年的重印本很多,很容易找到。还可选读岳麓书社的《船山全书》本。推荐2011年修订版及单行本。此书进一步核校订正,并增补了二十二卷唐玄宗第六论脱文378字,是目前《读通鉴论》一书最完整的版本。还为各卷帝王目录下所论内容加以标题,方便了检索和阅读。

另外,中华书局2013年印行了中华国学文库简体字本。中州古籍出版社1994年发行了文白对照全译读通鉴论,《资治通鉴之通鉴》。其原文采用了中华书局75年本影印本。

阅读《读通鉴论》需要对中国古代史知识有一定的储备。此外,阅读时,可以参照阅读《资治通鉴》,读者还可以根据自己的情况选读相关的史书,帮助理解所论内容。

《四书集注》

导读作者 / 牟钟鉴

> 《四书集注》是宋代理学集大成者朱熹的代表作之一，是他用力四十余年、临终前还在修改的作品，包括《大学章句》《中庸章句》《论语集注》《孟子集注》。从汉代到唐代，儒家经学以"五经"（《诗》《书》《礼》《易》《春秋》）为经典，《论语》和《孟子》未正式列入经典，《大学》和《中庸》是《礼记》中的两篇，未有特殊地位。唐后期韩愈提出儒家道统说，在推尊孔子的同时把孟子作为承接孔子的传人，又颂扬《大学》，其弟子李翱则表彰《中庸》。至北宋"四书"地位攀升，二程极力予以推扬。朱熹将"四书"正式结集，为之集注，并于南宋光宗绍熙元年（公元1190年）付梓刊行。朱熹既有经学家的文字训诂功夫，又有理学家的思想洞察力，能够把训诂与义理高度统一起来，用之于《四书集注》，把体现"五经"精神的"四书"讲解得通透鲜活，为士人把握孔孟之道提供了最好的教材，再加上"四书"比之"五经"，篇幅短小，话语生动，容易为读经者接纳，于是"四书"逐渐超出《五经》，成为首要经典。元代皇庆二年（1313年）到延祐二年（1315年），恢复科举考试，皇帝诏定以朱熹《四书集注》为经书考试标准答案，明、清两代因循之。

作者简介

朱熹，字元晦，又字仲晦，号晦庵，别号考亭，徽州婺源（今江西婺源）人，出生地在福建南剑州（今南平），生于高宗建炎四年（1130年），卒于宁宗庆元六年（1200年）。绍兴十八年（1148年）登进士第，授左迪功郎、泉州同安主簿。一生经历高宗、孝宗、光宗、宁宗四朝，官至宝文阁待制。为官9年，大部分时间在福建讲学。绍兴三十年（1160年），拜程颐三传弟子李侗为师。淳熙二年（1175年）与吕祖谦、陆九龄、陆九渊相会于信州铅山鹅湖寺，讲论朱陆异同，史称"鹅湖之会"。淳熙五年，建白鹿洞书院，立学规。晚年反对权臣韩侂胄，被诬为"伪学"领袖，列为"逆党"。朱熹学问渊博，著述很多，重要的有：《四书集注》《周易本义》《通鉴纲目》《楚辞集注》《韩文考异》《太极图说解》《周易参同契注》《通书解》等。后人把他的遗文编辑为《朱文公集》，把他的语录、问答编为《朱子语类》。清康熙皇帝命李光地编成《朱子全书》，是其《文集》和《语类》的选集。

朱熹在《大学章句序》中说："大学之书，古之大学所以教人之法也。"学者须由此入门，"教之以穷理、正心、修己、治人之道"，才能"闻大道之要"。朱子还作了补传，强调即物穷理，"至于用力之久，而一旦豁然贯通焉，则众物之表里精粗无不到，而吾心之全体大用无不明矣"。朱子在《中庸章句序》中说："道统之见于经，则'允执厥中'者，尧之所以传舜也；'人心惟危，道心惟危，惟精惟一，允执厥中'者，舜之所以授禹也。"子思作《中庸》，"其曰'天命率性'，则道心之谓也；其曰'择善固执'，则精一之谓也；其曰'君子时中'，则执中之谓也"。朱子注"忠恕"曰："尽己之心为忠，推己及人为恕"乃千古不移之论。朱子在《读〈论语〉〈孟子〉法》中引程子曰："学者当以《论语》《孟子》为本。《论语》《孟子》既治，则《六经》可不治而明矣。"又在《论语集注》中说："夫人欲尽处，天理流行""其胸次悠然，直与天地万物上下同流"，说出了道学家追求的精神境界。朱子在《孟子序说》中引韩愈的道统说和敬崇孟子之言曰："愈尝推尊孟氏，以为功不在禹下"。朱熹在《四书集注》中借助于对"四书"文本的创新性解读，表述了他的主要理学思想，如理本论和理气说，理一分殊论，心统性情论与十六字心传，天理人欲论，格物致知与诚意正心论，仁乃生意论等。朱熹的理学后来成为元、明、清三代的官学，得到政治集团大力推崇，使得汉代以来形成的"三纲五常"以理论形态获得进一步巩固，它一方面有益于社会秩序的稳定和道德风气的建设；另一方面理学内在的"存天理灭人欲"和突出"三纲"、淡化"五常"的缺陷，被专制政治所利用、所膨胀，遂出现"远人情以论天理"，乃至"以理杀人"的负面效应，于是有阳明心学和反理学思潮兴起，给予补正和批判。

《四书集注》版本很多。当代读者可用中华书局1983年编辑出版的《新编诸子集成》第一辑中的《四书章句集注》，有新式标点，便于阅读。当代学者钱穆著有《朱子新学案》（巴蜀书社1986年版），对于朱熹思想资料有分类整理，是很好的参考书。

《传习录》

导读作者／牟钟鉴

> 《传习录》是明代心学大家王守仁的讲学语录、论学书信集，分上、中、下三卷，由其弟子徐爱、陆澄、薛侃、钱德洪等编辑而成，附有《朱子晚年定论》，是王学最重要的文献，它集中了王守仁心学思想的核心内容，行文简易活泼，深受当时和后世读书人的喜爱，对心学的传播起了重要作用。

作者简介

　　王守仁，字伯安，浙江余姚人。生于明宪宗成化八年（1472年），卒于明世宗嘉靖七年（1528年），曾筑室于故乡阳明洞并创办阳明书院，自号阳明山人，世称阳明先生。他28岁登进士第，历任刑部主事、兵部主事、吏部主事、南京鸿胪寺卿、都察院左佥都御史、都察院右副都御史、南京兵部尚书等官职，受封新建伯。其心学以"龙场悟道"为契机而有大觉解，遂自成一家；其事功以平定朱宸濠叛乱为大业绩，于是成为儒学史上兼"内圣"（创发孔孟圣学）和"外王"（实践治国安邦）而成就卓著的罕有大才。他继承和发挥南宋陆九渊的道学思想，形成与程（程颢、程颐）朱（朱熹）理学相对立的陆王心学学派，达到理论上新的高峰。

　　《传习录》所阐述的阳明心学要点如下。
　　（1）心即理。认为心外无事，心外无理，而理主要是五常（仁义礼智信）之伦理。《传习录上》曰："爱（徐爱）问：'至善只求诸心，恐于天下事理有不能尽。'先生曰：'心即理也，天下又有心外之事、心外之理乎？'爱曰：'如事父之孝、事君之忠、交友之信、治民之仁，其间有许多理在，恐亦不可不察，'先生叹曰：'此说之蔽久矣。……此心无私欲之蔽，即是天理，不须外面添一分。以此纯乎天理之心，发之事父便是孝，发之事君便是忠，发之交友、治民便是信与仁。'"阳明的"心即理"，不是在认识论意义上把客观事理归结为主观心识，而是在伦理学意义上把道德行为归结为主体心意。
　　（2）知行合一。《传习录下》曰："我今说个知行合一，正要人晓得，一念发动处便是行了"，《答顾东桥书》曰："知之真切笃实处即是行，行之明觉精察处即是知。"此说针砭两种时弊：一是动机不纯；二是有言无行，有极大警世作用，成为后世名言，沿用至今。
　　（3）致良知。良知说来于孟子，《传习录中》曰："是非之心，不虑而知，不学而能，所谓良知也。"而致良知包括扩充良知,《传习录下》曰:"今日良知见在如此,只随今日所知扩充到底,明日又开悟,便从明日所知扩充到底。"致良知也包括推致良知于事物,《传习录中》曰:"所谓致知格物者,致吾心之良知于事事物物也。"阳明晚年把致良知学说归纳为"四句教",《传习录》载他与学生钱德洪、王汝中"天泉证道":"汝中举先生教言曰:'无善无恶是心之体,有善有恶是意之动,知善知恶是良知,为善去恶是格物。'"

(4)万物一体之仁。《传习录.答聂文蔚书》曰:"盖天地万物一体之仁,疾痛迫切,虽欲已之而自有所不容已。"这一思想在《大学问》中有精彩表述:"大人者以天地万物为一体者也,其视天下犹一家,中国犹一人焉""是故见孺子之入井,而必有怵惕恻隐之心焉,是其仁之与孺子而为一体也。孺子犹同类也,见鸟兽之哀鸣觳觫而必有不忍之心焉,是其仁与鸟兽而为一体也。鸟兽犹有知觉者也,见草木之摧折而必有怜恤之心焉,是其仁与草木而为一体也。草木犹有生意者,见瓦石之毁坏而必有顾惜之心焉,是其仁与瓦石而为一体也。"

总括起来,阳明心学的主旨就是追求人的生命主体的自尊无畏、超脱自得、真挚活泼、廓然大公,使生命不受外在功利、教条的约束,从而得到优化和提升,表现出强烈的主体意识和自主精神,把主观能动性发挥到极致,成为后来思想解放、社会改革的精神动力。当然阳明心学有重心轻物的偏向,其末流忽视读书达礼、居敬涵养、格物穷理,导致目无道统、自我张狂。阳明心学曾传播到东亚,在日本和韩国有重要影响,与朱子理学同为东亚儒学圈的一条文化纽带。

《传习录》连同《大学问》收入明代隆庆年间谢廷杰编定的《王文成公全书》。当代学者吴光等编校《王阳明全集》,1992年由上海古籍出版社出版。近年于民雄作《传习录全译》,由贵州人民出版社出版。

《明夷待访录》

导读作者／牟钟鉴

> 《明夷待访录》是明清之际三大思想家之一黄宗羲的代表作（另两位是顾炎武和王夫之），是一部批判君主专制、呼唤民主政体的具有近代启蒙性质的名著，对于清末民初的革命思想家谭嗣同、梁启超等人有直接影响。

作者简介

　　黄宗羲，字太冲，号南雷，浙江余姚人，学界称其为黎洲先生。生于明万历三十八年（1610年），卒于清康熙三十四年（1695年）。其父黄尊素为明末东林党名士，被宦官魏忠贤陷害致死。崇祯即位，19岁的黄宗羲入京为父讼冤。事师刘宗周，成为复社领袖。崇祯十七年（1644年），明朝灭亡。黄宗羲组织世忠营，英勇抗清，兵败流亡各地，晚年回居家乡，兴办证人书院，潜心学术与讲学，开创浙东学派。其主要著作有：《留书》《明夷待访录》《孟子师说》《宋元学案》《明儒学案》等。20世纪80年代以后，浙江古籍出版社陆续出版了《黄宗羲全集》共十二册，《明夷待访录》收入第一册。

　　《明夷待访录》成书于清康熙二年（663年）。"明夷"是《周易》中的一卦名，其爻辞有："明夷于飞垂其翼，君子于行三日不食。人攸往，主人不言"，"箕子之明夷"。箕子被商纣王囚禁，武王灭纣后，箕子获释。"明夷"是比喻有智慧的人处在患难地位，"待访"是等待明主来访顾启用。黄氏在《题辞》中说："吾虽老矣，如箕子之见访，或庶几焉。岂因'夷之初旦，明而未融'，遂秘其书也？"该书有《原君》《原臣》《原法》等篇，还讲到置相、学校、取士、建都、方镇、田制、兵制、财计、胥吏、奄官等社会管理各个方面，内容十分丰富。《原君》尖锐批判君主专制，指出在这种制度下，皇帝把天下当成私产，"传之子孙，受享无穷"，造成无尽的灾难，"屠毒天下之肝脑，离散天下之子女，以博我一人之产业"，"敲剥天下之骨髓，离散天下之子女，以奉我一人之淫乐"，"然则为天下之大害者，君而已矣"，"天下之人怨恶其君，视之如寇仇，名之为独夫，固其所也。"《原臣》说："我之出而仕也，为天下，非为君也；为万民，非为一姓也"，天下治乱"不在一姓之兴亡，而在万民之忧乐。"《原法》指出："三代以上有法，三代以下无法"，三代以下"其所谓法者，一家之法而非天下之法也"，"法愈密，而天下之乱即生于法之中"，应当有"公天下"之法，"有治法而后有治人"。书中提出了一系列具有民主主义色彩的社会改革方案，如：设置宰相掌政务以分疏君权，建立学校议政以制约中央，实行计口授田以解除民困，用奖励"绝学"（科技）来取代旧式科举，发展工商业以促进民富，实行征兵以充实军备。顾炎武读《明夷待访录》后写信给黄宗羲，说："读之再三，于是知天下之未尝无人，百代之敝可以复起，而三代之盛可以徐还也。"（《亭林佚文辑补·与黄太冲书》）冯友兰在《中国哲学史新编》第六十章中说："黄宗羲所设计的政治制度有三大支柱，一个是君；一个是相；一个是学校。这是现代西方资产阶级政治中的君主立宪制的一个雏形。"此书于清乾隆时遭到查禁，于清末才重见天日。

《明夷待访录》有单行本（中华书局 2011 年标点本），阅读比较方便。

《天下郡国利病书》

导读作者 / 汪晖

> 《天下郡国利病书》是关于明代政治、经济、社会、军事情况的历史、地理作品。尽管是一部未成之稿，但获得后世极高的评价。
>
> 《天下郡国利病书》首先是一部历史地理之书。它以中国为主，兼及周边部分地区，内容涵盖了兵防、赋税、水利等与国计民生关系密切的事业，可谓考据精审、内容翔实，具有极高的学术研究价值；它同时也是一部思想价值极高的"经世之书"，以"务质之今日所可行，而不为泥古之空言""探源竟委，言言可以见之施行"为宗旨，被认为是最为集中体现顾炎武"经济实学"特点的著作。
>
> 在经历明清鼎革之后，顾炎武痛感"士人穷年株守一经，不复知国典朝章、官方民隐，以致试之行事而败绩失据"，于是退居深山读书八九年，为《天下郡国利病书》编写打下了良好的知识基础。在编写过程中，顾炎武取材广博，对明代实录、二十一史、大明一统志、天下郡县志书以及名臣文集奏章、公文、邸抄等涉及地方治理的内容进行了抄录归类，先后翻阅了一万两千卷以上的书。此后，他在全国实地考察，遇到山川、都邑、城郭、宫室等，寻访熟知地方掌故的遗老耆学以及退伍老兵，并结合文献资料进行考辨。终于在康熙初年成书。

作者简介

　　顾炎武，明南直隶苏州府昆山县人，原名绛，字忠清、宁人，自署蒋山佣，学者尊称亭林先生。出生于明万历四十一年（1613年），去世于清康熙二十一年（1682年）。明末清初著名的思想家、经学家、史地学家、音韵学家、金石学家，与黄宗羲、王夫之并称明末清初"三大儒"。

　　顾炎武少落落有大志，耿介绝俗，与同里归庄并称"归奇顾怪"。崇祯末乡试落第后，绝意仕进，留心经世之学。明亡后，参加抗清行动。曾七谒孝陵（明太祖陵），六谒思陵（崇祯帝陵）。面对康熙帝和清朝新贵的多方罗致，他曾多次以死抗争。晚年卜居陕西华阴。炎武虽绝意仕进，却将经世之才在生产经营上小试，累致千金，少有匮乏之日，在明遗民中不多见。顾炎武以"天下为己任"奔波于大江南北、中原边疆，在病中仍无忘"拯斯人于涂炭，为万世开太平，此吾辈之任也"，体现出他"天下兴亡，匹夫有责"的高尚情操。

　　他倡导"经学即理学"，反对脱离六经而空谈性理之学，主张"博学于文，行己有耻"，试图以实学挽救明末空疏的风气，重视礼学、音韵学，开清学之先声。代表作有《日知录》《天下郡国利病书》《肇域志》《历代宅京记》《音学五书》《金石文字记》《亭林诗文集》等。

全书按照地理区域划分，共有北直隶备录、苏州备录、苏松备录、常镇备录、江宁庐州安庆备录、凤宁徽备录、淮南备录、淮徐备录、扬州府备录、河南备录、山东备录、山西备录、陕西备录、四川备录、浙江备录、江西备录、湖广备录、福建备录、广东备录、广西备录、云南贵州备录、云南贵州交趾备录、交趾西南夷备录、九边四夷备录等部分。每一部分都对该区域疆域、形势、风俗、物产以及这一地区全国性的事业（如在涉及北直隶时重点论述了建都问题，在山东部分对漕运、海运利弊进行了分析）等方面的材料进行了汇总、分析，尤其注重古今对比。由于顾炎武对地理和历史十分娴熟，书中收录了或散佚、或不多见的史料，可补足相关史料的不足，具有很高的历史研究价值。

"寓封建之意于郡县之中"，是顾炎武对周秦以来封建、郡县之争的一个思考。他认为"封建之失，其专在下；郡县之失，其专在上。"他认为在郡县制下，遇有内乱或外敌入侵，他主张通过下放权力和地方官的长治久任以重新调整中央地方关系，以便国家长治久安。他之所以剖析天下郡国利病，对地方治理给予浓墨重彩的关注，乃至于编修《天下郡国利病书》，在一定程度上就是"寓封建之意于郡县之中"这一思想的体现。

该书还有着边疆乃至周边的意识，若干判断直到清末仍受重视。将观察的视角深入西北、西南边疆地区，兼收了边疆少数民族情况如历史、地势、习俗、物产、兵戎、土司设置等内容，记述了他们与中央王朝的互动情况。对于朝鲜、安南、占城国、真腊国、爪哇国、泰国、缅甸、日本、琉球以及西方的佛郎机（葡萄牙）等地形势、风俗、物产、交通情况也有所反映。

后世李光地、钱大昕、戴震、孙星衍、洪亮吉、包世臣、魏源、左宗棠、陈澧、张之洞等人对该书都有积极评价。《四书总目提要》也认为"盖地理之学，炎武素所长也"。并对晚清边疆史地名著如魏源的《海国图志》、徐继畬的《瀛寰志略》以及梁廷楠的《粤海关志》产生了很大影响。

《天下郡国利病书》的读法，可以一章一章地阅读，也可以按照区域分开阅读。要注意散见于全书中的同类问题（如建都、漕运、兵防、水利等）或相近区域（如同一地理单元或相似文化背景等），联系起来，融会贯通，以求获得一个宏观、深入的理解。同时可以结合作者其他作品如《日知录》中相关章节和《郡县论》等论文阅读，以更好地把握作者思想与用意。此外，可以配合顾炎武另一本地理之书《肇域志》以及顾祖禹的《读史方舆纪要》、洪亮吉的《乾隆府厅州县志》进行阅读，以更全面地把握相关问题。另外，相对于顾炎武所处的时代，当下形势以及民俗已经发生了不少变化，对于书中的部分论断，要用历史的眼光并结合今天的新情况重新审视。

《天下郡国利病书》问世后，长期以抄本形式流传，现存抄本有濂溪堂抄本、萃古斋抄本、树萱堂抄本、二余轩抄本、乌丝栏抄本等。嘉庆十四年（公元1809年），出现了第一个刊本，即敷文阁本（四川龙氏聚珍版本）。1933年，上海商务印书馆以原稿影印，列入四部丛刊三编中，即涵芬楼影印本。1964年，台北艺文印书馆《四库善本丛编》和上海古籍出版社《续修四库全书》，皆以此为据。2011年，上海古籍出版社出版了《顾炎武全集》，其中收录的《天下郡国利病书》以涵芬楼影印本为基础，并参考其他版本，进行了整理校勘。通过不同版本的比较，有助于更深入地理解和把握《天下郡国利病书》的精义，从中可以看出清代文字狱政策对于历史书写的影响。

《天演论》

导读作者 / 汪晖 邓欢娜

《天演论》原名《进化论与伦理学》,是严复对英国生物学家托马斯·亨利·赫胥黎《进化论与伦理学及其他论文》（Evolution and Ethics and the other Essays）一书前两部分的翻译，于1895年译成。它首次向中国人介绍了达尔文的进化论，并以"物竞天择，适者生存"的简洁语言警示国人。

作者简介

严复（1854—1921年），字几道、又陵，是近代著名的思想家、翻译家与教育家。早年接受传统的中式教育，少年家境败落，因此放弃科举仕宦之途，考取当时的新式学校福州船政学堂，并于1877年由清政府遣派至英国深造。三年后归国，掌教北洋海师学堂长达二十年。然而，使严复声名大噪且深刻影响了近代历史的却是他的思想活动。早在英国留学期间，他就颇为注意观察西方的社会、政治与思想状况，回国后更是潜心研读西学。甲午战争的惨败给严复带来极大震动，他开始积极宣传变法、译书述作、传播西学。严复后来担任北大第一任校长。

严复常被视为西学启蒙的第一人，其思想的重要特点是托译以表达政治观点。他的诸译著中影响最大的是《天演论》。作为一位生物学家，赫胥黎是进化论的坚定捍卫者，但此书的核心观点却是，不应当把优胜劣汰的宇宙进化原理直接应用于人类社会，而应该以伦理来限制社会内部的生存斗争，同非正义的宇宙过程进行斗争。

在自序中，严复如此自述翻译《天演论》的动机："赫胥黎氏此书之旨，本以救斯宾塞任天为治之末流……且于自强保种之事，反复三致意焉。"斯宾塞是略早于达尔文的英国社会学家，他的观点与赫胥黎恰好相反，认为进化论也可以应用到人类社会中。他还提出了著名的社会有机体理论，认为人类社会如同生物有机体，其结构存在日益分化和复杂化的倾向，不过，个体与社会的关系，和细胞与生物体的关系十分不同，个体的动机决定了社会的发展，而社会本身又是个体谋求幸福的工具。因此，斯宾塞赞成古典政治经济学自由竞争的放任主义。在这个层面上，严复欣赏赫胥黎对人类事功的强调，而欲以此救斯宾塞"任天为治"之弊。

然而，在严复诸多按语之中，多有引述斯宾塞以批驳赫胥黎之语。严复更认同斯宾塞将进化论应用于人类社会的立场。赫胥黎区分了宇宙过程和伦理过程，但终究也承认,"严格说来,伦理过程是宇宙过程的一部分",道德伦理并非毫无自然根基。严复正确地领悟到了赫胥黎的未尽之意。他独创"天演"这一名词以对译"进化","天"兼具自然论与道德论色彩,因此,"天演"概念绝不同于纯生物学意义的"进化"概念。事实上,无论在国际关系中,还是在政治社会中,严复都强烈拒绝强权公理,强调互相尊重与互不侵扰的原则;尊天演而行不排斥人类自身的道德努力。

严复在赫胥黎和斯宾塞那里共同领悟到的,莫过于"自强保种之事"。对于严复来说,中国当时最紧迫的是列强环伺、殖民日兴的国际环境中"保群自存"。这是一种另类的生存斗争,目的是在实现自强的同时反对殖民的逻辑。可以说,对当时的读者来说,《天演论》既是对危机的警示,也是一种充满激励的号召。

通过《天演论》,进化论在中国得到广泛传播,促进了传统思想逐渐向现代过渡,同时为近现代中国的一系列变革铺垫了思想背景。我们可以从两方面简要地理解这种影响。

第一,进化论提出的优胜劣汰、适者生存的道理,为中国自鸦片战争以来军事、外交和政治上的一系列挫折提供了有力的解释。关于"进化"的思想挑战了中华文明优越的观念,颠转了中西进步与落后的位置。从此,知识分子走向不断反思乃至批判中国传统的道路。

第二,进化论引入了一种新的历史观,即进步史观。进步史观坚信历史的发展最终能达至真美善的终极目标。求新、求变取代了好古,旧价值遭到贬抑,新事物得到提倡;传统的、中国的是为腐旧与落后,现代的、西方的是为崭新与进步。这种简单化的二分法长久地伴随着中国现代化过程中的种种思辨与实践。

严复译著使用文言文,且言语古雅、典故繁多,阅读相对困难,商务出版社"严译名著丛刊"收入的《天演论》(1981年)附有编者所加的译名对照与名物解说,对阅读者甚有裨益。《进化论与伦理学》可参考科学出版社1971年出版的今译,将今译本与严译本逐节对照阅读,一方面可以减轻阅读难度;另一方面也可以领会两种译文的不同风格以及严复译本传达的强烈时代感。

《大同书》

导读作者 / 汪晖

> 《大同书》是近代思想家康有为所阐述的人类未来"大同"社会理想的专著。

作者简介

康有为（1858—1927年），广东南海人，原名祖诒，字广厦，号长素、明夷、天游化人等。中国近代重要的改革者、思想家和教育家。年轻时有经营天下之志，遍读中国群书，后来又渐收西书。1891年，在广州万木草堂收徒讲学，有弟子梁启超等。1895年在京应试期间，联合千余举人上书光绪帝，史称"公车上书"。此后创设强学会等组织，推动变革。1898年，参与领导戊戌变法（又称百日维新），失败后流亡日本。此后流亡海外十余年，足迹遍及亚洲、欧洲、美洲三十多个国家，1913年归国。流亡后不久，他便明确反对"反满革命运动"，主张君主立宪制。1917年，康有为参与迅速破产的"张勋复辟"，也是新文化运动前期的主要批判对象。

康有为致力于从思想上系统地回应西方列强从中国周边逐渐侵入中心地带、中国从千年帝制向共和制转变的"数千年未有之巨变"。他重新阐释孔子的太平大同之义，希望以此为核心，让孔子之道在民主时代仍然能够成为世界与中国的指导性思想，将晚清今文经学推进到终结性阶段。同时，他结合广泛的游历与阅读，一方面试图建构具有普遍性的大同思想体系；一方面主张中国在当时不能进入共和民主阶段，应实行虚君共和制。他的思想对整个20世纪和今天都产生重要而复杂的影响。

成书过程

关于《大同书》的成书过程有多种说法，也是康有为研究领域的重要研讨议题。康有为在生前并没有公开印行《大同书》全书，只是在1913年《不忍》杂志上发表过甲部和乙部。在他逝世8年之后的1935年，弟子钱定安整理全书十部，交上海中华书局出版。

康有为自己曾多次指出，《大同书》写于1884年。但许多学者认为，康有为在此书成书年代问题上有"作伪"的嫌疑，例如《大同书》中提及的一些事件发生在1884年之后。不过，《大同书》的部分基本思想，在1884年前后已经形成。比较稳妥的看法是，从1884年起直到1913年，《大同书》的部分手稿得以发表，直至更晚时期，康有为都一直在扩充、修改、增补，甚至部分地重写《大同书》。（参见汪晖《现代中国思想的兴起》第七章第三节的分析）

从康有为思想发展过程中两条相关联的问题线索，可以大略把握《大同书》的成书过程：一是试图建立全球性的公理之学，并以太平大同作为核心议题；二是重释孔子的太平大同之义，视此为孔子之道"范围万世"与孔子作为"全球教主"的基础。

根据康有为的回忆，1884年中法战争期间，他从广州返乡避战火，思路大开，构想"以勇礼义智仁五运论世宙，以三统论诸圣，以三世推将来，而务以仁为主，故奉天合地，以合国合种合教一统地球"(《我史》,1899年)。体现这一构建全球公理之学思路的早期作品,包括被视为《大同书》雏形的《实理公法全书》(约1888年前)。这一阶段较少论及"大同"。

与此同时,康有为对中国两千年来之学有深入反思,从这一脉络可以看出,太平大同之义在甲午战争前后才成为他的核心议题。大约1893年之前的主要议题是,两千年来之学遗忘了先王和孔子有关"敷教于民"和"上下之通"的精义。1893年之后,主要议题转变为遗忘了孔子的太平大同之义,代表作品包括《春秋董氏学》和《孔子改制考》等。在康有为看来,孔子太平大同之义是孔子之道在民主时代仍然具有普遍性的基础。梁启超在《南海康先生传》(1901年)中提及,"先生乃著《春秋三世义》《大同学说》等书,以发明孔子之真意,此为孔教复原之第二段",并比较详细地陈述了康有为大同思想的纲领。康有为在重新阐释孔子的太平大同之义的同时,也在继续推进构建全球公理之学的工作,到戊戌变法前后,已经明确地以大同为中心建构全球公理之学。

1902年,康有为对《大同书》手稿进行了较为系统的修订。总体来看,一方面,康有为将孔子视为全球公理之学的最佳代言者;另一方面,《大同书》并非以阐释孔子之义作为展开论述的主要框架,而是以"康子自道"的方式,以近代西方形成的知识框架为基础,以孔子的据乱、升平、太平"三世"之义综合全球知识包括历史分析。康有为在生前未刊布《大同书》全文,也有维护作为"全球教主"的孔子形象、维护孔教运动的考虑。

此后康有为对《大同书》继续有所修订,直到晚年。由于成书过程漫长,《大同书》有多种稿本。目前已发现的稿本,包括1956年古籍出版社(北京)据以校订的康氏家族藏抄本,以及现在分藏于上海博物馆和天津图书馆的手稿八卷,后者与前者有较多出入。2007年出版的《康有为全集》第七集以八卷手稿为基础,标注了此一稿本与其他稿本及印本的区别。

在《大同书》中,康有为的"康子自道"以"人之不忍之心"与人皆希望"去苦求乐"作为起点,从国家、阶层等级、种族、性别、家庭、经济产业、全球治理、万物众生平等、宗教等领域依次展开。这一结构包含有儒学的要素(例如"三世说"),但已经不是儒学所能完全涵盖,尤其是论述问题的领域划分,包含的是近代资本主义兴起之后发展出来的一套知识框架。在每一个分论题的论述中,康有为把中国史、全球史、经学阐释、佛学思想与国外思想等整合在一起。在新的知识视野中,康有为所要经营的"天下",不再是"中国"的别称,而是整个世界。

康有为先在"甲部 入世界观众苦"中对"众苦"做了平面分类,列举了诸种人生之苦、天灾之苦、人道之苦、人治之苦、人情之苦、人所尊尚之苦。随后从乙部到庚部在分主题批判的基础上论述如何去苦求乐,渐进大同。最后从辛部到癸部总括性地描述了大同世的状况。

"乙部 去国界合大地"批判有国之害,提出国家之间通过联邦制方式整合,建立大一统的全球公议政府,以东西、南北各百度划分区域,实行自治。"丙部 去级界平民族"与"丁部 去种界同人类"批判阶级、民族、国家与种族的等级差别,同时又将对种族主义的批判变成对种族主义前提的确认。"戊部 去形界保独立"谴责性别歧视,主张男女平等,"己部 去家界为天民"批判家族制度,主张实行人类再生产的社会化,包括公养、公教、公恤制度等。"庚部 去产界公生业"批判私有财产制度,阐述生产和分配制度的社会化,提出公农、公工、公商。

"辛部　去乱界治太平"在前面分主题论述基础上，系统概述了大同世的世界治理，包括以度为界实行地方自治，建立全地球大同公政府，以及交通、奖惩和教化等。"壬部　去类界爱众生"认为大同之世技术发展，会有替代性食物，人类可以戒杀鸟兽。"癸部　去苦界至极乐"描绘了大同世"九界既去""诸苦尽除"之后的居处、舟车、饮食、衣服及其他之乐。

《大同书》用骈散结合的文言文写成，但整体上比较浅近，阅读难度中等。

1935年上海中华书局版《大同书》的编校比较粗疏。在此基础上，章锡琛、周振甫根据康氏家族藏抄本做了校点，1956年由古籍出版社（北京）出版。1980年代之后出版的《大同书》有多种，大多以前述版本为基础。其中，辽宁人民出版社1994年出版的《大同书》（邝柏林选注）有简要注释，有助于读者理解原著；生活·读书·新知三联书店1998年出版的《康有为大同论二种》朱维铮校编，中西书局2012年重印出版），收入了《实理公法全书》与《大同书》，编排质量较高。

1985年，江苏古籍出版社曾影印出版分藏于上海博物馆和天津图书馆的八卷《大同书》手稿。《康有为全集》（姜义华、张荣华编，中国人民大学出版社，2007年）所收《大同书》为这些手稿加了标点，并详细列明了它与上海中华书局本、《不忍》杂志刊登部分之间的差异，这一版本有助于深入理解此书。

可以参照阅读康有为早期的《实理公法全书》与晚期的《诸天讲》。如果说《大同书》是有关地球秩序的"外篇"，那么《诸天讲》是有关宇宙秩序的"内篇"。

《大同书》对资本主义逻辑做了系统性的反思和批判，试图重新规划世界关系，对20世纪中国的社会主义运动有重要影响。可阅读毛泽东《论人民民主专政》，了解他为什么说"康有为写了《大同书》，他没有也不可能找到一条到达大同的路"。相关研究可阅读萧公权的《近代中国与新世界：康有为变法与大同思想研究》（汪荣祖译，江苏人民出版社，1997年）与汪晖的《现代中国思想的兴起》（生活·读书·新知三联书店，2008年修订版）第七章"帝国的自我转化与儒学普遍主义"。

《清代学术概论》

导读作者 / 张勇

> 有清一代，既是中国"古代"的终结，又是中国"近代"的开端，其思想学术，在中国学术史上有着独特的地位和意义。梁启超的《清代学术概论》，是晚清以来最早系统总结清代学术的经典性论著之一。该书简洁明快，富于条理，长于议论，且篇幅不大（约55000余字），故虽已是近百年前的作品，仍不失为了解清代学术思想的较好的入门书。

作者简介

梁启超（1873—1929年），字卓如，号任公，又号中国之新民、饮冰室主人等。广东新会人。中国近代著名的政治活动家、学者。早年参与戊戌维新运动，与其师康有为合称"康梁"，为维新派代表人物。戊戌政变后流亡海外，继续从事君主立宪的政治活动。民国初年，曾先后担任北洋政府的司法总长、财政总长等职。其间，曾发起反对袁世凯恢复帝制的护国运动。五四运动前后，退出政界，从事文化教育活动，曾担任清华国学院导师。梁启超在晚清民初曾先后创办并主持《时务报》《清议报》《新民丛报》《国风报》《庸言》等报刊多种，执一时舆论之牛耳，其影响广大深远。著述甚多，辑为《饮冰室合集》。

梁启超将清代学术（考证学）视为可与汉代经学、隋唐佛学、宋明理学并称的秦以后四大"时代思潮"之一。认为清代"思潮"的特别之处在于：其"动机及其内容"皆与欧洲的"文艺复兴"绝相类似，"以复古为解放"是其贯穿始终的主题。

在梁启超看来，清代学术内容虽繁多，但"带有时代运动特色者"不过两大潮流：前半期为"考证学"，后半期为"今文学"。考证学又称清学的"正统派"，由清初顾炎武等为开山，至乾嘉时期达至鼎盛，形成分别以惠栋、戴震为首的吴、皖二派；二派虽各有特点，却共同遵守"实事求是""无征不信"的根本治学方法，其研究范围则以经学为中心。今文学兴起于嘉道时期，至光绪年间汇为巨澜，其代表人物即康有为、梁启超。今文学重翻经学史上"今文经"与"古文经"之争的公案，其用心则在"经世致用"，以应对道光以后内忧外患、风雨飘摇的时局；故虽有"借经术以文饰其政论"的毛病，却以其对数千年经典的勇猛怀疑和批判，起到了促进思想解放、有助于域外新思想传入的巨大作用。

《清代学术概论》于考证学强调其"科学方法"，于"今文学"则充分肯定其"思想解放"的意义。与同时代的同类著作相比,其独到之处,则在对"今文学"的叙述。尤其是梁启超以亲历者身份并标榜"超然客观"的忠实态度,来叙述晚清"今文学运动"的历史,不仅生动亲切,更增几分可信,因而对后世有更多的影响。但就实际而言,作为亲历者"回忆"通常所具有的缺陷(夸饰、片面等),梁启超也难以避免,这是阅读时需要注意的。

《清代学术概论》为初学者了解有关清代学术思想的基本知识(基本背景和概念,主要线索和内容)提供了方便,但它又是梁启超退出政坛、从事文化教育事业后的第一部学术性著作,其中或曲折或直接地表达了他及其一派人对于"新文化运动"的诉求和主张,这也是阅读时需要注意的。

《清代学术概论》篇幅不多,应当通读;且因其偏重议论、史实简略,可以适当扩展阅读,以丰富相关知识;也可以阅读一些同类著述,以资比较。前者,可读梁启超的另一本清学史著作《中国近三百年学术史》;后者,则章太炎的《清儒》、刘师培的《近代汉学变迁论》、皮锡瑞的《经学历史》(清代部分)等都属于同类著述,且简约易读,可供选择。

《清代学术概论》版本很多。较好的当属朱维铮校注的《梁启超论清学史二种》(复旦大学出版社),该版本将《清代学术概论》与《中国近三百年学术史》合出,便于比较阅读;中华书局又有朱维铮校注的《清代学术概论》单行本,也可选择。就初学者来说,上海古籍出版社"蓬莱阁丛书"中有《清代学术概论》的朱维铮导读本,对于了解《概论》的背景及相关知识,颇有助益,是一较好的读本。就扩展阅读而言,有关该书的最近讨论,还可参看张勇《偶然的背后:试说梁任公著述〈清代学术概论〉之心意》(《清华大学学报》2013年第5期)一文。

《中国哲学简史》

导读作者 / 陈来

> 《中国哲学简史》本是1947年冯先生在美国宾夕法尼亚大学讲授中国哲学史课程的英文讲稿，后经整理，于1948年由麦克米伦公司出版，后又有法文、意大利文等译本出版，在欧美颇有影响。1980年代本书译成中文后，受到广大读者的欢迎，被认为是深入浅出的佳作。

作者简介

冯友兰（1895—1990年），著名哲学家，也是20世纪"中国哲学史"学科的奠基人。他长期在清华大学和北京大学教书，他的名字与中国哲学史学科的建设与发展不可分割地联系在一起。他曾用"三史论今古"来概括其学术贡献，"三史"是指《中国哲学史》上下卷（1933年）、《中国哲学简史》（1948年）、《中国哲学史新编》一至七册（1980—1990年）。冯友兰中国哲学史著作堪称20世纪中国学术界中国哲学史研究的"典范性"之作。

20世纪40年代后期，在他的"新理学"哲学体系形成之后，冯友兰写下《中国哲学简史》（以下简称《简史》）。这本书是为美国人学习中国哲学提供的一个比较简明的中国哲学史的教本，但也适合普通的中国读者阅读。这部书虽不太长，但正如冯友兰所说，"并非姓名学派之清单，譬如画图，小景之中，形神自足，非全史在胸，曷克臻此"。与此前出版的《中国哲学史》上下卷相比，《简史》除了介绍中国哲学史的基本人物与发展外，也反映了作者关于"新理学"的一些思想，并对中国哲学史提出了一些新的看法。如，他认为人都有思想，哲学是对思想的思想，即对人生有系统地反思的思想；中国哲学的特点是在哲学中满足人对超乎现世的要求，在哲学中欣赏超道德的价值；哲学的功用就是按照一定的哲学去体验超道德的精神境界。他提出孟子所说的浩然之气即是一种超道德的精神境界；认为庄子所谓的"不知之知"不是原始的无知状态，而是经过了有知阶段以后，由精神的创造达致的一种境界等。

在《简史》中冯友兰进一步发展了他对中国哲学史的许多看法。如：他认为孟子是先秦儒家的理想主义一派，荀子是儒家现实主义的一派；今文学派是先秦儒家理想派的继续，古文学派是先秦儒家现实派的继续；道家与法家代表了中国思想的两个极端，道家主张个人的绝对自由，法家主张绝对的社会控制。他还提出，《易传》代表了先秦儒家形而上学的最后阶段,《易传》的"道"是宇宙万物各类分别遵循的原理,很像西方哲学中"共相"的观念。在魏晋玄学中,他区分了主理派与主清派,前者如向郭;后者指魏晋风流,如竹林七贤。这些分析对后人解读中国哲学史有很大的帮助。

《简史》并非两卷本《中国哲学史》的缩写,它文笔轻畅、深入浅出、哲思敏睿,极富意蕴,是地道的大家手笔,可以说是冯友兰前期哲学史研究的力作,其内容之简明,尤适合于广大初学者。

推荐读阅涂又光先生在20世纪80年代前期完成的译本,北京大学出版社出版。涂先生翻译本书时,就住在冯先生家中,这使他得以随时跟冯先生请教,保证了译文的准确性;同时,此版译文的文风也有意靠近冯先生的文字,得到了学界的一致称赞。

《国史大纲》

导读作者 / 张国刚

> 《国史大纲》是历史学家钱穆撰写的一本关于中国历史的通史性论著,著于抗日战争时期,被称为一部在民族危亡时刻,唤醒国魂,御敌救国的佳作。

作者简介

钱穆(1895—1990年),字宾四,中国现代历史学家。江苏无锡人。九岁入私塾,十三岁入常州府中学堂,1912年因家贫辍学,后自学。1913—1919年任小学教员。1923年后,曾在厦门、无锡、苏州等地任中学教员。1930年以后,历任燕京、北京、清华、四川、齐鲁、西南联大等大学教授。1949年迁居香港,创办了新亚书院,任院长。后迁居台湾,任台湾"中央研究院"院士。1990年8月在台北逝世。

钱穆先生著述颇丰,专著多达80种以上。其代表作有《先秦诸子系年》《中国近三百年学术史》《国史大纲》《中国文化史导论》《文化学大义》《中国历代政治得失》《中国历史精神》《中国思想史》《宋明理学概述》《中国学术通义》等。此外还有结集出版论文集多种,如《中国学术思想史论丛》《中国文化丛谈》等。

成书过程

《国史大纲》一书撰写于抗日战争中最艰难的1938至1939年间,当时日本侵华战争全面扩大,钱穆先生由北京南下香港,再由香港北上广州,辗转到达长沙临时大学。后随校一路西迁,经过广西,借道越南,方至昆明。1938年4月到达西南联大文学院所在地蒙自。辗转流徙万里,阅尽生灵涂炭,而此时的中华民族,也到了最危急的时刻。

当时同在西南联大任教的陈梦家与钱穆先生关系很好,他劝说钱穆先生"为全国大学青年计""为时代迫切需要计"写一部"教科书"。从大的背景来看,我们知道1938年抗日战争正处于由战略防御阶段转向战略相持阶段的过程中,淞沪会战之后,上海、南京相继失守,国民政府被迫迁往重庆,武汉也危在旦夕,愁云笼罩中华大地,许多人都在犹疑,抗战究竟能不能胜利?中华民族会不会灭亡?就钱穆先生个人的经历而言,他少年时即受梁启超的《中国前途之希望与国民责任》等文章的影响,一直坚信"中国不会亡"。此时陈梦家的一番话,终于打动了钱穆先生,他决定撰写一本通史来回答"中国会不会亡"的问题。

自1938年5月他在蒙自开始撰写书稿,在艰苦动荡的境况下,一边坐火车去昆明给联大上课,一边在宜良奋笔疾书。到了1939年6月,基本完成了书稿。后几经周折,1940年6月,《国史大纲》终于印制于上海,在重庆国难版扉页上印有"谨奉献于前线抗战为国牺牲之百万将士"的字样。《国史大纲》出版后被当时的国民政府教育部指定为"部定大学用书",风行全国,极大鼓舞了广大知识青年抗日救亡的热情,对增强民族凝聚力起到了积极推动作用。著名哲学与哲学史学家汤一介说:"这本书对我影响很大,它使我了解到我们国家有着悠久、丰富、辉煌的历史,特别是钱先生对祖国历史的热爱之情跃然纸上,使我十分感动,这种态度对我以后爱好中国历史和中国文化有着非常大的影响。"

抗战之后,因为各种原因,直到1974年才由台湾商务印书馆出版修订本,到1992年已印行18版,1994年出版第二次修订本。1994年6月北京商务印书馆印制第二次修订本,又多次重印(最新一次重印在2015年)。此书同时也收入联经出版公司(台北)出版的《钱宾四先生全集》及九州出版社出版的《钱穆先生全集》中。

《国史大纲》正文共八编四十六章,近五十余万言。在正文之前,有《引论》和《书成自记》。

《国史大纲》第一页便是钱穆先生撰写的"凡读本书请先具下列诸信念",所提的四条内容显然是针对五四运动以来对于中国传统文化和思想的严厉批评、甚至全盘否定的潮流所发,钱穆先生认为:如果一国的国民对本国的历史失却了温情与敬意,国家即使有所改进,那也只是相当于一个被征服国或次殖民地的改进,其自身的文化并没有转变与发皇,而是萎缩与消灭了。

《引论》长达64页,完整地阐述了钱穆先生撰写《国史大纲》一书背后的想法。钱穆先生首先强调了"中国为世界上历史最完备之国家",而"中国近百年来,可谓走上前古未有最富动荡变进性的阶段,但不幸在此期间,国人对以往历史之认识,特别贫乏,特别模糊",从清末以来,整个思想界弥漫着对于中国传统文化轻视的空气,在此情况下撰写新的通史必须满足"一者必能将我国家民族已往文化演进之真相,明白示人,为一般有志认识中国以往政治、社会、文化、思想种种演变者所必要之知识;二者应能于旧史统贯中映照出现中国种种复杂难解之问题,为一般有志革新现实者所必备之参考"。

钱穆认为中国传统的文化、政治、社会、学术思想自有其独立发展之系统,与西方文化发展过程不同。我们不是不应该学习西方,而是不能因而就完全否定甚至抛弃中国的一切传统。实际上,中、西社会历史演化路径和民族文化精神都存在有巨大的差异,因此中国不能简单地照搬西方的制度和文化,也不能强用来自西方社会历史的概念硬套中国的社会历史。这篇《引论》由浅入深、由点到面、一气呵成、雄辩有力,在报纸上先行刊出后被学界广泛赞扬,更被陈寅恪先生称赞为"近世一篇大文章"。

正文共七编四十八章,时间从上古三代一直到清末。但钱穆先生在撰写时并不是平均用力,具体而言:详述汉、唐时期而略写辽、金、元、清,详写中原地区而略写周边少数民族,详于阐述经济、政治、文化、制度而略于具体的人与事。在不同的时代,钱穆先生关注的重点也不一样,正如他自己所言,"通览全史而觅取其动态","若某一时代之变动在'学术思想'(例如战国先秦),我即着眼于当时之学术思想而看其如何为变。若某一时代之变动在'政治制度'(例如秦汉),我即着眼于当时之政治制度而看其如何为变。若某一时代之变动在'社会经济'(例如三国魏晋),我即着眼于当时之社会经济而看其如何为变。"

正文每章节的标题均明显点出各时代特征及变化，如：第六章《民间自由学术之兴起（先秦诸子）》、第八章《统一政府文治之演进（由汉武帝到王莽）》、第九章《士族之新地位（东汉门第之兴起）》、第十八章《变相的封建势力（魏晋南北朝之门第）》、第二十三章《新的统一盛运下之政治机构（盛唐之政府组织）》、第三十二章《士大夫之自觉与变法运动（庆历熙宁之变法）》等，显出钱穆先生往往能够以简洁的语言描述出不同时代最突出的特点。

钱穆先生常以通贯性的眼光，将一个问题进行跨时代的系统梳理，提出有许多启发性的论断，如第三十八章、第三十九章、第四十章连续论述了《南北经济文化之转移（自唐至明之社会）》这样一个大的题目，提出了非常精辟的见解。

为了现实"大纲"的特色，此书正文用大号字处理纲要性内容，而用小号字对这种纲要性内容进一步解说细节、补充史实。

《国史大纲》在市面上所见的基本都是商务印书馆的版本，即繁体竖排并且夹有小注，对于没有读过古籍的学生可能有点难度，不妨先仔细反复地阅读《引论》《南北经济文化之转移（自唐至明之社会）》（第三十八、第三十九、第四十章）这两部分，然后再进一步阅读其他章节。此外在阅读时还可以参阅钱穆先生的《中国历代政治得失》《中国思想史通俗讲话》等由演讲稿改编而成的浅显易懂的著作来帮助理解。

钱穆先生善于讲课，口才极佳，非常吸引学生。他写文章亦复如是，不做高深语，平易近人。特别是《国史大纲》倾注了他炽烈的爱国之情，字里行间能够感受到他对我民族国家深沉的热爱，用词遣句感染力极强，让人读后感到"我民族国家文化潜力之悠久渊深，则远在四五千年以上。生机之轧塞郁勃，终必有其发皇畅遂之一日"。然而钱穆先生也曾对余英时说过，《国史大纲》只是他的一家之言，要余英时多看其他类似的著作。所以同学们在阅读《国史大纲》时也要多多思考，多参看其他通史类著作，如翦伯赞主编的《中国史纲要》、范文澜撰写的《中国通史简编》等。

《青铜时代》

导读作者 / 李学勤

中国有五千多年的文明历史，但其中从秦朝统一到现今只有两千余年，再向上的三千来年都属于先秦史。先秦史悠久漫长，是辉煌的中华文明由萌芽茁长到形成奠基的发展阶段，有非常重要的研究意义，但是古史荒昧，时代越早传留的讯息越少，还夹杂有大量神话传说，探究有特殊困难。我国现代的先秦史研究，已经成为羽毛丰满的学科，主要得益于两个方面，一个是马克思主义历史唯物论的传播，再一个是考古学的发现与研究，而这两者都离不开一位著名学者——郭沫若先生。

《青铜时代》是郭沫若研究先秦历史文化具有代表性的一部论文集，初版于1945年，收录他于三四十年代所撰《先秦天道观之进展》等12篇，另附录3篇。这部书在学术界有深远影响，所提出的一系列观点和问题，大都引起长时期的讨论，有些迄今仍未休止。

作者简介

郭沫若（1892—1978年），字鼎堂，四川乐山人。早在新文化运动时，即以诗人闻名，随后献身革命，参加北伐。"四一二"政变后，被迫流亡日本，潜心先秦古史与甲骨、金文的研究。新中国成立后，学术方面职务有中国科学院院长及该院哲学社会科学学部主任、历史研究所所长等。郭沫若是历史学家、考古学家和古文字学家，又是文学家，著作等身，人民出版社所印《郭沫若全集》分《文学编》《历史编》和《考古编》，共有38卷之多。

由《青铜时代》这部书，可以看到郭沫若在古代历史文化研究方面有几个突出的特点。

首先，是理论研究与历史实际的结合。郭沫若的研究方法与胡适一派的"整理国故"不同，他说："'整理'的目标是在'实事求是'，我们的'批判'精神是要在'实事之中求其所以是'。"他在1930年出版的《中国古代社会研究》一书中，明确提出要以恩格斯的《家庭、私有制和国家的起源》为指导，"而于他所知道了的美洲的印第安人、欧洲的古代希腊、罗马之外，提供出来了他未曾提及一字的中国的古代。"郭沫若后来的工作，如在《青铜时代》中所见，尽管不再明说，实际都是他所讲的"批判"精神的贯彻，具有理论研究的高度。

其次，是历史研究与考古学、古文字学的结合。郭沫若接续并发展了王国维的学术传统，对甲骨文、金文的研究作出了非常重要的贡献。他在日本期间先后纂著的《甲骨文字研究》《卜辞通纂》《殷契萃编》《两周金文辞大系》《金文丛考》等书，在学科建设上有很大的促进作用。读《青铜时代》，不难知道他是怎样把这些方面的创新成果，尽可能地引用到古史的探索中去的。

最后，是社会史研究与学术思想史研究的结合。郭沫若的《青铜时代》所收各文，大都根据马克思主义的基本原理，将商代、西周以至春秋、战国的思想潮流，放到社会发展历史的大背景中去剖析考察。特别是对老子、孔子、墨子等先秦诸子百家的种种学说，做出了独到的研究分析。又如关于稷下宋钘、尹文遗著的发现，关于《老子》成书与环渊的关系，关于秦楚之际儒家学者的抉发等，都有与众不同的见解。

郭沫若的《青铜时代》首版于1945年由文治出版社出版，此后1946年群益出版社、1954年人民出版社、1957年科学出版社等进行了再版，以上均为繁体竖版。2005年由中国人民大学出版社以简体横版出版，比较适于青年大学生阅读。

这里还必须提到，郭沫若在编纂《青铜时代》的同时，还另编有一部《十批判书》作为姊妹篇，其中涉及学术思想史的内容更多。用作者自己的话说，《青铜时代》"偏于考证"，《十批判书》"偏于批评"，两书合读，更能体现郭沫若治学的特色。

《中国建筑史》

导读作者 / 秦佑国

> 《中国建筑史》是建筑大师梁思成先生以高度的历史责任感和文化自觉,用科学的方法保护、继承中国建筑文化,历尽艰辛而撰写的建筑史书。

作者简介

梁思成(1901—1972年),广东新会人,是中国近代著名思想家梁启超的长子,1901年出生于日本东京。1915—1923年就读于清华学校,1924年赴美留学,就读于美国宾夕法尼亚大学艺术学院建筑系,1927年获硕士学位,后去哈佛大学学习,研究中国古代建筑。1928年回国后创办东北大学建筑系,1931年参加"中国营造学社",1946年创办清华大学建筑系。1947年普林斯顿大学授予荣誉博士学位,1948年当选中央研究院第一届院士。1955年当选首届中国科学院学部委员。

梁思成是中国著名的建筑学家和建筑教育家,中国建筑学科的开拓者和奠基者,是中国建筑史研究的宗师。由他主导的中国建筑史研究,结合了现代田野调查与文献学、考古学的方法,确立了中国建筑作为一个持久而独立的建筑体系在世界建筑历史中的地位。

成书过程

梁思成与中国营造学社同仁,历经十余年,遍历200多个县,对两千余处古建筑做了现场调查和测绘。抗日战争末期在四川李庄,梁思成基于调查测绘资料和前期的文献与理论研究撰写了《中国建筑史》,并完成了《Pictorial History of Chinese Architecture》的英文文稿。

1932年在北京结识了梁思成夫妇的费正清在他的回忆录中写道:"二次大战中,我们又在中国的西部重逢,他们都已成了半残的病人,却仍在不顾一切地在极端艰苦的条件下致力于学术。""思成只有102磅重,在写完11万字的中国建筑史以后显得很疲倦。在我的心目中,他们是不畏困难,献身科学的崇高典范。他们不仅具有极高的学术水平,而且还有崇高的品德修养。""我为我的朋友们继续从事学术研究工作所表现出来的坚忍不拔的精神而深受感动。"

《中国建筑史》1944年写成,直到1954年4月以《中国建筑史 梁思成旧稿》作为课程讲义付印,油印了50本,只是文字,没有插图,并删去了第八章"结尾 清末及民国以后之建筑"。1955年2月由高等教育部教材编审处作为高等学校交流讲义《中国建筑史 清华大学梁思成编》(内部交流 仅供参考)发行,依旧是油印本,没有图片,没有第八章。正是这一年,全国范围发起反对建筑界"复古主义""大屋顶"的运动,梁思成首当其冲受到批判。随后政治运动一波接着一波,直到"文革"结束,这本书一直未能出版,而梁先生已于1972年逝世。

1980年清华大学建筑系着手编辑《梁思成文集》，其中第三卷包括《中国建筑史》，1985年3月由中国建筑工业出版社出版，文中有插图197张，这是梁思成《中国建筑史》第一次正式刊印出版，40年过去了。后来百花文艺出版社于1998年、2005年，建筑工业出版社于2005年，生活·读书·新知三联书店出版社于2011年皆出版了《中国建筑史》的单行本。

1987年梁思成、林徽因及其助手的研究成果《中国古代建筑理论及文物建筑保护研究》荣获国家自然科学一等奖。（这是迄今为止清华大学唯一的国家自然科学一等奖）

《中国建筑史》开头即道出建筑的目的及其影响因素："建筑之始，产生于实际需要，受制于自然物理"，"其活动乃赓续的依其时其地之气候，物产材料之供给；随其国其俗，思想制度，政治经济之趋向；更同其时代之艺文，技巧，知识发明之进退。"并指出建筑的"嬗替演变"乃其民族特殊文化兴衰潮汐之映影"。

绪论第一节"中国建筑之特征"说"中国建筑乃一独立之结构系统，历史悠长，散布区域辽阔。""中国建筑之个性乃即我民族之性格，即我艺术及思想特殊之一部。"并指出："建筑显著特征之所以形成，有两因素：有属于实物结构技术上之取法及发展者；有缘于环境思想之趋向者。"梁思成先生提出的"结构技术＋环境思想"的研究体系，对中国建筑史研究具有开创性和指导性意义。正是从这两个因素，梁先生论述了中国建筑的特征。

"结构取法及发展"有四点："以木材为主要构件""架构制（Framing Structure）之结构原则""斗拱为结构之关键""外部轮廓之特异"（迥异于他系建筑，自身风格之特素，优美、富有吸引力）；"环境思想方面"也有四点："不求原物长存之观念""建筑活动受道德观念之制裁""着重布置之规制""建筑之术，师徒相授，不重书籍"。

绪论第二节提出中国建筑的历史分期：上古时期、两汉时期、魏晋南北朝时期、隋唐时期、五代宋辽金时期、元明清时期、民国时期。

绪论第三节对中国古代建筑的两部术书——宋《营造法式》与清《工部工程做法则例》作了介绍。"我国关于营造之术书极少，宋清两朝各刊官书一部，为研究我国建筑技术方面极重要资料。"并以两图表示宋、清两朝木构架做法样式。

在随后各章中，按历史分期讲述中国建筑的发展历史。针对每一具体的历史时期，先从文献综述上对该时期的建筑活动，结合该历史时期的社会、政治、经济、宗教、文化，作"大略"和"梗概"的总体描述。接着便对这一时期的"实物"遗存，配以营造学社现场拍摄的照片和测量绘制的图纸，进行实例剖析和研究。最后是该时期"建筑特征之分析"，从"建筑类型"和"细节分析"两个方面总结出这一时期建筑的共同特征以及地区差异，又对不同历史时期作纵向比较，分析建筑形制和工法的发展演变。

这本书完稿于 1944 年，以文言文写成，又是一本学术性著作，现在一般读者阅读有一定的难度。

1980 年代以后有多家出版社出版梁思成著《中国建筑史》，相较之下以三联书店 2011 年出版发行的版式较好。当然 2001 年出版的《梁思成全集》第四卷中收录的《中国建筑史》版本更好，文字中的"公尺"未改成"米"，数字用中文写出（如公元一八六〇年），未改成阿拉伯数字（公元 1860 年），和文字的语境相符。其他的版本都改写了。

因为中国建筑是木结构，难以耐久，加之中国历史上改朝换代，常毁坏前朝的宫室建筑，并因为北魏、北周和唐朝三个皇帝的"三武灭佛"毁坏寺院，所以中国没有很古的建筑遗存，只有考古发掘的被掩埋的遗址和一些汉代的石构（石阙、崖墓等）。现存最古老的木结构建筑是公元 782 年唐朝中期的五台山南禅寺大殿。（1953 年发现）

可以配合阅读《A PICTORAL HISTORY OF CHINESE ARCHITECTURE》（《图像中国建筑史》）麻省理工学院出版社（MIT Press）1984 年出版，1991 年中国建筑工业出版社出版了汉英双语本，2011 年三联书店也出版了该书。

还可阅读费正清夫人费慰梅写的《梁思成与林徽因 一对探索中国建筑史的伴侣》一书的中文译本，1997 年中国文联出版公司出版。

最后附一张梁思成先生《中国建筑史》手稿的扫描图。从中可以看到他极端认真的治学态度和敬业求精的学术精神。

第一篇 建築

第一章 緒論

第一節 中國建築之特徵

梁思成著

建築之始產生於實際需要受制於自然物理非着意創制形式更無所謂派別。其結構之系統及形式之派別乃其材料環境所型成。古代原始建築如埃及巴比倫伊琴美洲及中國諸系莫不各自在其環境中產生先而胚胎粗具規模繼而長成轉增繁縟。其治亂乃廣續的依其時其地之氣候物產材料之供給遺其國其俗思想制度政治經濟之趨向更同其時代之精神繼往開來之面面。今日之治史者常頓其建築之遺蹟或記載以測其文化其故因此。蓋建築活動與民族文化之動向實相牽連互為因果。

中國建築乃一獨立之結構系統歷史悠長散佈區域遼闊。在軍事政

《乡土中国》

导读作者／王天夫

> 《乡土中国》是费孝通在 20 世纪 40 年代末期根据自己在云南大学与西南联大的《乡村社会学》课程讲义整理成专题，连载发表于当时的《世纪评论》，后集结成书的。此书在很短时间内风行全球，成为研究中国社会的经典著作。此书与《江村经济》一起，构成费孝通研究中国社会的代表作，是学习与研究中国社会不可绕行的学术丰碑。

作者简介

费孝通（1910—2005 年），江苏吴江人，是当代中国最杰出的社会学家、人类学家。费孝通早年考入燕京大学，后入清华大学。1936 年，负笈英伦，在伦敦经济学院写就名扬世界的博士论文《江村经济》。1938 年，费孝通回国加入云南大学，后转入清华大学。1952 年学科调整后，调入中央民族大学。1979 年后，费孝通先后在中国社会科学院与北京大学任职与任教，以 70 岁高龄领导了中国社会学的重建工作。费孝通一生抱定"志在富民"的学术理想，他的学术人生与中国社会的变迁及中国社会学的学科发展紧密相连。

在《乡土中国》中，费孝通想要回答，"中国基层社会的乡土社会究竟是个什么样的社会"。在此尝试中，费孝通在对中国社会深入考察基础上，展现出了非凡的学术洞察力与分析能力，针对传统中国乡村社会的特征，总结与提炼了一系列简洁精到的概念与术语，精巧地钩织出了传统中国社会的基层肌理体系。费孝通深入剖析中国传统社会，描绘出了不为当时外来的社会学、人类学所了解的传统社会文化体系，是社会学本土理论化的最杰出成就。

《乡土中国》全书共有 14 篇短文，从内容上大致可以分为 5 个部分。第一篇"乡土本色"总论全书，概述了何为"乡土"，即中国农村社会植根于乡土：以农业土地耕种为业，在乡村聚集而居，以及由此生发出来的重定居轻迁徙、熟人社会、地域隔离、稳定保守等"地方性"特征。第二部分关于文字的两篇文章着重讨论了乡村的知识体系。乡土知识并不是由来源于庙堂的文字记录传播的，而是在日常生活中的经验积累；知识的权威难以体现，而生活习惯习俗才是推动乡土社会运转的力量。从"差序格局"到"男女有别"的第三部分可能是本书最重要的部分。在这里，费孝通简明形象地勾勒出了中国社会的关系结构："以'己'为中心，像石子一般投入水中，和别人所联系成的社会关系……，而是像水的波纹一样，一圈圈推出去，愈推愈远，也愈推愈薄。"

整个社会则是由己及人、由己及家、由家及国、由国及天下，其余的一切道德伦常（包括男女感情）均涵盖在此关系结构之中。接下来的四篇文章构成讨论乡村社会治理的第四部分。中国乡土社会的治理是一种自然生长的"宗法礼治"，既有别于外来国家权力强加的"法治"，也有别于依靠社会舆论压力的道德约束，是个人在长期的传统教化中习得的自然而然的、从内心向外的行为规范。显然，乡土社会的上述特征都是建立在传统社会的稳定与有序的基础之上的，因而社会变迁较为缓慢。这也是最后三篇文章作为第五部分讨论的主题。

《乡土中国》是了解中国传统社会的必读经典，其中的分析与洞见至今仍然无可超越。在阅读过程中要注意以下三点。一是，费孝通在书中的"后记"与"重刊序言"中，强调了"以全盘社会结构的格式（自注：pattern 或 configuration）作为研究对象"，从社会制度的相互关系中理解社会。二是，《乡土中国》并不是一项"调查报告"，也不是"具体的中国社会的描写"，而是"包含在具体的中国基层传统社会里的一种特具的体系"。三是，《乡土中国》提炼出了认识现象的"观念中的概念（Ideal Type）"，"既不是虚构，也不是理想"。这些概念来源于现实中普遍性的提炼，也应当回归现实中不断核实。

《乡土中国》有多种版本，如 2005 年北京出版社、2013 年中华书局的版本，还有 2012 年外语教学与研究出版社出版的汉英对照版本，对于《乡土中国》的深度阅读，可进一步拓展到《江村经济》《云南三村》《生育制度》以及《论人类学与文化自觉》。

《中国古代科学思想史》

导读作者 / 李正风、郭嘉

> 李约瑟的《中国古代科学思想史》，系其所著多卷本巨著《中国科学技术史》的第二卷。该书主要探讨中国哲学与科学的关系。作者分析了以孔丘、孟轲为代表的儒家、以老聃、庄周为代表的道家、以墨翟为代表的墨家、以公孙龙为代表的名家、以韩非为代表的法家等诸多学派的哲学思想、社会政治思想，并重点探究了不同的思想流派对自然和科学的态度，及其对中国古代科学思想发展的影响。该书的主旨在于追溯中国古代科学思想的观念及其源流，阐释中国古代科学思想的发展特征，并剖析中国古代科学思想与西方科学思想的差异。该书对全面理解中国古代科学思想的特点有重要学术价值，在李约瑟《中国科学技术史》的系列著作中具有独特的意义。

作者简介

李约瑟（Joseph Terence Montgomery Needham，1900—1995 年），1900 年出生于英国一个基督教知识分子家庭。英国近代生物化学家和科学技术史专家，剑桥大学李约瑟研究所名誉所长。李约瑟早年从事生物化学研究，20 世纪 30 年代后期开始转向对中国文明与科学的研究。李约瑟是英国皇家学会会员、英国学术院院士，也是中国科学院和中国社会科学院名誉教授，中国科学院外籍院士。李约瑟所著的《中国科学技术史》以浩瀚的史料和大量的证据表明："中国文明在科学技术史上曾起过从来没有被认识到的巨大作用"，对消除西方中心论和促进现当代中西文化交流有深远影响。李约瑟关于中国近代科技为什么落后的思考，即著名的"李约瑟问题"，曾引发广泛的关注和讨论。1992 年英国女王伊丽莎白二世为李约瑟亲授勋爵，中国政府和学界称之为"中国人民的老朋友"。李约瑟被誉为"20 世纪的伟大学者""百科全书式的人物"。

《中国古代科学思想史》分为导言、儒家与儒学、道家与道教、墨家与名家、法家、中国科学之基本观念六个章节。

作者认为儒家与儒学思想对科学的发展存在相互矛盾的倾向，重理智、反迷信有助于科学的发展，但对人类社会过分集中的兴趣则成为科学发展的阻力。作者认为这也是在历史上理智主义反不如神秘主义有助于科学发展的一个案例。比较而言，作者用了较大的篇幅分析以老子和庄子为代表的道家思想，认为道家对于自然的猜想与洞察，是中国一切科学思想的基础。在作者看来，中国道家关于自然的玄思洞识，可以与亚里士多德之前的希腊思想匹敌。作者进而分析了墨家、名家与法家的特点。值得注意的是，李约瑟对中国的阴阳家给予有特色的解读，认为它是很重要的自然主义学派，不仅发展出有机的自然主义哲学，而且提出了赋予中国古代科学思想明显特征的基本理论。此外，作者对中国古代怀疑派理性主义传统（以汉代王充为主要代表）的分析也很值得关注。

李约瑟在正文之前的"作者小引"可以为阅读本书提供借鉴，反映了作者对中国古代学术流派的特点及其与西方古代科学的差异的重要认识。作者认为，要把握古代与中世纪的中国科学思想较之古代希腊与中世纪欧洲的科学思想究竟有何差异，就要了解中国自然主义中极端有机的与非机械的性质。此类思想最初发现于公元前4世纪时的道家、墨家、以及阴阳学派的自然哲学家，后来完成中国中世纪的世界观的体系与定式。在李约瑟看来，中国自然哲学所具有的最重要的特点之一，是幸免陷于欧洲有神论的与机械唯物论的世界观的持续对立和争辩之中。

作者对中国古代科学思想发展的另一个重要特点的洞察，也非常值得思考。在作者看来，中国古代具有观察自然兴趣和实验态度的道家与主张理性主义的名家、儒家、法家之间不能很好地结合。何以如此？这种现象对中国科学的发展带来了何种后果？值得结合"李约瑟问题"进一步探究。

《中国古代科学思想史》的重要特点是以一个西方学者的眼光、从科学与文明的视角看待中国古代的学术思想及其与科学发展的关系。这种内在的比较研究可以为我们思考中国学术思想的意义及其局限打开新的空间，提供新的思路。在阅读本书的过程中，也需要注意这个特点。同时，该书的探讨也与作者关注的两个重要问题有密切联系，第一个问题是中国古代的科学与文明曾经取得辉煌成就，这些成就是如何取得的？第二个问题是近代之后中国的科学明显落后于西方，这何以会发生？读者可以在阅读过程中结合这两个重要问题进行思考。

该书系《中国科学技术史》（也被翻译为《中国之科学与文明》）系列著作的第二卷。独立出版的中文译本由陈立夫等人翻译，由江西人民出版社出版（分别在1990年、1999年、2006年出版了不同的版次）。李约瑟关于中国文明与科学方面的著述颇多，读者可结合李约瑟其他相关著作阅读。

《美的历程》

导读作者 / 李睦

> 20世纪80年代出版的李泽厚先生的一部重要著作,影响深远。此书从美学的视角出发,把数千年以来的人文艺术纳入到时代精神的框架中,揭示了众多文艺现象的历史积淀和心理构建,有着厚重的描述、清晰的线索与深邃的历史性。

作者简介

李泽厚,哲学家,1930年生于湖南长沙,1954年毕业于北京大学哲学系。

中国社会科学院哲学研究所研究员,巴黎国际哲学院院士、美国科罗拉多学院荣誉人文学博士。主要从事中国思想史和哲学、美学研究。

著有《批判哲学的批判——康德述评》《中国古代思想史论》《中国近代思想史论》《中国现代思想史论》《美的历程》《华夏美学》《世纪新梦》《己卯五说》等。

"美的历程"恍若一部影像,从史前文化到明、清文艺思潮,璀璨的文艺巅峰与文化图景,渐次展现。这是一条属于民族心灵的美学走廊,流连于各时期、各类型的艺术场域,充满着灵动与思辨、个体与时代的精神图腾。在历史与文化的语境中,艺术归位于时代土壤与美学观念,逐一镶嵌在先人文字、图像、器乐的指间。

全书十章,犹如十份情感,置于文化比较的视野下,每一篇章呈现一个时代的艺术盛宴。事实上,这并非一般意义上的艺术史通览,其重点也不在于作品的赏析,而是以先民的美学观念,把属于艺术的、审美的与整个的文明历史进程相依凭,把代表每一时期闪光的"风物",像珍珠般串接在一起,揭示出各种社会语境下生活之于审美和艺术的表征,将古典中国的文艺演进概括性地安放在神龛之上:

龙飞凤舞

青铜饕餮

先秦理性精神

楚汉浪漫主义

魏晋风度

佛陀世容

盛唐之音

韵外之致

宋元山水意境

明清文艺思潮

作为一个民族精神与心灵的外化、表现和寄托，美和艺术便是我们具体而实在的痕迹，在看似一片杂乱无章、混乱无序的历史幽深之处，潜藏着一种内在的秩序和逻辑，无论是魏晋"士人"的风度，还是明清之际"市民"的狂欢，文化的历史自有的显现出一种心理积淀和经验轨迹，而"美"就像精灵般降临在"人的自觉"后的世界。

《美的历程》不是对历史整体的描述，恰恰在于廓清属于"美"的内在逻辑，从历史的片断与时空的遮蔽中拈出，置于当下，使之变得清晰、生动，重新感受历史与美的温度。

正如李泽厚先生在书的结尾处那一行"俱往矣。然而,美的历程却是指向未来的"，美的历程，其实也是生命的历程。

《美的历程》由文物出版社于 1981 年初版,多次再版重印,更有众多出版社的不同版本。在海外，也有英文、德文和韩文等多种译本问世。

这里推荐文物出版社的第一版，但作为经典美学著作，各个版本均可阅读，不失文本要旨。在按序通读的基础上，可根据文学、音乐和绘画的不同重点作深入的阅读，特别是要关注几个思想转变的重要关口处，如：魏晋、中唐、两宋和明中晚期等大变局时代。

与叶朗先生的《中国美学史大纲》相比，此作也似另一形式的中国美学史。如果说《中国美学史大纲》倾向于严谨、客观的梳理,那么,《美的历程》则更像心灵的书写。

另外,李泽厚先生的著作中,有一个中国思想史系列,其中《中国古代思想史论》着力较深,可作为延伸阅读,有助于更深入地体验"美的历程"。体会了思想史的演进,也就更能够感受到书中各个闪光之处,"美"则跃然纸上。

我的阅读记号

- ☐ 诗经选
- ☐ 楚辞选
- ☐ 汉魏六朝诗选
- ☐ 世说新语
- ☐ 唐诗三百首
- ☐ 宋诗选注
- ☐ 唐宋词选释
- ☐ 中国古典四大名剧
- ☐ 三国演义
- ☐ 水浒传
- ☐ 红楼梦
- ☐ 古文观止
- ☐ 儒林外史
- ☐ 金锁记
- ☐ 鲁迅选集
- ☐ 中国新诗萃
- ☐ 子夜
- ☐ 家
- ☐ 骆驼祥子
- ☐ 围城
- ☐ 北京人
- ☐ 生死场
- ☐ 死水微澜
- ☐ 青春之歌
- ☐ 李有才板话
- ☐ 陈映真文选
- ☐ 透明的红萝卜
- ☐ 平凡的世界
- ☐ 福乐智慧
- ☐ 格萨尔

中国文学名著

CLASSICS OF CHINESES LITERATURE

《诗经选》

导读作者 / 孙明君

> 《诗经》是我国古代第一部诗歌总集。《诗经》原称为《诗》或《诗三百》,自从汉儒尊《诗》为经,后人递相沿袭,遂以《诗经》称之。《诗经》共收入自西周初期(公元前十一世纪)至春秋中叶(公元前六世纪)约五百余年间的诗歌三百零五篇。《小雅》中另有六篇"笙诗",有目无辞,不计在内。

作者简介

《诗经》作者的成分很复杂,诗歌产生的地域非常广阔。既有周王朝乐官制作的乐歌,也有公卿列士的献歌,还有一些流传于民间的歌谣。一般认为,那些不同时代从不同地区搜集来的乐歌,经过了周王室的乐官——太师的加工和整理。

《诗经》305篇按音乐分为"风""雅""颂"三部分。郑樵云:"风土之音曰风;朝廷之音曰雅,宗庙之音曰颂。"(《通志序》)此亦为今日学界之共识。《风》指十五《国风》,它们是周南、召南、邶、鄘、卫、王、郑、齐、魏、唐、秦、陈、桧、曹、豳等十五个诸侯国的民间歌曲,共160首。在这些诗篇中,"饥者歌其食,劳者歌其事",表现了下层民众的生活、斗争和思想情感。有的反映了人民的觉醒与抗争;有的反映出战争、徭役给人民带来的苦难;有的描摹了社会的动乱和统治者荒淫无耻的生活;更多的是"男女相与咏歌各言其情"之作,为我们展现出先民丰富的情爱世界。《雅》诗是周王畿的乐歌,周人称这一地区为夏,夏雅通用,故称。《雅》共105篇,因产生的年代与乐调不同,分为大小雅。大雅31篇;小雅74篇。大雅多是西周时代的作品;小雅多作于周王室衰微之后。雅诗的内容主要有政治讽喻诗、周族史诗、婚姻爱情诗、农事诗、宴饮诗、颂德诗、贵族怨愤诗、反映民生疾苦诗等。与《国风》相较,《雅》诗反映的社会生活面更为广泛。《颂》诗共有40篇,包括《周颂》31篇,《鲁颂》4篇,《商颂》5篇。大体上是祭歌、赞美诗,是统治者用于宗庙祭祀的乐章,旨在歌颂祖先的丰功伟绩和鬼神的巨大威灵。一般说来,颂诗的文学价值不太高,但有一定的史料价值。

《诗经》的表现手法有"赋、比、兴"三种。"赋者,敷也,敷陈其事而直言之者也。""比者,以彼物比此物也。""兴者,先言他物以引起所咏之词也。"(朱熹《诗集传》)

赋即是直接铺陈叙述；比是比喻，有明喻、隐喻之分；兴即起兴，有引起联想，烘托渲染气氛的作用。大抵《国风》多用比兴，《大雅》多用赋法。赋、比、兴手法的运用，使《诗经》具备了动人的艺术魅力。《诗经》主要采用四言诗和隔句用韵，但亦富于变化，其中有二言、三言、五言、六言、七言、八言的句式，显得灵活多样，读来错落有致。章法上具有重章叠句和反复咏唱的特点，大量使用了叠字、双声、叠韵词语，加强了语言的形象性和音乐性。《诗经》中的一些篇章工于描写，勾画出许多生动的细节，《七月》写农家一年四季的生活，宛如一幅幅精美的民俗生活画。

《诗经》是中国诗史的源头，它积淀了丰厚的上古文化内涵，具有不朽的诗史意义。它开创了中国诗歌关怀现世、注重民生疾苦、再现普通民众思想情感的诗歌之路，其赋、比、兴手法更成为后世诗歌艺术表现的基本法则。

秦代曾经焚毁包括《诗经》在内的所有儒家典籍。汉代传《诗》者有齐、鲁、韩、毛四家，后独毛诗得以流行于世。历代注释《诗经》者甚多，影响最大者有：汉末郑玄的《毛诗郑笺》、唐代孔颖达的《毛诗正义》、南宋朱熹的《诗集传》、清代马瑞辰的《毛诗传笺通释》、陈奂的《诗毛氏传疏》等。

今人余冠英的《诗经选》精选 106 首诗，逐一进行了注释、今译。该选本选目得当，注释简洁，训诂信实，译诗畅达而富于诗味。

《楚辞选》

导读作者／孙明君

> 《楚辞》原指战国时期楚人特有的诗歌形式，后来亦指西汉刘向汇集的一部以屈原作品为主体的诗歌总集。

作者简介

屈原（公元前340—前278左右），名平，字原，战国楚人，我国诗史上第一位伟大的爱国主义诗人。出身于楚国王族，有高度的文学修养和爱国情怀。"明于治乱，娴于辞令"，楚怀王时，官至左徒，参与楚国内政外交大事。"入则与王图议国事，以出号令，出则接遇宾客，应对诸侯。"（《史记·屈原列传》）主张举贤授能，变法图强，遭到保守派的谗害排挤。怀王时曾被放逐于汉北一带，顷襄王时第二次放逐。在长期的流放生涯中，他不改初衷，关怀人民，注视着故国政局的变化。顷襄王二十一年（公元前278年），秦破郢都，楚王客死于秦，人民陷入国破家亡、流离失所之困境，屈原悲愤绝望，自投于汨罗江。

宋玉，战国时鄢（今襄樊宜城）人。生于屈原之后，或曰是屈原弟子。曾事楚顷襄王。好辞赋，为屈原之后的辞赋家，与唐勒、景差齐名。

楚辞的特点是"书楚语，作楚声，纪楚地，名楚物"，富有浓厚的楚国地方色彩。据现代学者研究，屈原作品基本上可以肯定的有《离骚》《九歌》《九章》《天问》《招魂》等23篇。这些作品以其深邃的思想、卓越的艺术手法而享誉中国诗史。

《离骚》是中国古代文学史上最宏伟的长篇抒情诗，在诗中他回顾了自己的身世和参政历程，表达出献身理想的强烈愿望和不屈不挠与黑暗势力斗争的决心。全诗具有强烈的浪漫主义色彩。《九章》包括《惜诵》《涉江》《哀郢》《抽思》《怀沙》《思美人》《惜往日》《橘颂》《悲回风》9篇作品，同《离骚》一样，诗人反复地抒写了自己的理想，揭露了楚国政治的黑暗。《九歌》是一组祠神诗，所祠之神有云中君、大司命、少司命、河伯、湘君、湘夫人、山鬼、东皇太一及国殇（为国战死之神）等。屈原既保存了民间祭神歌辞的特点，也注入了自己的思想感情。《天问》是一首奇特的诗，诗人一口气提出了190个问题，对自然现象、历史故事、神话传说等发出了疑问，表现了诗人对宇宙、社会、人生的哲学思考。

屈原作品在艺术形式和表现技巧上有独特的成就。他从楚国民间文学中吸取营养，创造了一种句法错落，灵活生动的骚体诗，它既是辞赋形式的先导，又是四言诗向五言诗过渡的津梁。楚辞发展了传统的比兴手法：使比兴能象征一个完整的艺术形象，众多的比喻构成了一个特定的系统；象征物与本体之间有一种相对稳定状态。屈原作品想象丰富，构思奇特，变化多端，热情奔放，雄奇瑰丽，具有浪漫主义色彩，他是中国浪漫主义诗人之祖。屈原作品塑造出了一位顶天立地的抒情主人公形象，这是一位人格峻洁、感情充沛、志向远大的新人形象，他具有平治天下的历史使命感和先天下之忧而忧的忧患意识。楚辞的语言绚烂华美，对偶工巧。

作为一位伟大的诗人，屈原的出现，不仅标志着中国诗歌进入了一个由集体歌唱到个人独创的新时代，而且他所开创的新诗体——楚辞，突破了《诗经》的表现形式，极大地丰富了诗歌的表现力，为中国古代的诗歌创作开辟了一片新天地。后人也因此将《楚辞》与《诗经》并称为"风、骚"。"风、骚"是中国诗歌史上现实主义和浪漫主义两大优良传统的源头。同时，以屈原为代表的楚辞还影响到汉赋的形成。

历代对楚辞的注释中，影响较大的有：汉人王逸《楚辞章句》、宋人洪兴祖《楚辞补注》、朱熹《楚辞集注》、清人王夫之《楚辞通释》、蒋骥《山带阁注楚辞》。

今人马茂元的《楚辞选》录入了学界公认的屈原作品，并加以解题、注释、说明。既采用了各家较为准确的观点，也表述了自己的见解，深入浅出，便于理解。

《汉魏六朝诗选》

导读作者／孙明君

> 汉魏六朝是我国古代诗歌逐渐成熟的重要时期，此书选录汉魏六朝诗歌300首。

作者简介

所收录诗歌的作者包括三曹、阮籍、嵇康、陶渊明、谢灵运等汉魏六朝时期的重要诗人。

两汉盛行赋体文学，诗歌主要是汉乐府和古诗。乐府继承了《诗经》的传统，广泛深入地反映了汉代的社会现实，其中有反映社会危机的诗篇，如《东门行》《悲歌》；有再现战争、徭役的诗篇，如《战城南》；有表现爱情世界的诗篇，如《上邪》《有所思》。《陌上桑》讽刺了上层人物的轻薄，《孔雀东南飞》反映了汉乐府的最高艺术成就，《古诗十九首》最早见于萧统的《文选》，不是一人一时之作，产生的年代相去不远，大约出现于汉末桓灵之世。这组诗主要反映了社会中下层士人的思想和情感，其主题一是游子思妇的离别相思之情；二是仕途失意的苦闷。风格平易淡远，语言浅近自然，没有刻意雕饰的痕迹。

建安时代诗人辈出，其中最为杰出的当推曹氏父子。曹操诗歌或写民生疾苦，或抒一统天下之志，悲凉慷慨，刚健有力，气韵沉雄；曹丕诗多写游子思妇之情，对人生进行哲学的思考；曹植前期纵情任性，风流不羁，后期名为藩王，实为囚徒。建功立业、名垂青史是他终生的追求。后期诗歌多表现理想与现实的矛盾。其诗"骨气奇高，辞采华茂"（钟嵘《诗品》）。曹丕兄弟与邺下诸子一起游宴赋诗，出现了中国诗史上第一个文人集团。阮籍的《咏怀诗》主要表现生命的孤独苦闷，理想的难以寻求。诗中多用比兴手法，或以自然事物象征，或以历史、神话暗示，"言在耳目之内，情寄八荒之表"（钟嵘《诗品》）。与阮籍诗文的"遥深"不同，嵇康的创作"师心以遣论"，表现出"清峻"之特点。

西晋从立国到覆灭只有大约五十年时间。太康时代出现了三张（张载、张协、张亢）二陆（陆机、陆云）两潘（潘岳、潘尼）一左（左思）。陆机将诗歌进一步文人化、贵族化，内容多模拟之作，文辞繁缛，语言华美，多用排偶，引领了华丽雅致之风。潘岳诗文以善叙悲哀之情著称。左思诗歌形成了"左思风力"，他的《咏史》以刚健质朴的语言表现了对士族门阀制度的不满。

两晋之际的文学是在玄风背景下的创作。刘琨早年慕老庄，喜清谈，后期经历家国之痛，意识到个人对于社会政权的责任。其诗仅存三首，表现志士的热情与悲痛。郭璞以《游仙诗》为题，歌颂高蹈遗世的精神，寄寓着惧祸避乱的情绪。两晋士族诗人多沉溺于玄思世界，以托意玄虚而求避险。以阐释老庄和佛教哲理为主要内容的玄言诗导源与正始，形成于西晋之末，兴盛于东晋一朝。代表作家有孙绰、许询等。士族人物在追求一种超然玄悟的人生。而"以玄对山水"则表明士族诗人的创作从玄言诗向山水诗的转变趋势。

　　魏晋南北朝时期最富有成就的诗人是陶渊明。陶渊明的诗歌以表现隐逸思想和生活为主体。其诗作的出现标志着中国田园诗的成熟。"文体省净，殆无长语，笃意真古，辞典婉惬。"（钟嵘《诗品》）"一语天然万古新，豪华落尽见真淳。"（元好问《论诗绝句》）

　　南朝文学追求新变，其新变主要表现在题材、形式和风格的求新意识上。他们很少描写社会政治，很少关注下层民众生活，缺乏雄壮有力的美学风格。创作上开始讲究四声，看重辞采，以精丽工巧取胜。晋宋时代出现了元嘉三大家谢灵运、颜延之与鲍照。永明年间，在竟陵王萧子良身边聚集了竟陵八友，沈约、谢朓、萧衍等人都在八友之列。沈约等人讲究四声八病，在声律学上有巨大的突破，"永明体"的出现标志着中国诗歌内在音乐美的形成。谢朓是这一时期最优秀的诗人。

　　梁代末年庾信、王褒、颜之推等南方士人入北，影响并培养了一批北朝作家。庾信后期诗歌主要抒写自己身世遭遇以及对故国的怀恋，风格苍凉萧瑟，集南北朝诗歌之大成。隋代文学呈现出南北融合之势，这种融合主要表现为北方文学向注重文采的南朝诗风的自觉靠拢。

　　南北朝的民歌各有特色。南朝民歌中以情歌为主，多女子之歌，情调哀怨缠绵，艳丽柔弱。语言多为五言四句，喜用双关谐音。北朝民歌题材广泛，内容丰富。感情真率，语言朴实。

　　余冠英《汉魏六朝诗选》（人民文学出版社，中华书局有多个版本）选择了本期重要诗人的代表性作品，详加注释，有助于读者了解汉魏六朝诗歌的面貌。

《世说新语》

导读作者 / 孙明君

> 《世说新语》有《世说》《世说新书》《新语》等别名，今日通称为《世说新语》。《世说新语》是一部笔记小说集。通过书中的人物形象，可以了解中古时代上层社会的风尚。

作者简介

　　一般认为《世说新语》是六朝时宋刘义庆和他的门人袁淑、陆展、何长瑜、鲍照等人共同编写的。刘义庆（403—444年），彭城人。他是宋武帝刘裕的侄子，袭封临川王。作过豫州刺史、尚书左仆射、中书令等官。"为性简素，寡嗜欲，爱好文义。……招集文学之士，近远必至。"（《宋书·刘道规传》附《刘义庆传》）。他的著述除《世说新语》外，还有《幽明记》等。梁刘孝标为《世说新语》作注，引用古书四百余种，补充了不少史料。

　　《世说新语》全书按"德行""言语""政事""文学"等分为三十六门，记录了汉末到东晋士大夫阶层的一些逸闻趣事，虽然未必尽合史实，却反映了这一时期士流社会和上层社会的政治斗争、人际关系以及学术思潮等内容。

　　上卷四门：德行第一、言语第二、政事第三、文学第四。其上卷四门正是孔门四科（见《论语·先进》），可以看出作者对儒学的重视。我们常说谈玄论佛、蔑视礼教是魏晋时代的社会特征，即使在这样的时代，在士大夫心中儒家思想依然是社会的主干。中卷九门：方正第五、雅量第六、识鉴第七、赏誉第八、品藻第九、规箴第十、捷悟第十一、夙惠第十二、豪爽第十三。这九门都属于正面的褒扬。下卷二十三门：容止第十四、自新第十五、企羡第十六、伤逝第十七、栖逸第十八、贤媛第十九、术解第二十、巧艺第二十一、宠礼第二十二、任诞第二十三、简傲第二十四、排调第二十五、轻诋第二十六、假谲第二十七、黜免第二十八、俭啬第二十九、汰侈第三十、忿狷第三十一、谗险第三十二、尤悔第三十三、纰漏第三十四、惑溺第三十五、仇隙第三十六。下卷二十三门中有褒扬也有贬斥，还有一些条目只是对某种行为的客观记录。贬斥类的条目在一定程度上揭露了某些士大夫的荒淫无耻和虚伪。

　　由于所记大多数人物是魏晋名士，因而《世说新语》也是研究当时学术思想史的重要资料。《世说新语》及刘孝标注涉及的历史人物达一千五百多个，其中有帝王将相，也有隐士僧侣。记载了魏晋名士的清谈和品题，记录了他们栖逸、任诞、简傲的性格特征。明胡应麟《少室山房笔丛》卷十三说:"读其语言,晋人面目气韵,恍忽生动,而简约玄澹,真致不穷。"鲁迅说:"记言则玄远冷隽,记行则高简瑰奇。"(鲁迅《中国小说史略》)

《世说新语》对后世有十分深刻的影响,一是模仿《世说新语》的小说不断出现。唐王方庆的《续世说新语》、宋王谠的《唐语林》、明冯梦龙的《古今谭概》等都深受其影响。二是《世说新语》里的故事成为后世一些戏剧、小说的素材。

《世说新语》成书以后,敬胤、刘孝标等人皆为之作注,唯孝标注留传。《世说新语》当今所存最早的版本为唐写本残卷,1877年发现于日本。南宋绍兴八年(1138年),董弅所刻《世说新语》,是现存最完整的《世说新语》刊本。此本曾经宋晏殊删定,再经董氏整理,该书三卷三十六篇,是今日的通行本。此本现存两部,均藏于日本。自明代以来流行的刊本有二:一为王世贞所刊,一为袁褧所刊。王本"注文多所删节,殊乖其旧"(《四库提要》);袁本因翻刻宋陆游刊本而较完备。

余嘉锡《世说新语笺疏》(中华书局,1983年第1版)是目前《世说》注疏类作品中的最佳版本。笺疏重在考察史实,考证细密周详。徐震堮《世说新语校笺》(中华书局1984年第1版),作者在文字疏通上用力颇多,校文简畅易读,利于初读者。

《唐诗三百首》

导读作者 / 刘石

编者简介

蘅塘退士（1711—1778年），名孙洙，字临西，又作苓西，号蘅塘，晚号退士，江苏无锡人，祖籍安徽休宁。乾隆十六年（公元1751年）进士，历任顺天府大城县知县、直隶卢龙县知县、江宁府教授等。为官清廉有声，著有《蘅塘漫稿》（已佚），辑有《排闷录》等，以所选编《唐诗三百首》最为知名。

选编背景

本书编成于乾隆二十八年（公元1763年），是两百多年间六百多种唐诗选本中流传最广、影响最著者的唐诗选本，清光绪间四藤吟社主人说它"风行海内，几至家置一编"，书前"题辞"中引及的谚语"熟读唐诗三百首，不会吟诗也会吟"，早随该书家喻户晓。

本书原为训课童蒙而编。据书前"题辞"可知，蘅塘退士有感于此前学童所读《千家诗》虽易于成诵，却工拙相参，且只有五七言律诗和绝句二体，又唐宋诗混杂，体例不纯，因而发愿就唐诗中脍炙人口之作择其尤要者汇为一编，为家塾课本，以取代流行已久的《千家诗》。

本书选唐代诗人77家，其中无名氏2家，诗作共310首（四藤吟社主人为之补3首，成为313首）。此书所以能风行后世，至今不衰，不外乎篇幅紧凑而选目精当。康熙时编成的《全唐诗》共九百卷，收诗近五万首，卷帙浩繁，不适合普通人阅读。本书所选分量适中，而又贵能作者多元，体裁完备，内容广泛，风格多样，体现出对唐诗的精深了解和独到的选诗眼光。

就作者看，本书所选初、盛、中、晚四期诗人兼备，人们熟悉的大家名家不仅多在其中，且入选篇目居多，亦有地位略低甚至无名氏作者，可知其选诗并非一味唯名头是瞻。就体裁看，五七言律诗、绝句外，又收入五七言古诗及乐府，古代诗歌中的主要体裁基本具备。就内容看，或关注现实，或怡情物色，或感慨议论，或抒发幽怀，不偏一隅。就风格看，或凝重沉郁，或清新飘逸，或豪放高旷，或宛转优美，或纵横跌宕，或精谨密致，或绮丽流美，或朴素端严，不主一格，而要以深于义蕴、妙于审美的艺术性为旨归，宜乎。吴小如先生《读〈唐诗三百首〉》称其为"确可作为一本初步研读唐诗用的标准入门书"。自不能说唐诗之美尽在于此书，但说入选此书者多能体现唐诗之美,那是毫无问题的。

　　本书选编的初衷是为课童之用,但不同时代的人知识结构、文化修养会发生变化,朱自清曾说这部"当年的童蒙书,等于现在的小学用书","无论它从前的地位如何,现在它却是高中学生最合适的一部诗歌选本"(《〈唐诗三百首〉指导大概》)。今距朱佩弦的时代又过去半个多世纪,这部当年的小学读物早已悄然进入了成人世界。

　　蘅塘退士所编原书有注释及旁批,后人嫌其过简,更有多种注解本面世,对于阅读、理解诗作颇有助益。今人均取此书的注释本来阅读。兹介绍三种如下。

　　一是道光、咸丰间上元女史陈婉俊的补注本,有中华书局 1982 年版(名《唐诗三百首》),注释较为简明,保留了原书的旁批。

　　二是嘉庆、道光间章燮注疏本,有安徽人民出版社 1983 年版(名《唐诗三百首注疏》),注释较为详赡。此书有眉批,与原书旁批一样,多发明诗作艺术,颇可参考。需要指出的是,该书改变了原书的卷次,入选篇目亦有调整,总数增至 321 首。

　　三是近人喻守真注释本,有中华书局 1991 年版(名《唐诗三百首详析》)。该书不分卷,诗作序次与原书亦有不同,每篇注释均含注解、作意、作法三部分,并标注平仄及韵部,以白话写成,或更适合多数人的阅读。

《宋诗选注》

导读作者 / 刘石

编者简介

钱钟书（1910—1998 年），字默存，号槐聚，江苏无锡人。1929—1933 年就读于清华大学外文系，后求学于牛津大学。曾任清华大学外文系教授，中国社会科学院文学研究所研究员。著有《谈艺录》《管锥编》《围城》等。学问贯通中西，淹博无涯，时人至以"文化昆仑"目之。"钱学"之称在其生前即已流行。传闻外国人来北京有三大心愿，登长城、吃烤鸭和见钱钟书，虽不知真伪，其在国际文坛和学界的影响是毋庸置疑的。

宋诗研究只是"钱学"参天大树上的一枝，却是重要的一枝。钱钟书的宋诗研究除散见于《谈艺录》《管锥编》等著述外，大多汇聚于《宋诗纪事补订》五巨册，另外集中体现的就是这册《宋诗选注》。

宋诗相较于唐诗虽不无偏爱者，总体来看受到轻视和冷落，至有认为"终宋之世无诗"（清陈子龙《王介人诗余序》）者。钱钟书不然，作于 20 世纪 40 年代的《谈艺录》开篇即谓："唐诗宋诗，亦非仅朝代之别，乃体格性分之殊。天下有两种人，斯分两种诗。唐诗多以丰神情韵擅长，宋诗多以筋骨思理见胜。"即宋诗是与唐诗不同的一种美学类型。等量齐观的背后，是对宋诗特色和地位的体认和尊重。

本书之编成，固是作为文学研究所"中国古典文学作品"读本丛书之一种的领命之作，但时任所长郑振铎提议钱钟书亲操选政，想是出于对钱钟书宋诗研究的认可，而钱钟书此编目的，除提供适合于当时读者方便阅读的宋诗选本，以俾领略宋诗独特风貌外，也未必不是为了扭转学术史上对于宋诗由来已久的成见。

本书编成于 1957 年，选诗人 80 家，诗作 377 首。首先应当提及的是选目的不易。其时并无《全宋诗》可用（40 年后收诗近 25 万首的 72 巨册《全宋诗》才面世），他此前 30 年间就曾大量检阅各种宋人别集、总集，单《容安馆札记》中明确提及的就有近 300 家，编撰此书的两年间更遍读宋诗，杨绛先生曾感叹"他这两年里工作量之大，不知有几人曾与理会到"（《我们仨》）。虽然由于种种原因，他不能充分自主地决定作品的入选与否，留下了他人以及自己都耿耿于怀的遗憾，但识鉴精湛而又富于审美包容性的钱钟书既然在原始文献上下了如此大的工夫，则其所选一定在相当程度上反映了选家心目中宋诗的精华、特色及诗史概貌。

要着重表而出之的是序，尤其是小传和注释的精彩。本书有一篇较长的序，又有 80 篇作者小传，同时有大量的注释文字。钱钟书著述的特点是，不落笔则已，落笔则思力深刻，学理缜栗，谛观审辨，洞幽烛微，妙喻迭出，语如贯珠，征引渊博，机趣横生。《宋诗选注》亦不例外,其序、小传和注释皆强烈地体现出这一鲜明的钱氏印记,与常见的程式化诗歌选本迥异。

从序中不吝篇幅地批评宋诗撇下了"人民生活"这一"唯一的源泉",以及相应地过多选入《田家语》《煮海歌》《织妇怨》《河北民》《采芑茨》这类来自"唯一的源泉"的诗作,可以看出本书确实在一定程度上存在着时代痕迹。不过总体上仍如词学家夏承焘先生的评价:"这个选本,确实冲破了选宋诗的重重难关,无论在材料的资取上、甄选的标准上、作家的评骘上,都足以使读者认识到宋诗的面貌、它的时代反映和艺术表达,它所能为我们今天欣赏的接受的东西。而钱先生在这个选本里,也充分地表露了他的一般对于诗的和特别对于宋诗的见解,而这也正是构成一个好的选本的主要因素之一。"(《如何评价〈宋诗选注〉》)

钱钟书的每一种文字都值得细读。复旦大学中文系王水照教授曾与钱钟书先生共事多年并受其提命,对本书"丰富的内蕴,恢宏的气度,犀利的眼力和敏锐的艺术感觉"有透辟的理解,他曾提出有关《宋诗选注》的四种"读法"(见《关于〈宋诗选注〉的对话》),其中第一、第二种非常值得读此书者借鉴。一是全书作家评论80篇,篇篇有新意,字字有分量,可从宋代诗歌演变史的角度去细读;二是注释突破了传统选本着重于语词名物训释、章句串讲的框架,将注释和鉴赏、评判结合起来,运用的基本方法是比较法,可从比较鉴赏学的角度去阅读;至于第三、第四种,即从版本学的角度研究钱氏对本书的多次修改,从全部钱著贯通互参的角度去阅读全书,也非常重要,但那是百尺竿头更进一步的事了。

此书由人民文学出版社1958年初版,其后多次重版,均略有改动。1992年第7次重版时,作者又对注解作了增订,并作为补页附于书末。2001年、2002年和2007年生活·读书·新知三联书店出版的《钱钟书集》中也收入《宋诗选注》,2005年人民文学出版社再版了《宋诗选注》。以选读1992年及以后的版本为宜。

《唐宋词选释》

导读作者 / 刘石

编者简介

俞平伯（1900—1990年），名铭衡，字平伯。原籍浙江德清，生于江苏苏州，1919年毕业于北京大学，曾在燕京大学、北京大学、清华大学等校任教，中国社会科学院文学研究所研究员。著名学者和作家，著有十卷本《俞平伯全集》。

俞平伯在学术上最有影响的是红学研究，以《红楼梦辨》成为"新红学"的重要开拓者。他又是著名作家，新旧体诗词兼擅，词作编为《古槐书屋词》。又精于古典文学尤其是古典诗词研究，主要著述汇辑为《论诗词曲杂著》。

词学可称其家学，其父俞陛云即精研诗词，有《唐五代两宋词选释》行世。早在北大求学期间，即受小学、词章兼擅的黄侃影响而喜爱词学。1930年代早期，他在清华大学中文系承担的课程中便有词、曲，今天清华大学档案馆民国二十年至民国二十一年度"讲义报告表"上，后来一再印行的《读词偶得》便赫然在目。由此可见他对词体的关注和研究由来已久，本书的编撰也就是顺理成章的事了。

本书选入唐五代至两宋词人74家，无名氏2家（其中敦煌词一组以一家计），共251首，分上、中、下三卷。俞平伯本人即为精于诗词创作的大家，且对历代词人、词作及词史甚为熟悉，故理解深，视野广，取材宽，抉择精。就所选一家论，能体现出该家的创作特色和艺术成就；就全书整体观，能贯串起、勾勒出词史的发展衍变脉络。

本书以敦煌词开端，体现了对民间词的重视和对词体发生史的理解。唐五代词人中温庭筠、韦庄、冯延巳、李煜最出色，故选词较多。两宋词人中苏轼、秦观、周邦彦、李清照、辛弃疾最出色，选词亦较多。苏轼、辛弃疾并称"苏辛"，为词中圣手，词作豪放、婉约、清旷、沉雄，风格多样，所选词作基本囊括了二家各种主要的风格。柳永词兼具雅俗，所选弃俗取雅；吴文英词兼明快与晦涩，所选多取明快。选家遴选作品总是有倾向性的，面面俱到，不能也不必。

本书"前言"中说："选材方面，或偏于消极伤感，或过于香艳纤巧。"不同文体自有不同的文体特色，理想的词选应当甄选出能够体现词体独具之美的词作。词体的独具之美，就是王国维《人间词话》所说的"词之为体，要眇宜修，能言诗之所不能言，而不能尽言诗之所能言。诗之境阔，词之言长"。"前言"中的自我否定是特定时代环境的产物。其所否定处，今天看来正是其值得肯定处。词在古代被视作"诗余"，是不登大雅之堂的小道，主要就是因为词作中普遍存在的"消极伤感"和"香艳纤巧"。如果改变了政治伦理和道德教化出发的狭隘观念，对词体这一特性就会有完全不同的审美取舍和价值判断。全面赏读《唐宋词选释》中的词作，有利于从总体上认识、欣赏词体特性和词体之美。

阅读本书，更应特别关注其注释。老辈治文艺者多不屑于浮泛玄虚的抽象理论，他们乐于在对具体作品的涵咏玩味中获得艺术体悟，并以得心应手的文笔表达出这种体悟。俞平伯先生学识渊深而又精于作词，其注释之深切著明自非同于等闲之辈。除注字诠词、数典征事、校勘辨证外，尤精于作法、结构、技巧、立意、内蕴、境界、风格等的艺术分析，注重体察词人独具之词心。剥蕉抽茧，抉幽发微，不仅有益于鉴赏，有意尝试词体创作的人亦能从中得到启迪。

本书完成于 1962 年，原名《唐宋词选》，有试印本；1979 年由人民文学出版社正式出版时改为今名。

《中国古典四大名剧》

导读作者／刘勇（格非）　高静

> 中国古典四大名剧包括元代王实甫的《西厢记》、明代汤显祖的《牡丹亭》、清代洪昇的《长生殿》与孔尚任的《桃花扇》。
> 　　由元以降，文人参与戏剧创作的风气渐盛，四大名剧在思想内容、体制结构与唱白言辞方面都显示了文人戏剧创作的趣味与特征。

作者简介

王实甫（约1260—1316年），名德信，大都（今北京市）人，生平不详。作品有《西厢记》《丽春堂》《破窑记》等，与关汉卿齐名。元末明初杂剧家贾仲明称赞他"有词章，风韵美，士林中等辈伏低。新杂剧，旧传奇，《西厢记》天下夺魁"。

汤显祖（1550—1616年），字义仍，号海若、若士、清远道人，江西临川人。中过进士，历任太常寺博士、礼部主事，曾因弹劾内阁首辅申时行而降职，后免官。其思想受到李贽的影响。在戏曲创作方面，汤显祖反对拟古和拘泥于格律。作品有《牡丹亭》《邯郸记》《南柯记》《紫钗记》，合称《玉茗堂四梦》，在世界戏剧史上有重要地位。

洪昇（1645—1704年），字昉思，号稗畦，又号稗村、南屏樵者，钱塘（今浙江杭州）人，生于书香世家，为人疏狂孤傲，20年科举不第。《长生殿》的创作历经十年，问世后引起社会轰动，后因演出于国丧日被劾下狱。1704年，江宁织造曹寅在南京排演全本《长生殿》，邀洪昇前往，归途中醉酒，于乌镇落水而死。戏曲作品仅存《长生殿》和《四婵娟》两种。与孔尚任并称为"南洪北孔"。

孔尚任（1648—1718年），字聘之，又字季重，号东堂，别号岸堂，自称云亭山人，山东曲阜人，孔子六十四代孙。思想与学术继承儒家传统。中年游宦江南，有机会亲历南明故地，深入了解南明的历史兴亡，为《桃花扇》的创作进行了充分的酝酿和准备。作品除《桃花扇》外，还有《岸堂文集》《长留集》等行世。

四大名剧中，《西厢记》与《牡丹亭》都擅长于青年男女情感的细腻描摹。《西厢记》中书剑飘零的张生与相国小姐崔莺莺因彼此才貌而相互倾心，经过联吟、寺警、听琴、赖婚、逼试等一系列事件后感情加深，却因身份门第的差距而遭遇重重阻挠。剧终张生得中状元，与莺莺结为夫妻。王实甫借剧中人物发出了"愿普天下有情的都成了眷属"这样振聋发聩的呼声。然王实甫之重"情"，较之关汉卿、白朴虽有突破，但仍不能与明代的汤显祖相提并论。在《牡丹亭》中，少女杜丽娘长期深居闺阁，却仍于游园

之时产生思春之情,梦中与书生柳梦梅幽会,后因情而死,又最终还魂复生,与柳在人间结成夫妇。《牡丹亭·序》中说,"情不知所起,一往而深,生者可以死,死可以生。生而不可与死,死而不可复生者,皆非情之至也。"很显然,汤显祖对"情"的推崇与张扬,已有冲决宋明以来的"理学"伦理羁绊之势。唯因如此,《牡丹亭》中的"情"所承载的文化内涵,与明代的政治环境、思想风潮、经济与社会形态之关联,我们在阅读中也应多加留意。

《长生殿》借李隆基与杨玉环的"钗盒情缘"写王朝兴衰,剧名取自白居易《长恨歌》中的诗句"七月七日长生殿"。《桃花扇》以秦淮名妓李香君与复社名士侯方域的悲欢离合为线索,摹写南明覆亡史。两剧皆借离合之情,写兴亡之感,或曲折或直接,反映了清初文人易代之际的文化反思,思想内容上都较《西厢记》与《牡丹亭》深邃、复杂。就男女之"情"的表现而言,《长生殿》在批评统治阶层荒淫误国的同时又赞颂李、杨爱情;《桃花扇》则用道士的直接呵斥来点醒侯、李情缘之迷思:"家在哪里?君在哪里?父在哪里?偏是这点花月清根,割它不断么?"从这一声断喝中,也可以看出孔尚任对晚明情欲解放潮流的真实态度。

阅读可参考人民文学出版社 2005 年的平装本。这套书注释详尽,许多用典标注得清晰明了。阅读时,须注意作品的情节安排与时代背景线索、写作缘起、作者寄托之间的关联,可留意不同人物的不同声口、唱词曲牌与中国古典诗词的关系。另外,这些作品在情节结构、线索伏笔方面的匠心,也很值得我们细细体味。

《三国演义》

导读作者 / 丁夏

> 《三国演义》全名《三国志通俗演义》，其成书在元末明初，再经修改润色而在清代定型。它演述汉末晋初百年风云，开启了以演义小说诠释解构历史、进而与史书分庭抗礼的局面。

作者简介

本书是世代累积而成的，作者非一人，成书也非一时。《三国志》等史书、隋唐有关三国的民间传说、宋元时期讲述、搬演三国人物故事的话本和戏剧，均对成书有影响。明人记载，本书初为罗贯中（约1330—1400年）"编撰"，罗氏名本，字贯中，号湖海散人，其籍贯有太原（今属山西）、钱塘（今杭州）、东平（今属山东）等说法，生平资料很少。罗氏原本为24卷240则，明后期人将其合为120回。清康熙年间，长洲（今苏州）人毛纶、毛宗岗父子对本书加以删改修订，并配上评语，刊行于世，其改订本清代以来流行最广。

本书通行的《三国演义》之名，易生误解，实则书中所述人物故事，并不局限于史学上所说的"三国"（公元220—280年），而是起于汉中平元年（公元184年），终于晋太康元年（公元280年），从汉王室衰微，群雄争夺混战落笔，重点是魏、蜀、吴三分天下，魏灭吴、蜀，最终司马氏取代曹魏建立晋朝。其叙事长达百年，而且首尾呼应，完整展现了中国历史上一个动荡分裂再归统一的过程。书中有名有姓的人物即达千余人，将当时重要历史人物几乎尽数纳入，也写到了期间最重要的历史事件。本书立意甚高，开篇所言"天下大势，合久必分，分久必合"，即是着眼于中国历史的大走向、大趋势，远超讲述若干英雄豪杰传奇的范围。

本书全称《三国志通俗演义》，亦并不意味它是史书《三国志》通俗版。明清不少学者都强调本书"亦庶几乎史"（明蒋大器语），"真而可考，堪与经史相表里"（清毛宗岗语），数百年来很多读者弃《三国志》不读，所谓"世人鲜有读三国史者，惟于罗贯中演义得其梗概耳"（清魏裔介语）。实则本书与史传既有联系也多区别。书中所写之人与事，如人物姓名、身份、性格、经历，事件的时间、地点、过程、结果，的确取自《三国志》《资治通鉴》等史书记载。但叙事的整体架构是对史实的深度加工，总体上是以时间顺序写来，但何事详写、何事一带而过，何人一唱三叹、何人痛加针砭，都是自出机杼，在史传记传体、编年体之外别开生面。故事情节、人物言行，具体场面，多借鉴历代相关笔记杂书、民间传说及话本戏剧素材,更凭借文学虚构想象加工创作而成。许多脍炙人口的故事,有的不见于史书记载,如刘、关、张"桃园三结义""三英战吕布";有的改换角色,如"鞭打督邮"本刘备所为,改为张飞;"赤壁之战"原系周瑜主导,写成诸葛亮运筹帷幄;有的言之凿凿而实出塑造人物形象需要,如关羽"过五关斩六将",华容道上"义释"曹操;有的则在史传基础上增益改动,如诸葛亮之"七擒孟获""六出祁山",等等。这些完全虚构或虚实相间的故事,不仅赋予历史生动的细节,更与小说主题配合,具备逻辑和事理的合理性。

小说演述历史的同时,也蕴含了对兴亡治乱、得失成败、善恶美丑的思索评判。作者秉承宋元以来民间三国故事"拥刘反曹"的传统,把刘备写成血统高贵、宅心仁厚、重情重义的明君仁主,而其对立面曹操则是"宁教我负天下人,不教天下人负我"的"奸雄",奸诈残暴,诡计多端。不过,道德评判并没有阻碍排斥人物的复杂性和多样性,曹操身上也鲜明地写出他如何胸有大志、延揽人才、多谋善断、领军善战等。书中既贯穿了儒家"仁政"观念,也表彰了植根于民间文化土壤的"义气",还隐含了天命观等意识,可说是雅俗文化交融,主流意识与边缘思想兼备,其中某些思想观念今日视之或陈腐或无益,也毋庸讳言。

本书"文不甚深,言不甚俗",战争描写生动深入,有两军对阵厮杀,也有双方精心策划、妙用巧计,有人甚至推崇可指导用兵打仗。书中主要人物,性格、外貌乃至言行,无不分明而且各异。本书因艺术高度成功,周边邻国读者亦倾慕欣赏,因而出现了多种文字译本。

本书明清两代存在多种情节有所不同、文字简繁有别的刻本,还有多种评点本,江苏古籍出版社的《毛宗岗批评本三国演义》,可供有兴趣者研读,而普通读者,可阅读人民文学出版社据毛本整理出版的《三国演义》。

《水浒传》

导读作者 / 丁夏

> 《水浒传》与《三国演义》为明代章回小说之双璧,讲述了北宋末年江湖好汉仗义行侠、除暴安良,并聚义梁山反抗官府的故事,明清以来社会影响深远。

作者简介

本书亦属世代累积之作,其源头为北宋末年宋江起义,南宋民间说书、宋元之际相关话本、戏剧多演其事。明初成书,而其作者则说法不一,或说罗贯中,或说施耐庵,或说系两人合作。清代以后多倾向为施耐庵。有关施氏史料很少,相传他是元末明初人,主要生活在"书会才人"聚居的钱塘(今杭州)。明末苏州文人金圣叹(1608—1661年)对本书加以删削,并加润色批点,其删改本在清代广为流传。

明人最早记载本书,称《忠义水浒传》(高儒《百川书志》),也称《宋江》(郎瑛《七修类稿》),盖因小说素材取自北宋宣和年间的宋江起义。宋江起义时间短暂,其原因、地点、过程和结局,时人记载都较为简略且诸说不同。南宋民间"说话"已有杨志、武松、鲁智深等人的故事,讲史话本《大宋宣和遗事》的"亨集"中,有杨志卖刀、劫取生辰纲、宋江杀惜、聚众起事、中计兵败后效力朝廷等前后连贯的情节,大致形成了《水浒传》故事雏形。元杂剧中"水浒戏"达数十种,其中不仅让宋江等在"水泊梁山"安营扎寨,亮出"替天行道"旗帜,更将义军规模由"三十六人"扩充为"一百单八将"。所写李逵等人扶弱济困的故事,很有维护正义、勇于反抗的色彩。这些为后来章回小说《水浒传》的内容、主题奠定了基础。

金圣叹感慨本书"无美不归绿林,无恶不归朝廷",又写出"乱自上作",道出了《水浒传》独特的创作视角和思想内容。小说所写未必是典型的农民起义,梁山好汉身份绝大部分也非农民,而是三教九流,囊括了几乎各阶层、职业之人。然则何以这些人都被"逼上梁山"?又何以要"劫富济贫""仗义疏财"?最终又为何被朝廷利用与剿灭?小说故事始于赵佶、高俅之"君臣遇合",揭示了君昏臣贪,普遍的政治黑暗和吏治败坏,使得社会无处不危机重重,无时不罪孽横生,而最终结果是"官逼民反"。其中有的是主动出击,如晁盖、吴用等人以"不义之财取之何妨",夺取贪官梁中书贪污所得用于送礼行贿的"生辰纲";有的先是"路见不平,拔刀相助",而后融入群体之中，如鲁智深之"拳打镇关西"；有的本来立足官府又沟通江湖，最后被迫走上梁山，如宋江其人其事；有的本是高官，却因受上司或小人凌辱欺压，忍气吞声仍不能摆脱，只能断然反抗，如林冲等人的故事。梁山好汉的性格、身份、地位各不相同，奔赴梁山的起因、过程也因人而异，但最后都汇聚梁山，立"聚义厅"，"八方共域，异姓一家"，不分贵贱，济济一堂。他们多次打退官军围剿，扫荡周边豪绅恶霸。但后改为"忠义堂"，由宋江主持投降朝廷，受命征伐其他义军，最后终为朝廷所害。小说的结局，既受历史素材的约束，也反映了作者对统治者本性有清醒认识。

尽管明清以来人们对《水浒传》思想取向褒贬不一，甚至争论激烈，但对其文学成就，则都给予了极高评价。本书对中国古代社会各阶层、各种人物的描写，达到了前所未有的广度和深度，其中主要人物，如鲁智深、林冲、武松、李逵、宋江、吴用等，莫不性格鲜明，栩栩如生。即便是配角，如武松故事里的潘金莲、西门庆、恽哥、王婆，也都如闻如见。本书结构上也很有特色，是以重要人物为主线，展开故事，再借相关人物连成一体。这种结构对后来《儒林外史》等有直接影响。书中叙事语言浅近而富表现力，人物对话则贴近口语，为后世通俗小说所传承。

《水浒传》也是中国文学中享有世界声誉的作品，各国有多种文字的译本。但书中也存在明显缺陷，如过分渲染暴力，喜写血腥杀戮，存在轻视女性倾向等。

明清两代《水浒传》版本复杂，各本故事情节、文字描写、回目多少都有差异。现代最便阅读的是人民文学出版社出版的《水浒传》。

《红楼梦》

导读作者 / 丁夏

> 《红楼梦》诞生于清中叶，描写了封建末世勋戚显贵之家贾府由盛而衰的命运，以及贾宝玉与黛玉、宝钗的爱情婚姻悲剧，其思想和艺术都体现了中国古代小说的最高成就，是内涵深广、蜚声中外的小说名著。

作者简介

作者曹雪芹（约1716—约1763年），名霑，字梦阮，号雪芹，祖籍辽阳（今属辽宁）。其四世祖于明末战败降清，被收为八旗正白旗"包衣人"（满语家奴之意）。因曾祖母为康熙保母，从曾祖父到父辈，甚得康熙关爱，三代出任江宁织造。雍正朝曹家以"亏空"罪名遭削官抄家，雪芹亦流落回京，生计潦倒。他从中年开始创作本书，"批阅十载，增删五次"，但死于贫病未能完稿。小说120回中的后40回，一般认为是高鹗（约公元1758—1815年）所续，高氏进士出身，官至刑科给事中，他与最早刊行《红楼梦》的程伟元（约公元1745—1818年）对本书流向社会有很大影响。

曹雪芹的名字"霑"，取自《诗经·小雅·信南山》"既霑既足，生我百谷"，隐含感激"世霑皇恩"之意。其祖父曹寅做过康熙的伴读和御前侍卫，康熙六下江南，曹寅接驾四次，曹家任江宁织造达五十八年，苏州、杭州织造也皆与曹家有亲。但伴随着雍正朝的急剧政治变化，曹家迅速衰败。曹雪芹从幼时的"钟鸣鼎食"到飘零京城饱尝"满径蓬蒿老不华，举家食粥酒常赊"（敦诚《赠曹芹圃》）的悲凉生活，使他对社会和人生有着异乎常人的深刻体验。他曾借《红楼梦》人物之口感慨："虽不敢说历尽甘苦，然世道人情，略略的领悟了好些。"从亲历的家族命运和人生变化，决心创作一部"离合悲欢，兴衰际遇"的作品，名为《风月宝鉴》，又名《石头记》《情僧录》《金陵十二钗》和《红楼梦》。存世的抄本多题为《石头记》，从被程伟元刊刻出版以后，这部伟大的现实主义小说就定名为《红楼梦》。

曹雪芹自言本书乃是"大旨谈情"，是"实录其事，不敢稍加穿凿"，然而又特地声明，是将"真事隐去"，所写不过是"假雨村言"。实则正如本书主要批评者脂砚斋所言："此书不敢干涉朝廷，凡有不得不用朝政者，只略用一笔带出，盖实不敢以写儿女之笔墨唐突朝廷之上也"。因为曹氏家族的兴衰与康熙、雍正两朝的政治直接有关，有些地方不得不隐晦不言。但是，通过贾家及相关的史、王、薛四大家族的兴衰，小说以贾家的荣、宁二府内部的日常生活、家庭琐事、闺阁闲情为基本脉络，在此背景之下，深入描写了贾宝玉、林黛玉、薛宝钗的爱情婚姻悲剧，进而刻画了如江河日下无可挽回的家族衰败，尤其是其中年轻一代的贾宝玉和金陵十二钗的悲剧命运。书中所写故事，既极具个性又具有普遍的意义，如四大家族之"一荣俱荣，一损俱损"，深刻揭示了封建政治的特点；荣宁二府"一代不如一代"，其主子们或荒淫无度，或迂腐无能，或贪得无厌，点出了封建时代豪门大族难以摆脱的子孙不肖、后继无人的危机；"一个个像乌眼鸡似的，恨不得你吃了我我吃了你"，则生动写出了这些看似"烈火烹油、鲜花着锦之盛"的百年望族，内部充满了各种错综复杂、尖锐激烈的矛盾。因为小说所写家族命运涉及非常广阔的社会生活，从政治、经济、文化等各种角度展示了当时社会的全貌，故《红楼梦》又被称为中国封建社会的"百科全书"。书中宝、黛、钗的异性感情上的波折与微妙的冲突，既折射了当时青年男女追求爱情的艰难曲折，更深入细致地挖掘出人类感情世界的种种奥秘，具有动人的力量。

《红楼梦》不仅故事波澜起伏，扣人心弦，而且人物性格命运与传统的诗词曲赋、抒情写意水乳交融，兼具叙事之美和诗性之美，是一幅无与伦比的审美画卷，"《红楼梦》出来以后，传统的思想和写法都打破了。"（鲁迅《中国小说史略》）历来读者研究者对它怀有极其浓烈的兴趣，并形成了颇具声势、绵延至今而不衰的专门研究其书的"红学"，其续书之多，译作之富，也为世所罕见。

《红楼梦》有多种抄本、刻本，要想深入研读，可从齐鲁书社 1994 年出版《脂砚斋评批红楼梦》入手；一般阅读，可看人民文学出版社出版的《红楼梦》。

《古文观止》

导读作者 / 丁夏

> 《古文观止》面世于清代康熙年间，本是"正蒙养而裨后学"的读书人启蒙读物，后广为流行，成为三百年来深得好评的古代散文选本。

编者简介

本书编选者吴楚材、吴调侯，系叔侄，浙江山阴（今绍兴）人，主要生活在清康熙年间，以教授私塾为业。此书之外，吴楚才还与友人编过历史普及读本《纲鉴易知录》。

"古文"一词，最初指上古文字，继而指《尚书》《易经》等先秦著述之文，南北朝时，指区别于当时骈文的散文，中唐韩愈、柳宗元发起"古文运动"，思想上推崇儒学，文体则主张写奇句单行、不讲对偶声律的散体文。宋元明清，古文在文坛占据压倒优势，"唐宋八大家"被公认为是文章典范。吴氏叔侄所选之古文，继承了唐宋八大家以来的传统，但又不完全是散体文，而是以散文为主，兼收一些韵文、骈文的传世名篇。换言之，本书虽以古文为名，而选材范围，比正统的古文广阔合理。书名中的"观止"，语本《左传》，意为可达尽善尽美，反映了二吴编选时的不为传统所限，力求囊括名篇佳作的抱负。

《古文观止》所选之文上起先秦，下至明末，大体反映了先秦至明末散文发展的基本轮廓和主要面貌。全书以时间、朝代为序，共计12卷222篇，"周文"3卷，"战国文"1卷，"汉文"2卷，"六朝唐文"1卷，"唐文"、"唐宋文"各1卷，"宋文"2卷，"明文"1卷。其中先秦包括《左传》34篇《国语》11篇，《公羊传》3篇《礼记》6篇，《战国策》14篇；秦汉之际司马迁15篇，贾谊2篇，晁错、司马相如等各1篇；魏晋南北朝诸葛亮2篇，陶渊明3篇，王羲之、孔稚归、李密等各1篇；唐宋时期韩愈24篇，柳宗元11篇，欧阳修13篇，苏轼17篇，苏辙3篇，王安石4篇，曾巩、范仲淹、王禹偁等各2篇，王勃、骆宾王、李白、刘禹锡、杜牧、司马光等各1篇；明代王守仁3篇，宋濂、刘基、方孝孺、归有光各2篇，唐顺之、宗臣、茅坤、王世贞、袁宏道、张溥等各1篇。选文既有重点，又兼顾全面。历代传颂的名家名著名篇，大多数都纳入书中。入选之文，有经史之章、传记之篇、说理论学之文、诗画评述、记游写景之作，内容丰富多样。编者又对选文作了精彩的评注，有时从文章句法和用字入手进行分析，有时从分析作者身世人情入手，很多评语不仅能帮助解读文意，点出文章精妙之所在，而且评语本身亦清丽流畅，可称美文。作者自言"集古人之文，集古今人之选，谰略者详之，繁者简之，散者合之，舛错者厘定之，差讹者校正之云尔"（见本书《例言》），允为切当。

本书选篇初为满足学子攻读古文而编，历经多年，越编越精，乃被"好事者手录而去"，遂得以刊刻行世广为流传。但也有不足之处，如为先秦诸子著述一家未选，所选唐宋文过于集中于八大家，而南宋文全然不选，元文亦告阙如；点评分析有时也未脱八股文之起承转合的套路窠臼。

本书近现代有多种译注本，其中以1987年中华书局出版的安平秋点校本最受学者肯定。

《儒林外史》

导读作者 / 刘勇（格非） 高静

> 《儒林外史》是中国古代讽刺小说的杰作，成书于1749年或稍前，最初以抄本传世，书中故事假托发生于明代，实际表现的是清代士林众生相与败坏的世风世俗。"儒林"一词源出《史记》中的"儒林列传"，指当时的读书阶层，"外史"者，专以区别国史列传之"正史"。正如作者挚友程晋芳在《怀人诗》中说："外史记儒林，刻画何工妍；吾为斯人悲，竟以稗史传。"

作者简介

吴敬梓（1701—1754年），字敏轩，晚年自号文木老人、秦淮寓客，安徽全椒人。少时出嗣吴氏长房，获得"宗子"身份。18岁中秀才，热衷功名，后一直科场不第，抑郁于中。23岁继父过世后族人之间爆发遗产之争，吴敬梓精神上受到刺激，故意胡作非为，挥金如土，乡人多视其为败家子。33岁决意远离故乡移居南京，结交士林儒生，曾参与修复雨花台先贤祠（泰伯祠）。中年生活困窘，受到颜李学派影响，反思传统儒家思想。40岁左右始作《儒林外史》，历经10年完成。54岁于扬州访友时突然病逝。吴敬梓是一位颇具思想气质的小说家。

《儒林外史》第一回《说楔子敷陈大义 借名流隐括全文》通过王冕的故事表达作者对富贵利禄思想的批判。第二回至第三十三回集中笔力讽刺追名逐利的读书人——他们或热衷科举，或津津乐道名士风流。第三十四回至第四十四回着力刻画一批品行高尚、学识渊博的士人。他们虽维护传统礼乐文化，试图建立不世奇勋，但结局都不妙，或降级或闲置，有的连一个安定的归宿都没有。第四十五回到第五十五回以儒林为中心，集中描绘整个社会的灰暗现实。最后塑造了四个自食其力、置身于功名富贵之外的市井奇人，但他们身上仍然带有浓厚的士人色彩。

《儒林外史》对晚清谴责小说的示范作用十分明显。鲁迅在《中国小说的历史的变迁》里给予了极高评价："讽刺小说从《儒林外史》而后，就可以谓之绝响。"在为现代作家叶紫《丰收》所作的序言中，亦盛赞其伟大："《儒林外史》作者的手段何尝在罗贯中下，然而留学生漫天塞地以来，这部书就好像不永久，也不伟大了。伟大也要有人懂。"

阅读《儒林外史》时，注意把握情节结构上的特点。全书并没有从头到尾贯穿始终的人物，不同人物随着不同的事件渐次出场、退隐。这种"缀段式"的故事模式与主题的表达之间是相互统一的。

在阅读过程中，可以对书中所描绘的儒生群像做分类，体会作者描写人物时复杂的情感态度。如果能进一步深入，则可以仔细体会全书的写法，作者如何以"秉持公心"的客观描写，达到"戚而能谐""婉而多讽"的艺术效果。

另外，作者对程朱理学之后的儒家思想所作的反思，在阅读中也可细细体味。比如，可以仔细阅读以杜少卿为中心线索的几回，特别是第三十七回——作者不惜笔墨，花很大篇幅写泰伯祠祭祀，在形成故事高潮的同时，亦寄托了作者的文化沉思。如果想加深这方面的了解，可以参考三联书店出版的商伟教授所著的《礼与十八世纪的文化转折——〈儒林外史〉研究》一书，看看新近的研究如何将小说解读与思想文化史深度结合。该书认为，十八世纪的中国在思想文化领域发生了一系列根本性的转变，这些转变直接或间接导致了儒家世界的最终解体，《儒林外史》是这些转变的产物，也是对它们的回应。

《儒林外史》的版本情况比较复杂，阅读时可选用人民文学出版社出版的张慧剑校注的本子（以 56 回卧闲草堂本为底本）。江苏古籍出版社 1989 年出版《新批〈儒林外史〉》，此评本在卧闲草堂本的基础上，又参校了潘氏抄本等多种刊本，并予以分段、标点、批评，有兴趣的同学也可以参考。

《金锁记》

导读作者 / 解志熙

> 《金锁记》是著名作家张爱玲的代表作。这是一部描写人性被家族制度和黄金枷锁扭曲的悲剧,被文学评论家夏志清誉为中国文学史上"最伟大的中篇小说"。

作者简介

张爱玲(1920—1995年),原名张煐,原籍河北省丰润,出生于一个没落官僚家庭,童年在北京、天津度过,1929年随家迁居上海,1931年入读上海圣玛利亚女校,1938年考上伦敦大学,因为战争不能远赴英国入学,随即转入香港大学念书。太平洋战争爆发后,香港沦陷,张爱玲被迫辍学回到上海,卖文为生,发表《金锁记》《倾城之恋》等中短篇小说,出版小说集《传奇》,成为上海沦陷区最走红的作家,同时与胡兰成热恋同居。1952年离开上海到香港,在香港的美国新闻处工作,1955年移居美国。1950年代以后著有长篇小说《十八春》《秧歌》《赤地之恋》《怨女》《小团圆》等,1995年9月8日在洛杉矶寂寞辞世。

《金锁记》的故事发生在一个寄食于半殖民地都市上海的旧家庭姜公馆里。这个曾经显赫的旧世家如今有出无进,少爷们不是败家子,就是病秧子。在这个家庭里唯一有生命力的是出身卑微的二少奶奶曹七巧。漂亮能干的曹七巧是一家麻油店老板的女儿,原本不愿意也没有资格入嫁名门姜公馆,只因姜家二少爷久患骨痨,门当户对的人家谁也不愿把女儿嫁给他,姜家只得退而求其次,而曹七巧的哥嫂也贪图姜家的富贵,两家于是结成了婚姻。在这场门第、金钱的交易中,七巧牺牲了自己正常的生活欲求,而只剩下一种焦灼的等待:用青春熬死丈夫,她自己拥有金钱才好改变一切。十五年过去了,她的心愿实现了,却未料及自己也由此套上了黄金的枷锁,而不能正常满足的生理欲望则趋于变态。她早就喜欢其风流倜傥的小叔子姜季泽,如今自己经济上独立了,小叔子也上门来向她示爱,她不觉心旌摇荡,然而她随即又警觉到自己财产被觊觎的危险,于是愤怒地赶走了姜季泽。从此,曹七巧被压抑的情欲便以反常而且残忍的方式寻求着出路,得不到幸福的她也不想让儿女幸福。为了把儿子长白羁留在自己身边,曹七巧处心积虑地逼死了儿子的妻与妾。随后她又不动声色地破坏了女儿长安和归国留学生童世舫的婚恋。七巧的阴谋成功了,她也为此付出了代价。垂暮的她似睡非睡地横在烟铺上,回忆着往事。三十年来,她戴着黄金的枷,她用那沉重的枷角劈杀了几个人,没死的也送了半条命。她知道她儿子、女儿、婆家、娘家都恨她。她又想着当初假如不到姜家来，也许在围着她转的男人中间，能找一个更有真心对她的丈夫。想到这些，她落下了眼泪。可是，一切都无可挽回了。

在《金锁记》里，张爱玲借助精神分析学的观点，鞭辟入里地揭示了女主人公曹七巧被虐——自虐——虐子的心理蜕变过程，在人物心性病态和变态的分析上可谓发人之所未发，达到了罕见的深度，而在艺术表现上又体贴入微、恰如其分。如，小说的结尾描写垂老的曹七巧，其中交织着人物不堪回首的哀痛和作者饱含悲悯的分析，娓娓道来的叙述语调中自然地融入了体贴入微的分析，不温不火的语言恰切地传达出凄凉的意象，共同营造出一种苍凉的意境和凄怆的情调，而曹七巧倔强而又病态的个性、被害而又害人的一生，就在这样的意境和情调中无奈地走向终点。《金锁记》富于韵味的文学语言，继承了《红楼梦》优雅感伤的语言格调，而又达到如此富于现代性的心性解剖深度，这在中国现代文学史上是不多见的，所以《金锁记》发表后不久，就被誉为当年文坛上"最美的收获之一"（傅雷的评语）。

《金锁记》有多个版本。人民文学出版社1986年据原本重排的《传奇》，内含《金锁记》等多篇中、短篇小说，是该书常见的版本，也可参阅哈尔滨出版社2005年出版的《金锁记》。

《鲁迅选集》

导读作者 / 张玲霞

> 《鲁迅选集》是 2004 年人民文学出版社出版的图书，收入鲁迅的小说、散文、诗作中的代表作品，是一部全面展现鲁迅创作成就和艺术风格的专集。

作者简介

鲁迅（1881—1936 年）是中国现代文学家、思想家。他姓周，原名豫才，1898 年改名树人；鲁迅是他 1918 年发表《狂人日记》时开始使用的笔名。他早年学医，后深切感到，在中国头等重要的还是改变人的精神，于是弃医从文，进行创作。

鲁迅的小说集有《呐喊》《彷徨》和《故事新编》。《呐喊》收入《狂人日记》《孔乙己》《药》《阿Q正传》等名篇，反映从"辛亥革命"前后到五四时期中国古老农村和市镇的面貌；《彷徨》收入《祝福》《伤逝》等 11 篇小说，比较集中地描写了知识分子的痛苦和挣扎；《故事新编》是 1930 年代创作的一组杂文化小说，采用古今杂糅的浪漫主义手法，把历史题材与现实斗争结合起来，使正面人物显示中国人民的战斗传统，反面人物漫画化、滑稽化。鲁迅还是中国现代杂文的开拓者，五四时期的杂感和论文，形象生动、尖锐泼辣，形成独特的"鲁迅风"；1925 年以后，杂文成为鲁迅的创作重心，内容从广泛的社会批评到激烈的政治论争；《野草》是第一部散文诗集，每一篇都在剖析作者的灵魂，显示他的愤激、感伤、企望和追求；《朝花夕拾》是带有回忆性质的叙事散文集，其风格深挚平易而清新舒展。

鲁迅作品最具价值之处在于其改造"民族灵魂"和中国社会的思想。鲁迅是中国现代文学的两大题材——农民（包括市镇平民）和知识分子题材的开拓者。他是中国几千年文学史上第一个真正写普通劳动人民的小说家；他全身心关注的不是这些下层民众所受的经济剥削和政治压迫，而是精神上所受的毒害，所表现的不是他们物质生活的困苦，而是精神的痛苦与病态，从而尖锐而深刻地提出"改造国民性"的主题。比如大家熟悉的作品《药》，华家经济上的拮据仅用一床"满幅补钉的夹被"暗示了一下，正面展开的是他们一家及茶客们精神的愚昧。鲁迅认为，在封建社会长期统治下，吃人的统治阶级的思想已经渗透到民族意识与心理之中，成为历史的惰性力量，而且是多数力量，形成"不见血的虐杀"，他在更深刻的意义上否定支配大多数人思想与行动的统治阶级的伦理道德观念，这更能产生震撼国民灵魂的力量。鲁迅对知识分子的了解更加深切，他笔下既有孔乙己等受科举毒害的酸腐文人，他们还属被吃掉的一类，也有假道学者这类吃人帮凶；但是最重要的是现代知识分子，鲁迅在肯定他们的历史作用的同时，也着重揭示他们的精神痛苦和自身的精神危机，他们是时代的孤独者，这也是先觉者鲁迅内心矛盾的写照。

鲁迅为现代文坛留下了一系列不朽的典型：既疯狂又格外清醒的"狂人"；国民弱点象征的"精神胜利法"体现者阿Q；带着滴血的灵魂走向地狱的祥林嫂；还有闰土、华老栓……他不但写出人物的"血肉来"，而且表现了"灵魂的深"，这种实写人物、虚写寓意的方法，既富有强烈的真实感，又赋予更深广的社会批判意义，显示出巨大的艺术表现力。

鲁迅的文学作品、学术著作和书信共 400 多万字，1956 年人民文学出版社开始出版《鲁迅全集》共 10 卷，1981 年该出版社又重编为 16 卷发行，是目前内容较完备、注释较精确的版本。人民文学版的《鲁迅选集》为较好的文学选本。

《中国新诗萃》

导读作者 / 解志熙

> 《中国新诗萃》是由谢冕、杨匡汉主编的一套新诗选本,全书三册,"构成了涵盖期从20世纪初叶至80年代,涵盖面包括大陆、台湾、香港、澳门整个大中国圈的范围。工程之浩大,遴选之严格,实属罕见"(语出该书"跋")。

作者简介

  谢冕(1932—),福建福州人,1960年毕业于北京大学中文系,当代著名的诗歌评论家、北京大学中文系教授。杨匡汉(1940—),上海宝山人,1957年考入北京大学中文系,1961年毕业于中国人民大学新闻系,当代著名的诗歌评论家、中国社会科学院文学研究所研究员。

  《中国新诗萃》第一册选录20世纪初叶到40年代的中国新诗;第二册选录50年代到80年代的中国新诗;第三册选录20年代到80年代的台、港、澳新诗,全书汇集了著名新诗人胡适、郭沫若、周作人、刘半农、沈尹默、冰心、康白情、俞平伯、朱自清、宗白华、冯至、李金发、徐志摩、闻一多、戴望舒、艾青、卞之琳、何其芳、废名、林庚、孙大雨、孙毓棠、田间、臧克家、阿垅、绿原、穆旦、李季、阮章竞、公木、郭小川、白桦、公刘、闻捷、贺敬之、李瑛、邵燕祥、蔡其矫、流沙河、饶阶巴桑、铁依甫江、张志民、北岛、舒婷、顾城、韩东、江河、张我军、胡明树、路易士、覃子豪、余光中、洛夫、郑愁予、痖弦、杨牧等人的代表作,同时也是不同时期、不同地域和不同流派的中国新诗之大观。

  中国被称为诗的国度,古典诗歌源远流长、成就辉煌,但明清以来则辉煌不再、难以为继。一则因为唐宋时期,古典诗歌就达到辉煌的顶峰,传统诗体的各种抒写可能性都已经耗竭,后人的抒写都难逃复制古典的命运、难以创新;二则因为古典诗歌的形式规范过于严格,尤其是律诗的规范过严,束缚诗人的个性化表达。正因为如此,到"五四"文学

革命时期,"诗国革命"成为文学革命最重要的环节。胡适率先推出《尝试集》,郭沫若出版《女神》,为中国新诗奠定了基础。其后,以徐志摩、闻一多为代表的新格律诗派,以李金发、穆木天为代表的象征诗派,以戴望舒、卞之琳为代表的现代派诗,相继崛起,尤其是艾青的自由体诗和冯至的十四行诗,为中国新诗树立了成功的典范。1949年以后,新诗在中国大陆和港、澳、台地区分途发展,虽然不无曲折,但也群星灿烂、成就不菲。中国新诗更多地接受了外来诗歌——尤其是西方诗歌——的影响和启发,打破了中国古典诗歌的形式规范和语言格套,以白话的口语和自由的形式(即使新格律诗,也是以不违背自然的自由为基础的)表达现代中国人的思想和感情,从而大大拓展了中国诗歌的思想艺术境界,开拓了中国诗歌的新纪元。《中国新诗萃》荟萃了百年新诗的佳作,风格多样,精彩纷呈,值得诗歌爱好者仔细品赏。

可选读人民文学出版社1985年版《中国新诗萃》(20世纪初叶至1940年代;1950年代至1980年代)以及2001年版(台港澳卷)。

《子夜》

导读作者 / 王中忱

> 《子夜》,长篇小说,中国现代作家茅盾的代表作,创作于 1931 年至 1932 年间。1954 年,作家对《子夜》进行了文字修订,同年 3 月由人民文学出版社印行。现在通行的多为这一修订本。

作者简介

  茅盾(1896—1981 年),原名沈德鸿,字雁冰,浙江省桐乡县乌镇人,"茅盾"是他在 1927 年发表第一部小说《幻灭》时开始使用的笔名,此外,他还使用过玄珠、郎损、方璧等 130 多个笔名。沈雁冰 1913 年考入北京大学预科第一类(文科),1916 年毕业后到上海的商务印书馆就职,1921 年 1 月出任该馆的老牌杂志《小说月报》的主编,并参与发起文学研究会,促成了当时中国最大的印刷出版机构和新文学社团的合作,并由此成为五四新文学运动中引人注目的人物。

  五四时期沈雁冰的文学活动主要集中于外国文学翻译介绍和同时代的文学批评,且在政治与文学两条战线上进行工作。1921 年他在上海参加了共产主义小组,是中国共产党最早的党员之一。1926 年 1 月,他从上海奔赴广州,直接投身国共合作领导的国民革命,1927 年 "四一二" 事变后,遭到蒋介石政府通缉,几经曲折,潜回上海,蛰居家中,在苦闷的情绪中开始了小说写作。1930 年中国左翼作家联盟成立后,茅盾作为负责人之一参与工作,并以《子夜》《春蚕》《林家铺子》等作品显示了左翼文学的实绩。抗战时期,他投身民族的反侵略斗争,在颠沛流离的生活中坚持写作,创作了《霜叶红于二月花》《腐蚀》等作品。

  1949 年中华人民共和国成立以后,茅盾出任文化部长,以后也一直担任国家和文艺界的领导职务,并始终坚持文学理论和批评的写作。"文革" 结束以后,茅盾发表评论热情鼓励中青年作家的创作,为 "新时期文学" 的发展贡献了力量。临终前捐献自己的稿费设立长篇小说奖,以他的名字命名的 "茅盾文学奖" 被认为是中国最高荣誉的文学奖之一。

  如果简要概括《子夜》的情节内容,可以说这部小说正面展开的是工业资本家吴荪甫奋斗、发达、失败的悲剧。这位曾经游历欧美、精明强干并具有现代企业管理经验的工业巨子,有一个发展实业、建立强大工业王国的梦。为了实现这个梦想,他雄心勃勃地拼搏,也获得了相当的成功,甚至一气兼并了八个工厂,成为同业领袖。但是,在公债交易市场上,他受到买办金融资本家赵伯韬的打压;而双桥镇的农民暴动,

则摧毁了他在家乡经营的产业。他苦心经营的丝厂工潮迭起，处心积虑组建起来的益中公司又因为产品滞销而成为箍在身上的"湿布衫"。三条战线，条条不顺利，"到处全是地雷"。最后终因在公债市场和赵伯韬的角逐失败而破产。

吴荪甫的悲剧当然是个虚构的故事，但在小说中却被镶嵌在1930年的5月至7月这段真实的时间里。在这两个月内中国所发生的重大历史事件，如国民党内反蒋介石势力筹划的"北方扩大会议"，共产党领导的红军在湘赣的军事行动等，也都被写进了作品。特别是蒋介石、冯玉祥、阎锡山之间的"中原大战"，几乎贯穿了《子夜》始终。《子夜》文本里的故事时间是1930年5月至7月，而茅盾最初动笔写作大概在1931年初，相隔不到半年，体现了他一贯的写作风格：在"现实成为历史之前"就敏捷地把握住它。

茅盾是怀着"大规模地描写中国社会现象的企图"写作《子夜》的，（1933年开明书店《子夜》初版"后记"），最初他曾构想写出1930年代都市与农村社会的交响曲，最后定稿的文本虽规模有所缩小，但其呈现的矛盾线索和社会场面，已经相当繁复、宏阔。《子夜》的情节和场面主要是在都市空间展开的，全书共十九章，除第四章外，书中人物的活动场景大都在上海展开。从黄浦外滩到南京路，从租界内的高级洋房到闸北的丝厂，《子夜》的取景，没有局促在一街一巷，而是着眼于大规模、大跨度展开的都市空间。但《子夜》绝少细致地展开都市风景，许多街巷道路的名字只是一掠而过。茅盾不像同时代的新感觉派小说家们那样，热衷于在大马路的街面、跑马厅的屋顶或百货公司的橱窗里发掘诗情。《子夜》的独特性在于，它注重的不是静止的街市风景，而是由人的活动构成的社会风俗画面，诸如资本家的客厅、机器轰鸣的工厂、喧闹嘈杂的交易所等。《子夜》里出现的上海实有的地名，多为一闪即逝的空洞符号，某些地点只有在被拿来作为人物命运和情节转换的某种暗示的时候，才会被赋予比较具体的描绘。

《子夜》的整体叙述采用第三人称的视角，其叙述者常常以全知的姿态，进入故事，指点干预，毫不避讳对人物做直接的定性评价，面对事件也常常清楚表露看法和感情好恶。作为一个左翼作家，茅盾强烈的社会政治倾向和对历史发展必然走向的坚信，使他在小说的整体叙事中表达出自己的倾向。曾有研究者指出《子夜》的蕴涵不够深厚，概念化痕迹浓重，主要是由此导致的。但如果细读《子夜》文本，可以看到，小说叙述者的表现形态其实是很复杂的。就整体叙事而言，《子夜》确实采取了全知视角，但在很多部分，全知的叙述者又自律很严，常常深藏在形象背后，把叙述的权利交给文本里的人物。这在第一章各色人物登场时，表现得极为明显。叙述者甚至拒绝做对人物进行必要的介绍，每个人物出场，都只见其面，而不知其名，如那位在轮船局里的办事员，直到杜竹斋喊他之前，一直被写作"瘦长子"，被喊之后才以"福生"相称。对主人公吴荪甫也同样办法，从登场起到福生称"三老爷"，一直被称为"酱紫色脸的人"，直到杜竹斋喊他"荪甫"，才露出名字。并且，在第一章里，因为荪甫父亲吴老太爷在场，并且主干部分是从吴老太爷的视角叙出，所以在涉及吴荪甫时，竟整章没有一次用他的全名，而只称"荪甫"，其观察视点限制的严格到如此程度。在《子夜》中，这些从严格限制的视角出发描述的情景、场面、人物内心活动，并没有被全知叙述者的倾向、情感所完全统摄,二者之间常常呈现出裂痕、矛盾,而小说的全知叙述者本身,也常常在理性判断和情感倾向之间游移,如在对待主人公吴荪甫的态度上,这也增加了对吴荪甫形象理解的歧义性。

茅盾对中国现代文学的最重要贡献是长篇小说,《子夜》是中国现代长篇小说创作走向成熟的标志性作品。在《子夜》之前写作的《蚀》三部曲:《幻灭》《动摇》《追求》,结构虽略欠完整却另有特色,可与《子夜》进行比较阅读。

《家》

导读作者 / 解志熙

> 《家》是著名作家巴金的代表作,这部长篇小说揭露了封建家族制度和封建礼教的罪恶,生动地表现了年轻一代在新文化思潮启蒙下的觉醒与反抗,因而成为一代又一代新青年走向进步的人生启蒙教科书。

作者简介

巴金(1904—2005年),原名李尧棠,字芾甘,出生于四川成都一个封建官僚家庭。五四运动后,巴金深受新思想的影响,走上了反封建、争自由的反抗之路。1923年巴金离家赴上海、南京等地求学,1927年1月赴法国巴黎求学。在法期间,巴金大量阅读西方哲学和文学作品,同时关心着中国的社会改造,尝试写作小说《灭亡》。1928年12月巴金回到上海,从事文学创作与编辑工作,开始了长达半个多世纪的文学生涯。1931年巴金在《时报》上连载长篇小说《激流》,1933年5月开明书店出版单行本时改题为《家》,此后又续写出《春》(1938年)、《秋》(1940年),合称"激流三部曲",是中国现代文学史上最著名的系列长篇小说。抗战及1940年代,巴金又创作了《寒夜》《憩园》《第四病室》等。新中国成立后,巴金积极参加新中国的文化建设,"文革"中遭受迫害。进入新时期后复出的巴金,带头反省"极左"政治的危害,撰写了一系列"说真话"的散文与杂文,结集为《随想录》,激起了广泛的社会反响。复出的巴金长期担任中国作家协会主席一职,直至病逝。

《家》以1920年代初期四川成都为背景,深刻揭示了封建家族制走向腐败与崩溃的命运,也倾心描写了年青一代觉醒与反抗的过程。从表面上看,作品中的高家是官宦人家,家人可谓读书知礼、尊卑有序,家庭关系似乎很和谐;但其实这个封建大家庭的子孙大都只知吃喝玩乐、坐吃山空,如高老太爷最喜欢的五儿子高克定,吃、喝、嫖、赌、抽大烟样样精通,还在外面蓄妓取乐。并且,这些不肖子孙为了争夺家产钩心斗角,让这个大家庭没有安宁之日。高老太爷的陈姨太、儿子克安、克定等处心积虑争夺个人利益,全然不管高老太爷的安危。他们先是闹"鬼",吓死了老太爷,接着又借口"避血光",不让长孙媳妇瑞珏在家生育,导致了她的死亡;在老太爷尸骨未寒时,他们就逼迫掌家的大少爷觉新分家。孙子辈的觉新、觉民和觉慧等备受封建制度、封建礼教在感情和婚姻问题上的刁难。觉新和梅本是青梅竹马的恋人,只因双方母亲在牌桌上有了摩擦，就拆散了这对有情人，梅被迫另嫁他人，在痛苦中离开了人世。后来觉新与瑞珏结婚，夫妻感情还不错，可是瑞珏却被长辈所谓"血光之灾"的迷信，逼迫到外面的庙里生产，结果不幸丧命，觉新无法保护妻子，痛苦至极。至于高家的丫鬟鸣凤、婉儿等人的命运就更不幸了。鸣凤爱着三少爷觉慧，却被高老太爷当作一件礼物送给年逾花甲的冯乐山做小妾，她只能投湖自尽。于是，另一个丫头婉儿又被高家用来替代鸣凤，送给冯乐山玩乐。而令人鼓舞的是，在这个封建大家庭里，还有一些受新思潮影响而觉醒起来、敢于抗争的新人。年轻的觉民坚决反抗祖父给他安排的婚姻，终于迫使顽固的祖父让步。更年轻的觉慧勇敢地冲出了家的牢笼，奔向外面的新世界。作品由此显示，时代的激流不可阻挡，旧制度崩溃的命运无可挽回，新文化的曙光正在到来。

　　《家》这部小说可以从两个角度阅读。一方面，《家》是一部非常形象的封建家族制度和封建礼教的罪恶史、崩溃史。作品有力地控诉了封建家族制度和封建礼教的弊害，揭露了其戕害人性的罪恶。由于作者巴金本人就出身于这样的大家庭、对其内幕和黑幕非常熟悉，所以作品的书写非常真实，体现出批判现实主义的力度——在这方面，《家》显然继承和发展了《红楼梦》和《狂人日记》的文学传统。另一方面，《家》写作的时候已是1930年代，其时新文化运动磅礴开展，从旧家庭里已经可以产生勇敢反抗封建制度、力争个性解放的新一代，作家巴金也曾经留学欧洲，汲取了欧洲进步的思想与文学的营养，因此，《家》又可以说是表现年轻一代反抗旧礼教、追求新生活的青春之歌，作品的叙事和描写极富感情和激情，打上了欧洲浪漫抒情文学的烙印。我们从这部作品里，也可以看出巴金创作的一些基本特点：他总是基于切身的生活体验而创作，是为控诉不合理的社会制度、鼓舞人们走向富于人性的新生活而写，而非"为艺术而艺术"，也正因为抒写乃缘情而发，语言自然畅达，笔墨感情丰富，使作品具有真切感人的艺术效果，达到了"文不求工而自工"的境界。

　　《家》的版本很多，比较好找的是纳入"百年百种优秀中国文学图书"、由人民文学出版社 2000 年出版的版本。

《骆驼祥子》

导读作者 / 解志熙

> 《骆驼祥子》是著名作家老舍的代表作，这部长篇小说讲述了一个失去土地的年轻农民进城当人力车夫而迭遭挫折的故事，令人悲悯也引人深思。

作者简介

老舍（1899—1966年），原名舒庆春，字舍予，满族、属正红旗。老舍出生不到一年，其父就在抵抗八国联军的战斗中牺牲，老舍是母亲含辛茹苦拉扯大的。老舍1918年从北京师范学校毕业后，在北京和天津的中小学担任教职，1924年赴英国任伦敦大学亚非学院中文讲师，稍后开始小说创作，发表了三部长篇小说《老张的哲学》《赵子曰》《二马》，显现出幽默的风格。1929年夏，老舍离英回国，途中在新加坡任教半年，1930年归国任齐鲁大学教授，边写作边教学。1936年，老舍辞去大学教职专心从事写作。这年9月，《骆驼祥子》在《宇宙风》杂志上连载，1939年该书由人间书屋出版单行本，一纸风行。全面抗战爆发后，老舍只身奔赴武汉参加抗战，被选为中华全国文艺界抗敌协会常务理事兼总务部主任，发表了不少宣传抗战的通俗文艺作品和戏剧。抗战后期及40年代，创作了长篇小说《四世同堂》等。新中国成立后，老舍从美国返回祖国，从事话剧创作，有《龙须沟》和《茶馆》等，1951年被北京市人民政府授予"人民艺术家"称号。1966年8月24日，老舍在"文革"中遭受迫害而自沉于北京太平湖。

《骆驼祥子》的主人公祥子原本"生长在乡间，失去了父母与几亩薄田，十八岁的时候便跑到城里来。带着乡间小伙子的足壮与诚实，凡是以卖力气就能吃饭的事他几乎全做过了。可是，不久他就看出来，拉车是件更容易挣钱的事"，于是在北平城拉起了人力车。祥子年轻、善良、自尊，他相信只要自己好好干活就能逐渐发家致富。于是他先是租别人的车来拉客，逐渐攒了些钱买了自己的第一辆车，"他的希望更大了：照这样下去，干上二年，至多二年，他就又可以买辆车，一辆，两辆……他也可以开车厂子了！"可是那时兵荒马乱的，小百姓的生活没有保障，祥子一次拉车到清华，被一支军阀队伍拉了差、丢了车，幸亏在逃回的途中顺手捡了军阀部队撇弃的几匹骆驼，卖了一点钱，多少弥补了丢车的损失。祥子因此得了一个外号叫"骆驼祥子"。祥子从头开始，勤苦拉车、努力攒钱，准备再买一辆车。可是，他的积蓄又被侦探敲诈一空。此时，车行老板的女儿虎妞看上了祥子，虎妞是个丑陋凶悍的老姑娘，祥子并不喜欢她,他心里喜欢的是温柔的小福子,她是一个潦倒的老车夫的女儿。可是,虎妞诱惑了祥子并且装作怀了孕,逼迫祥子娶了她,虎妞用自己的私房钱给祥子买了车,但虎妞的父亲根本看不上穷鬼祥子,断然与虎妞断绝了父女关系。婚后虎妞还做着有一日与父亲和好的美梦,因而好吃懒做,在性爱上对祥子索求无度。随后虎妞死于难产,祥子不得不卖掉车来料理丧事,然后便去寻找他心爱的女人小福子,可是小福子早已被逼为娼,因为不甘折磨而自杀。遭受了这一连串打击的祥子,彻底丧失了对于生活的信心和善良的品质,从此吃喝嫖赌,逐渐堕落。最后,祥子染上了性病、不能再拉车,只勉强在人家的红白喜事上做杂工维持生计。祥子就这样由一个"体面的、要强的、好梦想的、利己的、个人的、健壮的、伟大的"车夫沦落为一个"堕落的、自私的、不幸的、社会病胎里的产儿,个人主义的末路鬼"。

　　《骆驼祥子》是中国现代文学史上第一部倾心书写底层市民生活遭遇的长篇小说。与大多数新文学作家出身于官僚世家不同,老舍是地道的北京贫民出身,他对市民社会的三教九流极为熟悉而且充满感情,他的写作也因此没有通常的新文学作家高高在上的启蒙腔口,而以贴近普通市民日常生活的亲切书写取胜。并且,老舍为了写好这部小说,事先做了极为认真的准备——他函访在北平生活的亲友、向研究社会问题和语言学的学者讨教、走访市民和人力车夫,正因为有如此充分和慎重的准备,所以作品写出来后,老舍自己也说:"这是一本最使我满意的作品。"(老舍:《我怎样写〈骆驼祥子〉》)《骆驼祥子》写出了祥子的双重悲剧——谋生发家的生活追求之失败,和由善良自尊到破罐破摔的精神人格之颓败。一个勤劳善良的人为什么会有这样的遭遇和变化?这是发人深省的问题。《骆驼祥子》在人物塑造上卓有成就,尤其是祥子与虎妞两个人物刻画得鲜活生动、很接地气。同时,作者以市井口语为基础、提炼为爽脆幽默、极富京味的语言,避免了欧化气,推进了新文学的民族化——这是老舍的独特贡献。

　　《骆驼祥子》的版本很多,比较好找的是纳入"百年百种优秀中国文学图书"、由人民文学出版社 2000 年出版的版本。

《围城》

导读作者 / 解志熙

> 《围城》写于抗战后期的沦陷区上海，着笔力对中国高级知识分子的崇洋迷外、浮躁怯懦等种种病态痛下针砭，有意在艰难时世中召唤人的存在勇气。《围城》的语言幽默风趣，讽刺入木三分，是一部难得的长篇佳作，被誉为"新儒林外史"。

作者简介

钱钟书（1910—1998 年），江苏无锡人，原名仰先，后改名锺书，字默存，号槐聚。1929 年考入清华大学外文系。1933 年毕业后任教于光华大学。1935 年与杨绛女士结婚，同赴英国牛津留学。1938 年秋回国任西南联大外文系教授，次年转赴湖南国立蓝田师范学院任英文系主任。1941 年暑假回上海探亲、看病，年末太平洋战争爆发，钱钟书被困于沪，乃蛰居坚守，出版散文集《写在人生边上》，撰写诗论集《谈艺录》，抗战末期创作长篇小说《围城》（上海晨光出版公司 1947 年出版，1980 年由作者重新修订后，由人民文学出版社刊印）。新中国成立后短暂任教于清华大学，1953 年调至中国科学院（后从中分出为中国社会科学院）文学研究所工作；1958 年出版《宋诗选注》，1972 年开始撰写古典研究著作《管锥篇》。

《围城》的故事开始于 1937 年 7 月下旬，其时留学欧洲的方鸿渐带着一张买来的假哲学博士文凭回到上海，探亲谋事。他做贼心虚，惴惴不安。不料当他从上海回到家乡时，却受到当地绅士们的隆重欢迎，方鸿渐只得临时拿一些笑料搪塞，当场出丑，身价顿跌。"八一三"淞沪战争中，方鸿渐的家乡也遭日军轰炸，全家逃到上海。方鸿渐一边在亲戚开办的小银行兼职，一边另寻职业。一天，他去拜访同船回国的女文学博士苏文纨，由此结识了苏文纨的表妹唐晓芙、报社编辑赵辛楣、诗人曹元朗等。于是在这一群知识分子中爆发了一场情场角逐战。赵辛楣和曹元朗都倾心于苏文纨。但这位政务院参议的女公子却有意于方鸿渐，而方鸿渐爱的却是唐晓芙。恼羞成怒的苏文纨便在唐晓芙面前拆方鸿渐的台，致使唐晓芙断绝了同方鸿渐的关系。苏文纨在报复了方鸿渐之后，又抛开痴心追求她十多年的赵辛楣而嫁给了狗屁不通的诗人曹元朗。这时适逢赵辛楣的老师、三闾大学校长高松年邀赵辛楣去任教，赵辛楣便介绍同病相怜的方鸿渐同去。同时应聘的还有李梅亭、顾尔谦和孙柔嘉小姐。他们一行启程前往设在湖南一个县城的三闾大学。一路上李、顾二人劣迹多端，而行程的艰辛还在其次。

三闾大学刚成立不久，校长高松年是个善于玩弄手腕的政客。教员大多是庸俗浅薄、不学无术之徒。小小的学校，派系对峙，乌烟瘴气。方鸿渐一行到后，经过一番明争暗斗，赵辛楣任政治系主任，李梅亭虽然屈就中文系副主任，但却乘机把私带的药物高价出卖给学校。顾尔谦任历史系教授，孙柔嘉当了外文系助教。多少还有些诚实的方鸿渐因为没有在履历上填假学位，所以只当了个伦理学副教授，而与方鸿渐一样从同一个地方买了假博士文凭的韩学愈，居然因此当上了历史系主任，待遇最高。韩学愈唆使学生在课堂上侮辱孙柔嘉，使孙不能上好课，目的是想让他的白俄老婆取而代之。但换上的却是方鸿渐。韩学愈又故技重演。为了保护自己，方鸿渐当面戳穿了韩学愈的隐私和阴谋，才暂保无事。教育当局为了加强控制，要求教师与学生一起饮食，好"随时随地要调查、矫正、向当局汇报学生的思想。"此行径受到赵辛楣、方鸿渐等人的抵制。李梅亭限制教师的正常娱乐和男女交往，但他自己却在镇上宿娼。校长高松年对中文系主任汪处厚的年轻太太垂涎已久，所以当他有看见赵辛楣与汪太太谈笑时，便醋劲大发，带汪处厚来捉奸。赵辛楣羞愤之下辞职去重庆。赵辛楣去后，方鸿渐更感孤寂，后来便和同样境遇的孙柔嘉率然订婚。等到新学期开学，校方因方鸿渐房中有《共产主义论》一书，将他停聘。于是方鸿渐与孙柔嘉离开三闾大学，乘飞机抵香港，准备回上海。在香港，由于误以为孙柔嘉已有了身孕，所以二人匆匆结婚。在这里，方鸿渐又见到了苏文纨，她已变成一个往返于上海、重庆、香港之间的女投机商。

回到上海后，方鸿渐靠赵辛楣的介绍信而暂任《华美新闻》报的资料室主任，孙柔嘉则在其姑母——某大纱厂的人事科长手下工作。孙柔嘉与婆婆及妯娌间不和，方鸿渐则瞧不惯孙柔嘉姑母的一身洋奴气，夫妇二人常常为一些日常生活小事争吵不休，致使本来就淡薄的感情逐渐冷淡到无。后来《华美新闻》因为抗日言论，收到恐吓信，也受到租界当局的警告，主编被迫辞职，方鸿渐跟着辞职。孙柔嘉要方鸿渐到她姑母手下做事，但方鸿渐不愿去做资本家的"走狗"。二人为此大吵一场以至于动手。孙柔嘉一气之下断绝了与方鸿渐的关系。方鸿渐在颓丧中决定去重庆找赵辛楣再碰碰运气。夫妇离异的当天晚上，方鸿渐躺在屋内，昏睡过去，而屋内那只每小时迟七分钟的祖传老钟却从容不迫地敲了起来，"这个落伍的计时机无意中包含着对人生的讽刺和感伤，深于一切语言、一切啼笑"。

1944年到1946年，钱钟书蛰居上海，满怀"忧乱伤生"之情，"锱铢积累"地写作长篇小说《围城》。"在这本书里，我想写现代中国某一部分社会，某一类人物。写这类人，我没有忘记他们是人类，还是人类，具有无毛两足动物的基本根性。"这是1946年12月《围城》初版本"序"的开场白，它喻示了《围城》具体而超迈的批判锋芒和言近而旨远的分析思路。这在作品中体现为三个逐步深入的意义层面。一是社会批判的层面。作品以主人公方鸿渐的人生历程为线索，广泛地触及抗战爆发前后中国社会的诸多弊端和人生病态，

可谓涉笔成趣而讽刺相当辛辣。二是文化与文明批判的层面，批判的锋芒主要集中在摩登都市和高级知识分子圈，对其间在文化风尚以至于生活方式上特有的怪现状和病态相进行了毫不留情的针砭，进而作者又着力探讨了人的基本根性、人的基本存在处境、人际间的基本关系和人生的根本意义等人本问题，并对这些问题做出了富于存在主义哲学意味的分析。这是作品的第三层意蕴。从艺术上看，《围城》是一部"散文体的滑稽史诗"，钱钟书在其中独出心裁地运用了反仿、反讽和悖论的修辞策略，鞭辟入里地讽喻了摩登时尚的变态与现代文明的病态，并且善于营造出言近旨远的象征性意象，把现代人的生存困境及其存在体验表达得深入而浅出，作品的心理描写也非常出色。同时作为典型的学人小说，作者把广博的学识有机地融注于小说的叙述、描写、议论之中，读来别有一种辛辣、痛快而又机智幽默的风味。读《围城》不能只注重情节而忽视其高超的语言功力。

《围城》常见的版本有纳入"百年百种优秀中国文学图书"、由人民文学出版社 2000 年出版的版本，以及收入三联书店 2009 年出版的《钱钟书集》的版本。

《北京人》

导读作者 / 解志熙

> 《北京人》是著名剧作家曹禺的代表作之一，这部剧作揭露了旧的家族制度之弊害及其没落命运，也表达了作者对新的民族人格和新的社会之想象。《北京人》剧情自然、写情含蓄，标志着曹禺戏剧艺术的成熟。

作者简介

　　曹禺（1910—1996年），原名万家宝，原籍湖北潜江县，出生于天津的一个封建官僚家庭。曹禺自幼随继母辗转于各个戏院听曲观戏，培养了对戏剧的爱好。1922年秋入南开中学读书，参与新剧的演出。1928年秋入南开大学学习，次年转入清华大学西洋文学系二年级学习，他广泛阅读从古希腊悲剧到莎士比亚戏剧及契诃夫、易卜生、奥尼尔的剧作，为后来的戏剧创作打下了丰厚的基础。1933夏秋之际，曹禺创作了处女作《雷雨》，一举成名。此后主要从事话剧创作。抗战时期任教于国立戏剧专科学校。重要作品还有多幕剧《日出》（1936年）、《原野》（1937年）、《蜕变》（1939年）和《北京人》（1941年）等。新中国成立后的剧作有《明朗的天》（1954年）、《胆剑篇》（与梅阡、于是之合写，1961年）和《王昭君》（1978年）等。曾长期担任北京人民艺术剧院院长和中国戏剧家协会主席等职务。

　　《北京人》的故事发生在1930年代北平的一个封建世家——曾家。曾家有气象轩赫的门第和诗礼传家的声名。然而由于子弟无能，坐吃山空，终于家道衰微，四面楚歌。如今当家的曾皓年过六旬，却老境坎坷，每日债主盈门，无力自保。儿子文清已使他失望，而寄食的女婿江泰也不给他好气受。尤其让曾皓惧怕的是管家的儿媳思懿，她心狠手辣，贪婪成性，每日想方设法要逼曾皓交出银行存折，实际上那存折上已没有什么钱了。
　　剧情从中秋节开始。正午祭祖之后，大少爷文清就要外出谋事。曾文清虽已三十多岁了，却是个只会清玩、吸大烟的废物，如今在曾皓的严命下戒了烟，外出谋事以挽救家庭。他自知此去恐怕难以再回来了，因此对寄居在家的表妹愫芳十分留恋。愫芳是一个三十多岁的老姑娘，她从小失去父母，在曾家长大，生性娴静善良。她与文清心心相印，却咫尺天涯，不能结合。今天，思懿有意邀请租住在曾府的人类学家袁任敢来吃午饭——袁中年丧妻，思懿想把愫芳介绍给他做填房，以除去眼中钉。然而，对于年老的曾皓来说，愫芳就是他片刻不能离手的拐杖，所以他对给愫芳介绍对象的事一直从中阻挠和挑剔。为此，曾皓和思懿唇枪舌剑地争吵起来，双方都逼着愫芳当场表态，使愫芳备感痛苦。文清出于自私的感情，不置一词。当人类学家袁任敢应邀而来时，心怀不满的曾皓故意逼孙子曾霆下跪；恩懿又乘为文清饯行之机指挥丈夫、儿子、儿媳像木偶一样表演着虚伪的繁文缛节，有意让袁任敢领教一下曾家的"家教"。不料此时一群账户一拥而进，冲散了宴席和礼仪表演。更大的冲击是来自紧邻的暴发户——开纱厂的资本家杜家。曾皓曾借了杜家几万块钱而无力偿还。杜家便逼曾府以房产和曾皓的棺材来偿还。那具棺材是曾皓心爱的宝物，已油漆了一百多遍，有几十年的历史了。杜家的老太爷却偏偏相中了它。

中秋月夜，曾府一片凄凉，人人各有悲伤。白天误车未走的文清偷偷在卧室里吸鸦片以求解脱。同样无能的江泰则借酒撒气，砸物打人。小花厅里，自私怕死的曾皓正狠毒地述说着老姑娘做填房的种种屈辱来恐吓愫芳，又哀求她侍候自己到死。更使愫芳难堪的是她给文清的惜别信被思懿发现了，思懿便迫文清当面将"情书"还给了愫芳。即使是曾霆、瑞贞这小夫妻也同样在痛苦中挣扎。这对十六七岁的孩子，两年前被长辈强制着完婚。他们之间没有感情可言，形同路人。瑞贞受外界女朋友的影响，想脱离家庭，追求新生活，但已有孕在身。而曾霆暗恋着袁任敢的女儿袁圆。当他知道自己快做父亲时，困惑不安，不知所措。深夜十一点，曾皓巡视曾府，发现了他以为早已外出谋事的文清止在卧室里吸鸦片，他痛心疾首地跪在儿子面前，气得痰厥中风，昏迷不醒。悔恨交集的文清跑出曾府，不知去向。

时间又到了秋末，曾府更显得萧条衰败。在曾皓生日这天，愫芳刚把曾皓从医院接回家，杜家已派人到曾府逼索棺材。曾皓寄希望于孙子曾霆夫妇重振家业。但瑞贞已看透了这个封建大家庭的没落，决心乘机出走。她劝愫芳同自己一道脱离这个黑暗的牢笼。但愫芳既不忍心抛下孤独的老人曾皓，又系念着外出不归的文清，她相信文清一定会在外面干出真正的事业。然而正在这时，文清却颓丧地归来。他像那笼中的鸟儿一样已失去了飞翔的能力，只得又飞回故巢。文清一回来，思懿便立即布置要把愫芳娶过来给文清做妾。原来思懿发现自己又怀孕了，所以她想藉此把愫芳拴住来服侍自己，永远做这个家庭的奴隶。这终于使愫芳看透了这个家庭及其成员的没落与丑恶。她下决心与瑞贞同时出走。寅时是黎明前最黑暗的时刻，杜家的人闯入曾府将棺材强行抬走，余下曾皓在哀叫，文清已于黎明前吞食鸦片自杀。只有瑞贞和愫芳在黎明中决然出走了。

《北京人》于 1941 年 12 月由上海文化生活出版社印行。剧本在日常的家庭生活情景和家务琐事的自然描写中，表现了封建大家庭成员之间的紧张关系和尖锐冲突。同时，还通过对想象中的远古时代和未来"北京人"形象的象征性描写，寄托了作家的理想。为了表现对新时代和新人格的呼唤，曹禺在剧作中安排了袁氏父女和具有象征意义的远古"北京人"作为理想的典范，以人类祖先的纯朴、勇敢、健康的精神气质，来批判封

建文化的苍白、消沉和病态，这是作品的深刻寓意之所在。但是，这种原始力量的象征，缺乏充实的社会内容的支撑，终究只是一种理想的象征而已，并没有完全实现作家的创作意图。《北京人》在艺术上超越作者的成名作《雷雨》"太像戏"的情节悲剧模式，努力追求一种平淡自然、蕴含深邃的艺术境界，显示出曹禺对契诃夫《三姊妹》《樱桃园》等剧作在日常生活琐事中呈现人物内心冲突的戏剧艺术之借鉴，也融汇了《红楼梦》在平淡生活中展现家族没落、刻画人物性格、描写复杂人性的叙事艺术。

　　《北京人》常见于曹禺的剧作选中，如人民文学出版社1997年出版的《曹禺戏剧选》，另可参看人民文学出版社1994年出版的《北京人》单行本。

《生死场》

导读作者 / 解志熙

《生死场》是著名女作家萧红的成名作,这部长篇小说描写了日伪统治下东北人民的痛苦生活和走向反抗的曲折过程,力透纸背地展现了"北方人民的对于生的坚强,对于死的挣扎"(鲁迅评语),成为不可多得的文学杰作。

作者简介

萧红(1911—1942年),原名张廼莹,出生于哈尔滨市呼兰区的一个地主家庭,幼年丧母,在孤独中成长。1927年入哈尔滨市东省特别区区立第一女子中学就读,喜欢文学和绘画,后为反对包办婚姻而逃婚,却又受未婚夫之骗而怀孕并被遗弃于哈尔滨的一家旅馆中。1932年8月7日萧红被萧军救出,二人从此同居。1933年萧红开始发表作品。1934年与萧军辗转来到上海。1935年在鲁迅的支持下,发表小说《生死场》,一举成名。1936年东渡日本,1938年与萧军离异、与端木蕻良同居。1940年萧红与端木蕻良同抵香港,创作中篇小说《马伯乐》、长篇小说《呼兰河传》等。1942年1月22日病逝于香港。

《生死场》的故事发生在"九一八"前后哈尔滨近郊一个偏僻村庄里。这里的农民在官僚、军阀、地主的重重压迫和剥削下,处于灾荒、饥馑、瘟疫的交迫之中,他们愚昧、野蛮、麻木而顽强地生活、挣扎和繁衍在黑山白水这片大地之上。地主刘二爷又要加租了,佃户赵三和李青山等人密谋组织"镰刀会"抵制加租,还算计着要除掉刘二爷这"恶祸"。赵三的妻子王婆是个坚韧顽强的农村妇女,她那三岁的孩子摔死在犁头上,她并不很伤心。她用最粗蛮的方法为难产的孕妇接生,把胎儿"硬搅出来",在她看来,麦子比孩子更重要。她无保留地支持自己的丈夫抵抗加租,还弄来一支土枪,教赵三怎么填火药,怎么放。可是赵三等人的自发斗争最后还是归于失败。"镰刀会"流产了,地租加了上去,赵三从此也萎靡不振。十七岁的大姑娘金枝在果园里摘柿子,被青年农民成业强占了。后来金枝怀孕了,母亲不得不把她嫁给成业。孩子生下来刚满月,这对贫贱夫妻因为生计艰难而拌嘴。成业一气之下把孩子摔死了。王婆与前夫生有一子一女,儿子因参加"红胡子",被官府捉去枪毙了。消息传来,王婆很悲痛,服毒轻生。赵三买好棺材,挖好坟坑,把王婆入殓抬往坟场,准备加盖钉钉的时候,王婆却奇迹般地活了。她嘱咐女儿要为哥哥报仇。村里瘟疫流行,人们不断地往乱坟岗里抬棺材和草捆。然而人们还是顽强地生存了下来。

十年过去了，赵三和王婆的儿子平儿还有村里的其他孩子们都长大成人了。1931年，日本侵略者侵入了东北，太阳旗开始飘在兵营的上空。日本兵车开到村里，一面宣传所谓"王道"，一面搜捕抗日志士，掳走村里的妇女。乱坟岗里，不时又抛下几具反抗者的尸体。人民革命军、义勇军和红枪会等各种抗日军队先后成立，中国人民开始武装抗击日本强盗。在人民革命军里干了一段时间的李青山回村了。他在村里串联了三十几个青年农民，成立了一支队伍，命名"革命军"，实现了他十多年前成立"镰刀会"的夙愿。赵三的儿子平儿也参加了。王婆的女儿为了给哥哥报仇，参加了真正的人民革命军，她作战勇敢，不幸牺牲。一个黑胡子的革命军战士来到王婆家报信。王婆默默地接受了女儿牺牲的噩耗和她的遗物——小笔记本和小手枪。金枝的丈夫成业死了，新寡的金枝回到娘家。为了给重病的母亲治病，她到哈尔滨当"缝穷婆"。与其他缝穷的大多数妇女一样，她也未能逃脱被侮辱、玩弄的命运。满怀痛苦、羞恨的金枝回到村里，她想出家去当尼姑而不可得，战乱年代，连尼姑庵都荒废而无人烟了。李青山领导的"革命军"并不善于战斗，没有多久，队伍便被日本军队打散，李青山和平儿等逃回村里。日本兵在村里搜捕杀人。这次失败，使李青山明白了一个道理——光是像"红胡子"一样"乱撞胡撞"是不可能取得胜利的。于是他扮成小工模样，带领一些农民去磐石投奔真正的"有纪律的"人民革命军。

《生死场》是萧红的成名作，也是中国现代文学史上的一部优秀长篇小说。鲁迅在给《生死场》作的序中说："这自然还不过是略图，叙事和写景，胜于人物的描写，然而，北方人民的对于生的坚强，对于死的挣扎，却往往已经力透纸背；女性作者的细致的观察和越轨的笔致，又增加了不少明丽和新鲜。"这部小说真实地反映了东北沦陷前后人民群众的深重灾难和走向反抗的艰难历程。小说对人性的深入开掘、场景和细节描绘的细腻而力透纸背，给人留下很深的印象。虽然小说结构上有点"散漫"（胡风《读后记》），然而作品的艺术感染力却沁人心肺，令人动容。萧红后来创作的长篇小说《呼兰河传》，描写的仍然是东北的乡土和人事，饱含着国民性批判的力道和乡土抒情的韵致，在艺术上比《生死场》更为成熟。

《生死场》可选看人民文学出版社 2004 年出版的《萧红选集》。

《死水微澜》

导读作者 / 解志熙

> 《死水微澜》和《暴风雨前》《大波》是李劼人的长河小说三部曲,在中国现代文学史上被誉为"小说的近代史""小说的《华阳国志》",作者李劼人也被誉为"中国的左拉"(郭沫若评语)。

作者简介

李劼人(1891—1962年),原名李家祥,四川成都人,祖籍湖北黄陂。1919年留学法国蒙北烈大学、巴黎大学文学院。1924年归国后历任成都大学、四川大学教授、重庆民生公司机器厂厂长、乐山嘉乐制纸公司董事长等职。20世纪三四十年代是其小说创作的鼎盛时期,著有长河小说三部曲,并翻译了法国文学名著《人心》《马丹波娃利》等。新中国成立后任西南文学工作者协会副主席、四川省文联及作协四川分会副主席,并出任四川省政府委员、成都市副市长等职务及全国人大第一、二、三届代表,1962年12月24日病逝于成都。

《死水微澜》是李劼人"大河小说"三部曲的第一部,创作于1935年。小说以甲午中日战争到辛丑条约订定这一时期为背景,以成都郊外一个小乡镇——天回镇为主要场景,重现了当时的社会历史状况。"当义和团、红灯教、董福祥,攻打使馆的消息,潮到成都来时",这座古城"虽然也如清风拂过水面,微微起了一点涟漪",但做官的照样做官,做生意的照样做生意,居家、行乐、吃鸦片烟的,照样居他的家,行他的乐,吃他的鸦片烟,各处人心依然是微澜以下的死水,没有一点动象。小说塑造了袍哥头目罗歪嘴、小镇妇人蔡大嫂和粮户(即地主)顾天成等有血有肉的人物形象,并以他们三人之间的恩怨情仇作为主要故事情节,描写当时之社会生活——洋货势力逐渐侵入,教会向民间之侵掠,人民对西人之盲目,官绅之昏庸腐败,礼教之无聊,哥老会之横行,官民之隔膜,以及民国伟人之出身。其中,罗歪嘴联系着袍哥,顾天成联系着教会,二者都是当时四川社会最为活跃的社会力量,而身处罗、顾之间的蔡大嫂的离合悲欢的人生命运,则表征着四川社会的民间会党和教民两派势力的剧烈冲突,以及此消彼长的历史动向。作品写农家少女邓幺姑来到天回镇当上了杂货铺的老板娘(即蔡大嫂),她的丈夫蔡兴顺愚钝,被人喊作"蔡傻子"。蔡兴顺的表哥"罗歪嘴"则彪悍豪侠,与蔡大嫂你来我往,暗生恋情。有人密告罗歪嘴勾结义和团反洋人。四川总督派兵砸封兴顺号，蔡傻子锒铛入狱，罗歪嘴逃得无影无踪。此时，曾经被罗歪嘴欺负过的顾天成，怀着复仇心理来到乡坝打探罗歪嘴的行踪，却被落难的蔡大嫂所吸引，要娶她为妻。为了救出狱中的丈夫，为了儿子的前程，为了情人罗歪嘴不再遭追杀，也为了自己更安全和舒适的生活，蔡大嫂毫不犹豫地变成了顾天成的女人。

　　李劼人的长篇小说深受19世纪法国文学（司汤达、巴尔扎克、福楼拜、左拉等）的影响，他的小说创作将历史性的时代风云与具体性的人物命运紧密地结合在一起，且善于把历史的大变动通过具体生动的风俗人情描写表现出来，因而使其作品既具有史诗的宏大性又富于风俗书写的细腻性。《死水微澜》通过对蔡大嫂与罗歪嘴、顾天成之间复杂的风情关系之描写，生动地展现了当时闭塞的四川地区一潭死水中潜藏的社会危机和人性人情的畸变。小说最大的艺术成就是塑造出了鲜活饱满的人物形象，蔡大嫂的形象尤其出色。同时，作者还结合人物的塑造和情节的发展，写出了与之相关的社会环境和民情风俗以至于起居服饰、地方特产等，大大增强了作品叙事的历史真实性和极富趣味的文学可读性，赋予作品浓郁的巴蜀文化色彩，其语言则颇有泼辣风趣而且麻辣爽快的川味。

　　《死水微澜》的版本甚多，常见的版本有纳入"百年百种优秀中国文学图书"、由人民文学出版社2001年出版的《死水微澜》。

《青春之歌》

导读作者 / 解志熙

> 《青春之歌》是女作家杨沫的长篇小说,描写1930年代中国青年知识分子的人生探索、爱情追求及其在政治上的分化,很有时代的典型意义。

作者简介

杨沫(1914—1995年),当代女作家,原名杨成业,原籍湖南湘阴,生于北京,曾就读于北京的温泉女中,因家庭破产而失学,当过小学教员、家庭教师和书店店员。1934年开始文学创作。1936年加入中国共产党。抗战爆发后到冀中参加中国共产党领导的游击战,做妇女工作和宣传工作。新中国建立后,出任北京电影制片厂编剧,1958年出版长篇小说《青春之歌》,在广大读者特别是青年学生中引起热烈反响,并被改编为电影,轰动全国。"文革"后杨沫又创作了长篇小说《芳菲之歌》《英华之歌》等作品。曾任中国文联委员、中国作协理事、北京市文联主席等职。

《青春之歌》以"九一八"到"一二·九"这一历史时期为背景,以学生运动为主线,描写了1930年代中国青年知识分子的人生探索、爱情追求及其在政治上的分化。女主人公林道静出身于一个破落的官僚地主家庭,生母因家境贫寒沦为这个家庭的姨太太。林道静高中毕业后,异母逼婚,她奋起反抗、只身来到北戴河,投奔在杨庄小学教书的表哥。可是,表哥已被当局辞退而远赴东北谋生。校长余敬唐留她在北戴河住下并答应为她安排小学教师工作。其实,余敬唐打算把林道静送给县长做小老婆以换取自己的晋升。林道静察觉后悲愤异常,在一个风雨交加的夜晚纵身跳海自杀,被正在海边散步的北大学生余永泽搭救。余永泽保荐林道静在杨庄小学当教师,二人由此产生了爱情。其时正是"九一八"事变之后,全国掀起抗日救亡运动热潮。林道静因为在课堂上宣传抗日而遭到校长训斥,她愤然辞去了小学教师职务来到北平谋职而不得,内心异常苦闷,乃与余永泽同居。可是余永泽是一个不关心国家安危、只追求个人名利的人,两人的感情发生裂痕。除夕的晚上,林道静参加了东北流亡大学生们的聚会,遇见了曾在北戴河结识的北大学生卢嘉川。卢嘉川引导林道静阅读革命书刊,推动林道静日渐进步,但余永泽却干涉她参加革命活动。林道静毅然与余永泽决裂,独自住进北平的一所公寓,勇敢地参加到抗日救亡的行列之中。

林道静的活动引起了统治当局的注意。在同学王晓燕的帮助下,林道静逃出北平到定县东关一所小学教书,后来又化名为张秀兰到深泽县宋村一个地主家当家庭教师。在这期间,她又结识了搞农运的地下共产党员江华,在他的引导下继续进行革命斗争,但由于斗争经验不足,林道静被捕入狱。在狱中,她经受住了严峻的考验。共产党员林红英勇不屈、视死如归的精神,深深教育了林道静,她参加了狱中难友们组织的绝食斗争。一年多牢狱生活的锻炼,使林道静成熟了,她出狱后即被吸收为中共党员。入党后,林道静先是到党的机关工作,后被改派到北大做学运工作。她依靠进步学生、发动群众,揭露了特务学生的丑恶面目,使北大学生运动迎来了新局面。1935年,在党组织领导的"一二·九"爱国学生运动中,林道静带领群众迎着敌人的水龙、大刀勇敢前进,终于由一个小资产阶级知识分子成长为一名无产阶级的革命战士。

《青春之歌》1958年由作家出版社出版,是中国当代文学史上第一部描写现代知识分子成长道路的长篇小说,也允称一代青年追求感情、走向革命的青春赞歌。这部作品是杨沫以亲身经历和她对同代青年知识分子的观察为基础而创作的,所以写得真切感人,很有感染力,对各种知识青年的性格和心理之刻腻也相当准确和细腻——不仅女主角林道静的形象塑造得血肉丰满,真实感人,其他人物如卢嘉川、江华、林红、余永泽等也都写得形神兼备、个性鲜明,显示出作家深厚的生活积累和出色的艺术功力。这些形形色色人物的精神面貌折射出丰富的时代内涵,他们不同的人生道路也具有耐人寻味的思想意义。特别值得称道的是,在1950年代那个不无革命清教主义的年月,杨沫却在《青春之歌》中细致地描写了一些现代青年复杂的感情生活,这显然继承了"五四"新文化的个性解放精神,成为这部"当代小说"的一抹亮色和鲜明特色。

《青春之歌》常见的版本有人民文学出版社1960年版,也可阅读纳入"百年百种优秀中国文学图书"、由人民文学出版社2000年出版的《青春之歌》。

《李有才板话》

导读作者 / 解志熙

> 《李有才板话》是解放区作家赵树理的中篇小说，反映了抗战时期农村错综复杂的社会关系和建立基层政权的曲折过程，批评了干部的官僚主义，塑造了善于斗争的机智农民形象，语言通俗生动、幽默风趣、很有民族风味。

作者简介

赵树理（1906—1970年），原名赵树礼，出生于山西省晋城市沁水县的一个农民家庭，1925年考入山西省立长治第四师范，开始写新诗和小说。1937年加入中国共产党，投身革命。1943年赵树理写成短篇小说《小二黑结婚》，一举成名。此后，赵树理又创作了中篇小说《李有才板话》、长篇小说《李家庄的变迁》等。新中国成立后，赵树理主编通俗文艺刊物《说说唱唱》《曲艺》等，创作了长篇小说《三里湾》等。1964年赵树理回山西晋城工作，"文革"期间遭到迫害，于1970年9月23日含冤去世。

《李有才板话》的故事发生在山西的一个乡村阎家山。阎家山的地主阎恒元在抗战前当过十几年村长。抗战开始后阎家山成了抗日民主根据地，阎恒元虽然名义上不是村长了，其实仍利用狗腿子继续把持村政权，欺压剥削农民。他先派侄儿阎喜富任村长，阎喜富因作恶太多被撤职后，他又指派干儿子刘广聚作村长候选人。小顺、小福、小保等"小字辈"青年与贫苦农民李有才商议，决心不买阎恒元的账，要选陈小元，但由于阎恒元的儿子阎家祥暗施诡计，刘广聚还是当选了。后来县委布置丈量土地、减租减息和成立武委会，阎恒元父子又想了许多办法来对付：一是内部串通，丈量土地时故意消磨时间，使那些丈田代表自愿不跟他们一道干了；二是拉拢一些人，把他们的田地故意少算一些，以封他们的嘴。这样，阎恒元家的300多亩地就只丈出了100多亩。丈地的奥秘被李有才发现。李有才是一个机智的有斗争经验的年长农民，他编了"板话"（即快板）在群众中揭露阎恒元的诡计。于是，阎恒元又施诡计，先把李有才赶出村，又把陈小元选成武委，派到县里去受训，去除了威胁。对这些内幕，来阎家山工作的章工作员一概不知。章工作员年轻热情，但缺乏斗争经验，被阎恒元等人的诡计蒙蔽，以至于把阎家山上报成了"模范村"。陈小元从县上受训回来有了实权。阎恒元父子和刘广聚慌了，就用拉拢手段、给他一些好处，使他慢慢脱离群众而随着阎恒元的指挥棒转。被驱赶的李有才则继续以"板话"为武器坚持斗争。

事情的转机，发生在县农会主席老杨下乡检查工作之后。他了解到阎家山的真实情况，马上请回了李有才，撤了张得贵农会主席的职务，热情支持李有才编快板、动员农民入农救会。农民被发动起来，成立了以小保为主席的农救会。老杨把阎家山的情况向区委作了汇报。于是，区长带着干部下到阎家山，参加了斗争阎恒元的大会。斗争会后，阎恒元的84亩押地被全部退还原主，并勒令他退出了多收的租和黑钱。刘广聚被撤职查办，小保接任村长。事后，干部对章工作员和陈小元进行了批评帮助，农民们欢庆胜利，李有才又高兴地编起了快板。

《李有才板话》由华北新华书店于1943年12月出版，它不仅是赵树理的代表作、也是解放区文艺的代表作。作品通过阎家山村政权建立和反复的曲折过程，深刻揭示出农村社会关系的错综复杂和阶级斗争的尖锐曲折，突出表现了共产党在领导农民翻身解放斗争中的决定性作用，塑造了一批真实生动的农民形象。主人公李有才是一个以"板话"为武器与地主作斗争的机智农民形象，尤其写得血肉丰满。在艺术上，《李有才板话》代表了赵树理的独特艺术成就——作品成功地继承和发展了中国话本小说的民族形式，并穿插了一些有趣的"板话"，作品情节波澜起伏，叙述语调风趣乐观，成为真正富于中国气派、运用了老百姓喜闻乐见的民族形式的作品，所以读来生动明快、很有感染力，标志着中国现代小说终于走出了欧化的调式，向着民族化、大众化迈出了坚实的一大步。

《李有才板话》比较常见的版本是人民文学出版社1952年出版的单行本，也被选入各种赵树理选集，可参看人民文学出版社2002年出版的《赵树理选集》，2009年人民文学出版社出版的《李有才板话》的简体横排本，内含《小二黑结婚》《李有才板话》《李家庄的变迁》和《登记》等。

《陈映真文选》

导读作者 / 王中忱

台湾作家陈映真的评论、随笔集。

作者简介

　　陈映真（1937—　　），原名陈永善，出生于台湾苗栗县竹南中港，1957年从成功中学高中部毕业后考入淡江文理学院英文专业，而早在中学时代，陈映真便读到父亲冒着风险藏存的鲁迅的小说集《呐喊》，进入大学后又在台北市牯岭街一家旧书店里购到巴金、老舍、茅盾的书并"耽读竟日终夜"，在两岸分离时期，他如枯地里野草似的把根须伸向"被政治禁绝的祖国三十年代文学作品"，并由此延展到《马列选集》《大众哲学》和"毛泽东写的小册子"。（参见收入《陈映真文选》的《后街——陈映真的创作历程》）1959年9月写作并发表第一篇小说《面摊》，随后一发不可收拾，连续发表了《我的弟弟康雄》（1960年）、《乡村的教师》（1960年）、《将军族》（1964年）、《唐倩的喜剧》（1967年）等作品，把他对动荡时代与个人命运的思考，凝结到小说文本里，所体现出来的历史忧患意识，沉重到几乎不是他青春多感的年龄所能够或应该承载的。

　　1968年5月，陈映真因"民主台湾同盟"案被国民党当局逮捕，同年被判刑十年，在监狱里遇到已被囚禁多年的共产党人和左翼政治犯，受到这些"老同志"的深刻精神启迪和人格感召。1975年7月，因蒋介石去世而施行的特赦出狱，不久即重新开始写作，陆续发表小说《贺大哥》（1978年）、《万商帝君》（1982年）、《赵南栋》（1987年），报告文学《当红星在七古林山区沉落》（1994年），并撰写大量评论文章，参与有关文学与社会问题的论战，与形形色色的分离主义进行斗争，以严肃的思考回应时代变化所产生的新问题。陈映真无疑是属于自觉接续鲁迅传统的思想者型的文学家。

　　《陈映真文选》凡五辑。第一辑第一篇文章《试论陈映真》，是作家出狱之后为自己的小说集写的序言，但署名"许南村"，语气也是第三人称的评论家口吻。也就是说，陈映真有意识地把自己分身为小说家和评论家，这种方式一直延续到1993年同样以"许南村"之名发表的《陈映真的创作历程：后街》。但无论怎样分身，"许南村"还是和其他评论家颇不相同。这不仅在于他提供了别人很难得知的有关陈映真的私密性信息，更在于他分析陈映真的心路历程时，其实也是在倾吐陈映真的心声。赵刚曾对此做过精彩分析，他认为仅仅把《试论陈映真》视为陈映真的"客观的'自我剖析'"是不够的，"不如说它是陈映真历劫归来，昭告世人彼将一扫郁悒繁思，其将披坚执锐而为一战士的'自我宣誓'"。（赵刚：《求索——陈映真的文学之路》，台北：联经出版，2011年，第33页)"许南村"对"早期陈映真"近于苛刻的批评,应该放在这样的脉络上去解读,才能读出其丰富多义的内涵。

陈映真的评论写作始于1960年代后半期,如收入第二辑的前四篇有关现代主义文学的讨论,即属于这一时期的作品。陈映真对世界范围的现代主义文学历史是有所体认和了解的,他自己的作品里也不乏象征的意蕴和荒诞的色彩,但他不能忍受1950年代至1960年代在台湾兴盛起来的"现代主义",批评那是"一种和实际生活、实际问题完全脱了线的把戏"。(《文选》第81页)读这些论文应该注意写作的时间,了解当时台湾的政治高压使陈映真有很多话无法言说,甚至到了1970年代,亦即他出狱之后发表的《文学来自社会、反映社会》等文章,虽然已经可以从"美国因素"对台湾社会的支配性影响,分析"全盘西化论"的自我殖民色彩,指出台湾"现代主义"文学的"文化附庸"属性,并由此赞赏1970年代兴起的"乡土文学"所具有的"反对西方和东方经济帝国主义和文化帝国主义的意义",但直到1990年代,他返身"回顾乡土文学论战"时,才能够更为直接地讲明当年"现代主义"文学的盛行与"内战""冷战"的双重构造以及占据主导地位的反共意识形态之关系,而此时的陈映真还敏锐注意到当年他为之鼓吹的"乡土文学"被拉到与中国文学对立的"本土文学""台湾文学"的脉络上解读,本书第三辑所收诸文,即为陈映真和形形色色分离主义所展开的斗争的记录。

陈映真强调"台湾文学是中国文学的一个组成部分"。在他看来,这既源自悠久的历史传统,也联系着近代以来世界范围内的反对帝国主义和资本主义的实践。在收录于本书第三辑、第五辑的文章里,陈映真多次指出日本帝国主义以暴力隔断台湾与祖国文化之联系的历史,也深刻分析了美国主导的"冷战"意识形态造成的两岸分断,在此基础上强调台湾文学之中国性质的反殖民意义。同时,陈映真也把包括台湾文学在内的中国文学放在"第三世界文学"谱系上进行阐发,并对"第三世界视野"在中国大陆的逐渐消失表达了深深的忧虑。很显然,陈映真不是把"中国"作为抽象的认同对象,而是作为与自己血脉相连的存在,与之共忧乐的。

《陈映真文选》,生活·读书·新知三联书店2009年出版。推荐以小说作品名世的陈映真的这部评论、随笔集,首先是设想很多同学已经读过他的小说,同时更因为,阅读这部《文选》可以更全面地认识陈映真。诚如本书编者薛毅在《编后记》指出的那样:"对于陈映真先生来说,文学与社会政治的评论一直是他整个文学活动的非常重要的组成部分。"

《陈映真自选集》(生活·读书·新知三联书店2007年出版)收录了作家自己选定的小说代表作,可与《陈映真文选》参照阅读。

《透明的红萝卜》

导读作者 / 解志熙

> 《透明的红萝卜》是当代作家莫言的成名作，它是对童年的困苦生活之写实，而又想象灵动、感觉奇异，预示了莫言此后创作的"魔幻写实"特色。

作者简介

　　莫言（1955—），原名管谟业，出生于山东省高密县，家境贫苦。1976年参加解放军，历任班长、图书管理员、政治教员、宣传干事等职。1981年发表第一篇小说《春夜雨霏霏》，1984年进入解放军艺术学院文学系读书，创作发表《透明的红萝卜》，显现出独特的风格，随后创作的中篇小说《红高粱》被读者推选为《人民文学》1986年"我最喜爱的作品"的第一名。莫言的小说注重表达主观感觉，叙事天马行空，带有明显的"先锋"色彩和"魔幻"取向。2011年8月莫言的长篇小说《蛙》获第八届茅盾文学奖。2012年10月11日莫言因其"用魔幻现实主义将民间故事、历史和现代融为一体"获得诺贝尔文学奖。莫言创作甚丰，代表作品有《红高粱》《檀香刑》《丰乳肥臀》《酒国》《生死疲劳》和《蛙》等。

　　《透明的红萝卜》发表在《中国作家》1985年第2期，这部中篇小说是莫言的成名作。作品的主人公黑孩从小受继母虐待而沉默寡言，经常对着事物发呆，却对大自然有着超强的触觉、听觉等奇异功能。小黑孩10岁左右，比同龄的小孩矮小，在初冬时节，身上还只穿着他闯关东的父亲留下的一条污渍斑斑的大裤衩，身上常有伤疤，那是受到后娘虐待的结果。小黑孩过早地背上了生活的重负，和大人一样参加劳动挣工分，还要承受一些人的羞辱和痛打。这样的遭遇使小黑孩的性格变得沉默、倔强而孤独，从不愿意主动跟别人打交道。小黑孩和小石匠被派到滞洪闸工地干活挣工分，受到了小石匠以及美丽善良的菊子姑娘的保护。继母的虐待在他心里留下不灭的阴影，而对菊子姑娘则有一种隐隐的爱恋之情。他的行为有时不合逻辑——在小石匠和小铁匠打架时，他却意外地帮欺负他的小铁匠去打小石匠。小铁匠动不动就让黑孩去偷地瓜和红萝卜，小黑孩在幻觉里把红萝卜看成了有金色外壳包着银色液体的透明的红萝卜，从此对红萝卜有了一份特殊的感情。当小铁匠把小黑孩的萝卜扔进了水里时，他钻进了萝卜地，把所有正在成长的红萝卜都拔了出来。

据莫言自述，1967年他12岁时在水利工地劳动，因为饥饿难耐偷拔了生产队一根红萝卜，因此被押送到工地开了一次批斗会，回家后遭到父亲的毒打。这个惨痛的记忆一直是莫言的心灵创伤，于是在1985年据此写成中篇小说《透明的红萝卜》。从这篇作品里可以看到，虐待、饥饿、欺辱，接连不断加诸小黑孩的身心，几乎到了无法承受的地步，然而在困苦与凌辱中，小黑孩却锻炼出强韧的承受力和奇特的感受力，他以巨大的毅力承受生活的压迫、坚忍地在苦痛的现实中求生。正是这种隐忍造就了黑孩坚韧的生命力。可以说，物质的匮乏和困辱的遭遇，反而激发了小黑孩敏锐的感受力和想象力，其敏感远远超越常人，不无神秘奇异之处。《透明的红萝卜》通过一个孩子的内心世界折射出了当时社会的畸形。这部作品是莫言对其童年生活的回忆自悼之作，其中对人的孤独的内心之开掘、对敏锐到异常的感觉之掘发，则预示了莫言此后创作的显著特色。

《透明的红萝卜》少见单行本，常见的是选入各种选集的版本，如收入格非编选的《影响了我的二十篇小说·中国卷》，百花文艺出版社2006年出版；也可参看各种莫言选集，如《莫言中篇小说选》，上海社会科学院出版社，2004年出版。

《平凡的世界》

导读作者 / 解志熙

> 《平凡的世界》是当代作家路遥的长篇巨制,以恢宏的气势和史诗般的品格,全景式地展现了当代中国城乡社会和人们思想情感的巨变而闻名于世,深受广大读者的喜爱。

作者简介

路遥(1949—1992年),原名王卫国,出生于陕西清涧一个农民家庭,幼年过继给延川县的大伯家。青少年时期在延川县中学学习,1969年回乡务农,做过农村小学教师。1973年被推荐到延安大学中文系学习,毕业后分配到《陕西文艺》(后改名《延河》)编辑部工作,同时开始创作。1980年发表《惊心动魄的一幕》,获得第一届全国优秀中篇小说奖。1982年发表中篇小说《人生》,获得全国第二届优秀中篇小说奖。1986年到1988年,路遥倾全力创作长篇小说《平凡的世界》第一、二部,出版后获1991年度第三届"茅盾文学奖";1992年完成《平凡的世界》第三部后,路遥积劳成疾,于该年11月17日英年早逝。

《平凡的世界》最吸引人之处,是它非常真切地写出了乡村知识青年艰苦卓绝的个人奋斗史,而这一点显然具有普遍的"励志"意义。作品里的孙少安、孙少平兄弟俩出自贫寒的农家,但这个贫寒之家却有着良好的家风,仁孝、正直、厚道、有骨气,也渴望着能在文化上翻身。恰逢改革开放的新时期,中国社会重获生机,有知识、有心劲、有毅力因而也有所准备的乡村知青,正是在这一进程中纷纷脱颖而出,通过艰苦的个人奋斗,既改变了个人和家庭的命运,也推动了社会和国家的发展。就此而言,以孙少安和孙少平兄弟的故事为主线的《平凡的世界》,可说是一部改革开放时代的新个人奋斗叙事。特别值得称道的是,小说主人公孙少安、孙少平所代表的农村知识青年难能可贵地超越了城市人惯有的那种原始野蛮的生存竞争和利己主义,而仍然葆有仁义爱人、助人为善的为人宗旨。哥哥孙少安开砖场发家了,仍然孝顺父母而且怜贫惜弱,尽力给村民们提供挣钱的机会,即使为此蒙受损失,也在所不惜;他后来开大砖厂挣了大钱,也绝无土豪为富不仁的做派,夫妻俩积极捐资、用心修建了村里的小学。弟弟孙少平在求学与打工的过程中曾备受煎熬、甚至受到过伤害,但始终保持着仁义正直的为人底线。

《平凡的世界》也可以作为改革开放的文学纪事来读。20世纪70年代末期，中国改革浪潮首先从农村开启，极大地激发了农民的积极性、恢复了农村社会的活力，继而改革的浪潮扩展到城市和工业等领域……路遥作为一个出身农村而心怀家国的作家，敏锐地意识到改革对中国的重大意义，深入思考着改革的得失利弊，进而将全部的观察、思考和热情倾注到《平凡的世界》中，其视野之宏大、观察之细致、投入之热情和艺术之苦心，几乎是生死以之，别无作家可以与之比拟。《平凡的世界》因此成为不平凡的文学杰作，允称迄今最全面和正面叙写改革进程的当代文学巨著。

《平凡的世界》还可以作为乡村社风变迁的文学写照来读。风俗是人类社群生活的重要形式，积淀着丰富的人性与文化内容。所以，丰富的风俗描写往往是长篇小说中最有意味的元素。在《平凡的世界》的宏大叙事中，时时插入细腻有趣的风俗细节，折射出社会演变的得失。比如，现在人们谈虎色变的文革批斗场景，其实当它落实到乡土社会的时候就不能不顾忌礼俗人情，所以我们看到第一部所写石圪节公社的批斗大会在双水村召开的时候，不过是拿一个泼妇、一个二流子和一个傻子充数，差不多演变成一场无伤大雅的乡村风俗喜剧；而纵使是双水村的掌权人支书田福堂也不能罔顾礼俗而为所欲为，所以当他发动的水利建设因为搬迁住户，遭到金氏家族的暗暗反抗，金家抬出了年近八十的金先生太太以死相抗，一时间似乎激烈得不可收拾了，不料田福堂却撒下支书的架子，谦卑地向金老太太执子侄礼，他的一声"干妈"和扑通一跪，刹那间化解了危机。田福堂不愧是一个高明的乡村政治家，他在矛盾激化的时刻，不是粗暴地动用支书的权威来压服对方，而是巧妙地利用礼俗人情相应对，这个细节非常生动地显示出乡村政治、人际关系以至于邻里矛盾等等，都不能不受到传统礼俗人情的制约。礼俗当然也随着时代的变迁而或有所增减，却不可能没有，它们有效地调停着乡村社会的人际关系、维持着乡村社会的基本秩序。事实上，《平凡的世界》在其宏大的改革叙事和个人奋斗叙事的大骨架中，插入了相当丰富的风俗—礼俗描写，成为这部巨著的细腻肌肉，从而大大增加了全书叙事的趣味性和可读性。《平凡的世界》之所以能在广大的中国乡村社会赢得那么多读者和听众，很大程度上就是因为其中充满了非常地道的并且富有人情的风俗—礼俗描写，让人读来滋味无穷。

《平凡的世界》继承了柳青的《创业史》所开创的革命现实主义的农村叙事范式，而又在改革开放的新形势下做了适度的调整和改造，使之成为一种"改革开放的现实主义"——改掉了过重的政治意识形态色彩和对集体主义的过度眷顾，更加开放也更为同情地看待社会与个人的关系，力求忠实地写出中国改革开放的社会进程、写出跻身于这个不凡进程中的平凡人物之典型，以及相应的社会风俗之变迁。为此，路遥踏踏实实地用了将近六年的心力，辛苦耕作他自己的文学园地，奉献给读者的是一部朴素而大气的文学巨著。作为一部巨幅长篇小说，《平凡的世界》的艺术成就其实是并不平凡的。其一，路遥在这部巨著中不仅出色地描写了非常复杂的社会改造进程，而且有条不紊、有声有色地讲述了

一大套生动感人的故事，叙事结构井然有序，具有很强的可读性。其二，《平凡的世界》成功塑造了众多鲜活的人物形象。其中不少人物都堪称典型，即使一些次要人物，如孙玉亭、王满银等小角色，也都写得性格鲜明、很接地气，令人读来如在眼前、过目难忘。其三，《平凡的世界》的心理描写和细节描写也颇为出色。路遥是很"贴心"地描写这些来自乡土的父老兄弟姐妹们的，作品中的主要人物的心理活动，都有细腻的展示和渐趋深入的层次感。路遥特别体贴乡村妇女和来自乡村的女知青的爱情心理，对她们的刻画，无不体贴而周至、细腻而动人。至于细节对于一部巨型长篇小说的重要性，其实不亚于大的情节，因为有没有丰富可体味的细节，决定着一部长篇小说是否真正地肌质丰满，而不仅仅是骨骼突出。《平凡的世界》的大故事固然讲得有声有色，小细节也写得丰富细腻、生动感人，令人读来亲切有味、叹赏不止。

《平凡的世界》版本很多，比较好找的是北京十月文艺出版社 2012 年的新版。

《福乐智慧》

导读作者 / 汪晖

> 《福乐智慧》是我国11世纪维吾尔族著名学者优素甫·哈斯·哈吉甫所写的一部哲理性长诗,成书于公元1069年至1070年。《福乐智慧》的原名是《库塔德库·比力格》,直译是《给予幸福的知识》。该书原稿已佚,目前发现的只是三种原始抄本,即"一是维也纳抄本;二是开罗抄本;三是费尔干纳本"。它们之所以这样称谓,是因为这三种抄本分别发现于奥地利的维也纳、埃及的开罗和乌兹别克斯坦的费尔干纳地区而得名。维也纳本是回鹘文抄本,开罗本和费尔干本都是阿拉伯文抄本。自19世纪以来许多东方学者、突厥学家对这部长诗进行了翻译和研究。
>
> 这部著作采用玛斯纳维(双行诗)形式,用阿鲁孜格律中的木塔卡尔甫格式写成,共13 290行诗(不包括后加的序言)。

作者简介

优素甫·哈斯·哈吉甫是11世纪我国新疆维吾尔族的著名诗人、学者、思想家。关于他的生平,从该书原诗及序言中得知,他系出生虎思斡尔朵城(巴拉萨衮),后迁居喀什噶尔。公元1069—1070年在喀什完成了这部作品。当他完成这部长诗后就献给了当时喀喇汗王朝桃花石布格拉喀喇汗艾布·艾里·哈桑。布格拉汗因此赐给他哈斯哈吉甫(侍从官)之职。从此即以优素甫·哈斯·哈吉甫之名著称于世。

《福乐智慧》是一部包括了许多哲学思想的抒情叙事长诗。从全书的中心内容来看,作者以公正、幸福、智慧、知足作为全书的四大支柱。《福乐智慧》的基本形态和表现机制都具有显著的维吾尔民族文化的特点。这首先表现在优素甫·哈斯·哈吉甫以维吾尔族关于物质世界的"四素"学说来建构现实社会基本形态。

维吾尔族的"四素"说是指物质世界由气、土、水、火构成。优素甫·哈斯·哈吉甫便由这种"四素"学说衍生出日出、月圆、贤明、觉醒四个人物。这四个形象化的人物实际象征着法律、幸福、智慧和知足,这是现实社会形态的基本定势。

作者将自己所有的愿望和理想,都融会进这四个人物意义深刻的对话中,即作为法律公正象征的国王日出、幸福象征的月圆、智慧象征的贤明、来世和知足象征的觉醒的对话之中。在这四个人物的对话当中提出了什么是人民拥护的国家机构,人民对国家应抱什么态度,国家工作人员应该如何对待人民,社会成员的地位和任务是什么等许多问题,并提出了涉及各个方面的治国方略。如他提出如何管理国家,如何选拔和使用各类人材,如何处理政治生活等问题。除此,他还提出了如何处理婚姻、家庭的问题。婚姻、家庭问题也是社会问题,也关系到王朝的安定和治理。尤素甫在书中所阐述的婚姻、家庭观很有见地,即使对今天来说,也不无教益的。

在作者看来,国家只有用知识和公正的法律治理才能久存,法律面前人人平等,做任何事都应以智慧、知识和道德去引导,国家的首领或统治者在所有事情上应以身作则。这就是说法律公正、幸福繁荣、知识智慧、追求来世这四种东西构成了《福乐智慧》的基本内容。

从优素甫·哈斯·哈吉甫写成此书的年代看,他生活的时代正经历了中亚各伊斯兰教国家经常进行战争,由于内忧外患给当地带来了经济凋敝、百姓生活贫困的灾难与痛苦的时期。惨痛的现实激起了诗人炽热的爱国热情和对人民的深切同情,同时也使他体察到苦难的人民期待着有一个经济重振、生活安定的太平盛世到来。他成书和献书的年代正处于喀喇汗王朝布格拉汗(1074—1103年在位)统治喀什噶尔、巴拉萨衮、和田等地区的盛世的前期。王朝急需重振,百姓企望恢复经济,生活安定、太平。正是在这样的情况下诗人以饱满的热情和难得的才能,用诗的形式提出了一整套立邦安民之道,并献给了当时王朝的统治者。

推荐阅读优素甫·哈斯·哈吉甫著的《福乐智慧》,郝关中译,民族出版社2003的版本以及耿世民、魏萃一译的中国国际广播出版社2016年的版本。

《格萨尔》

导读作者 / 降边嘉措

> 《格萨尔》是藏族人民集体创作的一部伟大的英雄史诗，它历史悠久，卷帙浩繁，精深博大，规模宏伟，内容丰富，千百年来在藏族群众中广泛流传，深受藏族人民的喜爱，不但是藏族文化、同时也是喜马拉雅山多民族文化圈的一个重要组成部分。《格萨尔》代表着古代藏族文化的最高成就，可以说是反映古代藏族社会历史的一部百科全书，具有很高的学术价值和美学价值，是藏族文化宝库中一颗璀璨的明珠。国际学术界有人给予高度评价，将它称作"东方的荷马史诗"。

从《格萨尔》产生、流传、演变和发展的历史这一侧面，可以清楚地看到：我们伟大的祖国是一个统一的、多民族的大家庭，各族人民共同缔造了伟大的祖国，同时也创造了丰富多彩、灿烂辉煌的中华文明。

与世界上其他著名的英雄史诗相比，《格萨尔》有两个显著特点。第一，它世代相传，至今在藏族群众、尤其在农牧民当中广泛流传，是一部活形态的英雄史诗。第二，它是世界上最长的一部英雄史诗，有120多部、100多万诗行，假若翻译成汉文，有2000多万字。

在世界文学史上，思想上、艺术上的成就最高、流传最广、影响最大的是《伊利亚特》和《奥德赛》。《伊利亚特》共24卷，15 693行。《奥德赛》也是24卷，12 110行。这两部史诗是欧洲最早的文学巨著，相传是古希腊的伟大诗人荷马所作，因此又称《荷马史诗》。

与之齐名的还有印度史诗《罗摩衍那》和《摩诃婆罗多》。《罗摩衍那》全书分为7篇。旧的本子约有48 000行。最新的精校本已缩短到37 100诗行。《摩诃婆罗多》是一部内容十分丰富的长诗。全书分成18篇，有20多万诗行。在《格萨尔》被发掘整理之前，被认为是世界上最长的史诗，而享有盛誉。

它们被称为世界五大史诗。仅就篇幅来讲，《格萨尔》比上述五大史诗的总和还要长，堪称世界史诗之最。

《格萨尔》有它独特的结构艺术。按照传统的说法，有《天界篇》《英雄诞生》《赛马称王》等分部本作为序篇；接着是四部降魔史，即：《魔岭大战》《霍岭大战》《姜岭大战》和《门岭大战》。此外还有十八大宗、十八中宗、十八小宗等部。这是整部史诗的主体部分。最后是《地狱救母》《安定三界》。

民间艺人在说唱时，常常用这样三句话来概括史诗的全部内容："上方天界遣使下凡，中间世上各种纷争，下面地狱完成业果。""上方天界遣使下凡"，是指诸神在天界议事，决定派天神之子格萨尔到世间降妖伏魔，抑强扶弱，拯救黎民百姓出苦海。"中间世上各种纷争"，讲的是格萨尔从诞生到升天的全过程，构成了格萨尔的英雄业绩，也是史诗的主体。"下面地狱完成业果"，是说格萨尔完成使命，拯救坠入地狱的母亲，以及一切受苦受难的众生，然后返回天界。

《格萨尔》这部英雄史诗，通过主人公格萨尔一生不畏强暴、不怕艰难险阻，以惊人的毅力和神奇的力量征战四方的英雄业绩，热情讴歌了正义战胜邪恶、光明战胜黑暗的斗争。降妖伏魔、惩恶扬善、除暴安良、抑强扶弱、维护公理、主持公道、消除苦难、造福百姓、铲除人间不平、伸张社会正义的主题思想，像一根红线，贯穿了整部史诗。正因为《格萨尔》反映了人民的疾苦，表达了人民的心声，在藏族人民当中引起强烈共鸣。这是《格萨尔》这部古老的史诗世代相传，历久不衰的重要原因。

《格萨尔》是反映藏族历史的一面镜子，它深刻地表达了人民群众的美好愿望和崇高理想，描述了纷繁复杂的民族关系及其逐步走向统一的过程。

《格萨尔》作为英雄史诗，不是一两个杰出的诗人创作的，也不是一个时代产生的。《格萨尔》是古代藏族人民集体创作的。《格萨尔》的产生、流传、演变和发展，经历了漫长的过程，是藏族历史上少有的一种文化现象，在中国多民族的文学发展史上，乃至世界文学史上也不多见。本身就是一首诗篇，一首悲壮苍凉的诗篇，一首大气磅礴的诗篇，一首洋溢着蓬勃生机、充满着青春活力的诗篇，一首孕育着创造精神、闪烁着智慧光芒的诗篇。

在《格萨尔》的流传、演变和发展过程中，那些才华出众的民间说唱艺人，起着巨大作用，他们是史诗最直接的创造者、最忠实的继承者和最热情的传播者，是真正的人民艺术家，是最受群众欢迎的人民诗人。在他们身上体现着人民群众的聪明才智和创造精神。那些具有非凡的聪明才智和艺术天赋的民间说唱艺人对继承和发展藏族文化事业做出了不可磨灭的贡献，永远值得我们和子孙后代怀念和崇敬。

尽管《格萨尔》是一部深受群众欢迎的伟大史诗，由于种种原因，在历史上从未有计划、有组织、有系统地进行搜集整理，一直在民间自发地流传，自生自灭。有人将敦煌学和"格萨尔学"加以比较。这两个学科的确有一定的可比性，早在20世纪30年代，国学大师陈寅恪先生曾发出这样的感慨：敦煌学是辉煌学，又是伤心学。中华民族创造了灿烂辉煌的敦煌艺术，但由于长期的封存废弃，而被淹没在历史的尘埃之中；偶然重见天日，敦煌的宝库即被帝国主义分子所掠夺和盗窃，大量珍贵文物或者被毁坏，或者流失到国外。敦煌学的故乡在中国，敦煌学的研究成果却出在国外。这是我们中华民族学术史上一段屈辱的历史。新中国成立以后，这段屈辱的历史被彻底洗刷,敦煌学揭开了崭新的篇章。

《格萨尔》的命运也大体如此。藏族人民创造了伟大的英雄史诗《格萨尔》,但在政教合一的封建农奴社会,在思想文化领域,神权占统治地位,劳动人民创造的文化受到压制和排斥。那些才华出众的民间流浪艺人被当作乞丐,遭到歧视。在科学意义上,进行《格萨尔》研究的第一批专著在国外产生;研究《格萨尔》的第一个学术机构在国外建立;第一批向国外介绍《格萨尔》的英文版、法文版和俄文版等各种外文译本,出自外国学者之手。

新中国成立以后,藏族人民与各族人民一样获得翻身解放,劳动人民成了社会的主人,同时也成了文化的主人。新中国的成立,使《格萨尔》这部古老的史诗焕发了新的艺术生命力。党和国家对《格萨尔》的搜集整理和学术研究非常关心和重视,尤其是改革开放以来,取得了巨大成就。这是一项跨世纪的文化建设工程,这种搜集整理和学术研究工作,规模之大,时间之长,参加人数之多,成就之显著,涉及面之宽,影响之广,在藏族文化史上是一个前无古人的壮举,在我国多民族文学发展的历史上也不多见。所有这一切,充分体现了党和国家对保护和弘扬藏族优秀文化传统的高度重视,对藏族人民的亲切关怀。

《格萨尔》在国际学术界的影响也日益扩大,到目前为止,已经用英、俄、法、德、日、意、印度、尼泊尔、芬兰等语言翻译了《格萨尔》的部分章节或故事,对《格萨尔》的研究,已经成为一门国际性的学科,而且方兴未艾。

新中国成立以来,中国在《格萨尔》事业方面取得巨大成就,其深远意义就在于它让世界以崇敬的目光重新审视这个被雪山环抱的民族,重新审视它的历史,它的文化。这彻底改变了世界史诗的文化版图,牢固地树立起《格萨尔》崇高的、不可动摇的地位,被誉为"东方的伊里亚特"。《格萨尔》与荷马史诗,一个代表古代东方文明,一个代表古代西方文明,交相辉映,堪称一对人类文明的明珠。

中国是一个统一的、多民族的大家庭,汉族是主体民族,很多少数民族也把汉语当作自己的母语。但是到目前为止,《格萨尔》只有藏文版。在老一辈专家学者的指导下,笔者与吴伟于1980年代开始编纂汉文版《格萨尔王全传》,以著名的《格萨尔》说唱艺人扎巴和桑珠的说唱本为基本框架,吸收其他民间艺人的说唱本,以及手抄本、木刻本的内容,择优选粹,以格萨尔英雄的一生为主线,从英雄诞生到返回天界,完整地介绍了《格萨尔》的主要内容。

第一版于1985年由宝文堂书店出版。后来根据广大读者的要求,结合编纂者最新的研究成果,多次加工修改,先后由作家出版社和五洲出版社出版。不能直接阅读藏文《格萨尔》的汉族和其他民族的读者可以通过这套《格萨尔王全传》了解到英雄史诗《格萨尔》的基本内容和艺术特色。该书荣获 1999 年建国 50 周年国家新闻出版总署颁发的"优秀成果奖"。

2011 年，为纪念中国共产党诞辰 90 周年，国家民委和中国作家协会评选"100 部优秀作品"，《格萨尔王全传》亦列入其中。2011 年五洲出版社还出版了《格萨尔王传》，是《全传》的精简版。

我的阅读记号

- ☐ 理想国（古希腊）
- ☐ 尼各马可伦理学（古希腊）
- ☐ 沉思录（古希腊）
- ☐ 论自由意志（古罗马）
- ☐ 论道德的谱系（德）
- ☐ 新工具（英）
- ☐ 思想录（法）
- ☐ 谈谈方法（法）
- ☐ 政府论（英）
- ☐ 论法的精神（法）
- ☐ 社会契约论（法）
- ☐ 国民财富的性质和原因的研究（英）
- ☐ 历史理性批判文集（德）
- ☐ 哲学史讲演录·导言（德）
- ☐ 共产党宣言（德）
- ☐ 资本论第1卷（节选）（德）
- ☐ 旧制度与大革命（法）
- ☐ 精神分析引论（奥）
- ☐ 新教伦理与资本主义精神（德）
- ☐ 第二性（法）
- ☐ 科学革命的结构（美）
- ☐ 疯癫与文明（法）
- ☐ 历史的起源与目标（德）
- ☐ 正义论（美）
- ☐ 国际政治理论（美）
- ☐ 从混沌到有序（比利时）
- ☐ 甜与权力：糖在近代历史上的地位（美）
- ☐ 时间简史（英）
- ☐ 人类简史：从动物到上帝（以色列）
- ☐ 美的历史（意）

3

世界文化名著

CLASSICS OF
WORLD CULTURE

《理想国》

导读作者／李春平

> 《理想国》是古希腊著名哲学家柏拉图（Plato，公元前427—前347年）重要的对话体著作之一，一般认为属于柏拉图的中期对话。本书分为十卷，在柏拉图的著作中，不仅篇幅最长，而且内容十分丰富，涉及哲学的各个方面，尤其对他的政治哲学、认识论等有详细的讨论。

作者简介

柏拉图公元前427年出生于雅典的一个贵族家庭。他的家庭教育使他早年就有了为公共政治服务的责任心。他20岁时跟随苏格拉底学习。苏格拉底去世后，他到西西里、意大利、埃及等地游学。公元前387年，他40岁时回到雅典，建立了学园，开始讲学。柏拉图讲课没有讲稿，但写了20多篇对话体著作，《理想国》就是其中重要的一篇。

《理想国》开篇就提出了这样一个重要的问题："什么是正义？"正义是"将他人的东西还给他吗？"正义是"将善给予朋友，把恶给予敌人吗？"苏格拉底一一诘问别人提出的关于正义的定义，更是详细地批驳和讨论了特拉叙马库提出的观点，即"正义是强者的利益"。他认为统治者有时是会犯错误的。只有当统治者具有了使他免于犯错误的知识时，他才能统治自己和他人。正义的人所关心的不只是他个人，统治是为了被统治者的利益，而不是为了统治者的利益。

为了证明正义的生活是有价值的生活，在第二卷中苏格拉底开始讨论城邦的正义，认为城邦的正义和个人的正义是一致的。在他看来，每个城邦都有管理者、守卫者和劳动者。这三个阶层都各有其职责，各有其美德。当这三个阶层的人都各司其职，协调一致时，这个城邦就是具有了"正义"美德的城邦。同城邦一样，每个人的灵魂都具有理性、意志和情感三种因素。与此相应，也有智慧、勇敢和节制三种美德。当这三种因素在理性的支配下协调一致时，就成为一个正义的人。

柏拉图认为，正义的城邦或理想国必须具备三个条件。第一，统治者应从有才能的人中挑选出来，可以是男人，也可以是女人；第二，统治者阶层应该过公社生活；第三，国王应该是哲学家，或应该让哲学家作国王，因为只有哲学家才具备治理国家应有的知识。

在第六、第七两卷中，柏拉图提出了他的理念论的形而上学和认识论学说，用三个著名的比喻解释了他的思想。他认为每一类事物都有共同的特性，如美的事物的共同特性是"美"，红的事物的共同特性是"红"等。这些共同的特性是事物的"共相"或"理念"，理念是完美的，是感性事物的本质和存在根据。美的事物之所以是美的，是因为其分有了美的理念，善的事物之所以是善的，是因为其分有了善的理念。理念是在感性世界之外独立存在的。理念世界和感性世界是分离的。

柏拉图强调感性和理性的区别及其在认识过程中的不同作用。感觉只能认识外部世界及其影子，只有靠理性才能把握事物的本质，认识理念。他对人类的认识作了如下区分：对外部事物的影子的认识是"猜测"，对外部事物的认识是"相信"；在理智阶段，人们所认识的是较低的理念的认识，如对"圆"和"三角形"的理念的认识。理性阶段是人类精神活动的最高阶段，在此阶段，才能把握到最高的理念，获得真理性的认识。"猜测"和"相信"不是知识，是意见。对理念的认识才是知识。柏拉图在著名的"洞穴"比喻中讲了一个人如何经历了"猜测"世界、"相信"世界和"形式"世界（理念世界）的过程。这个人获得了关于理念的知识后，感到有责任教导那些还在洞穴中的人们。柏拉图由此指出，在一个正义的国家里，哲学家应该成为国王，靠责任治理好国家。

与柏拉图的其他对话一样，《理想国》一书语言优美，极富文学价值。因而，阅读此书不仅可以在提问与回答、定义与反驳的过程中锻炼哲学思维的能力，深入钻研其中重要的哲学问题，同时也能得到一种美的享受。

本书中文译本可看郭斌和、张竹明的译本，商务印书馆 1986 年版。建议重点阅读第一、第二、第六、第七卷。

《尼各马可伦理学》

导读作者 / 宋继杰

> 《尼各马可伦理学》根据古希腊哲学家亚里士多德的授课讲义整理而成，是其三部伦理学著作中最重要的一部。全书共十卷。两千多年来，该书在西方一直被推崇为普通读者了解可能之幸福生活的指南，也是道德哲学研究的少数几部元典即"经典之经典"之一。

作者简介

亚里士多德，公元前384年出生，公元前322年病逝。他于公元前367年前往雅典，进入柏拉图的学园直至公元前347年柏拉图逝世离开雅典，最终抵达马其顿，并成为马其顿国王亚历山大的导师。公元前334年，他返回雅典并建立了他自己的吕克昂学园。作为古希腊哲学和科学的集大成者，他深入到现实宇宙的整个范围和各个方面，并把它们的森罗万象隶属于概念之下，从而成为大部分哲学和科学门类的划分和产生的首创者。他的哲学乃是经验基础上的最深刻的思辨，从而成为许多世纪以来"一切哲学家的老师"，并和他的老师柏拉图一道被黑格尔誉为"人类的导师"。

亚里士多德把《尼各马可伦理学》和《政治学》视为对人的善及其实现条件的专门研究。《伦理学》与《政治学》放到一起，涵盖了柏拉图《理想国》与《法律篇》的绝大多数论题。《伦理学》讨论了人的善以及达到它的各种美德；《政治学》则考虑一个社会如何可能把这些美德具体化在个人与社会生活之中，并讨论了现实各种政体的得与失，以及一个能够将这些美德付诸具体实践的国家的特征。

亚里士多德认为，作为伦理学出发点的"善"（或"好/good"）对于人来说就是幸福，而幸福就是那些自在目的的混合物，经过理性安排以达到完全的善或终极目的。所以，他一方面怀疑苏格拉底式的"美德对于幸福是充分的"主张，因为我们不能说一个有德行的人受到折磨与迫害也还是幸福的；另一方面，他也反对快乐主义的"快乐即幸福"的主张，因为幸福是完满的，而快乐不是，没有人会选择以一个儿童的智力或心满意足去渡过他的一生。幸福的完满性还意味着，对诸如饮食男女和荣誉声名等非理性欲望的满足在人类生活中占有合法的位置，只是要使它们与个人的理性计划保持和谐、避免冲突，亦即"适度"和"适中"。亚里士多德强调，一个人的幸福依赖于他的类本质：就其能力与目标只能在社会中才能完全实现而言，人是政治的动物；个人的幸福必定涉及共同体中其他成员的善。因此，合作、相互关心和信任是个人能力充分展现的必要条件。最佳类型的"友谊"需要出于他人自己的缘故而去关心他人。通过扩展我关心的范围，合作的利他主义也扩展了我的可能活动的范围，从而使得我更完满地达到我的善。因为幸福需要一种完满的、自足的生活，而独居的个人将目标限制在他自身而不能达到这样一种生活，因此，幸福的生活需要友谊。将此原则延伸到政治领域，亚里士多德主张，城邦就是个人扩展友谊、主动合作的领域，所有公民都应当分享政治权力，而非仅由哲学家来统治，因为剥夺公民对政治的参与也就是剥夺他们的一部分的善。亚里士多德还把幸福等同于纯粹的理论生活，亦即对于科学和哲学真理的沉思冥想，脱离任何将这些真理应用于实践的尝试。沉思是对我们作为理性生物的本质的最高完成，是我们与诸神分享的那种理性活动，是最为自足的活动，完全靠自身就使得生活值得珍惜并一无所缺的善。

古希腊哲学家的著作非常强调论证，因此，阅读本书不仅仅是获得关于亚里士多德伦理学的一般观点，更重要的是重构隐含在文本中的大大小小的论证，给出并仔细考察各章的前提、推论的步骤以及结论的正确与否，从而获得哲学论证的自我训练。

推荐阅读以下两个版本的英文原版：（1）*Aristotle: The Nicomachean Ethics*, trans. with an introduction by D. Ross, rev.by J.L. Ackrill and J.O.Urmson, Oxford University Press, 1980；（2）*Aristotle: The Nicomachean Ethics*, trans.by Terence Irwin, Indianapolis, Hackett Publishing Company, 1985.

中文译本推荐：亚里士多德：《尼各马可伦理学》，廖申白译，商务印书馆2004年版。还可参考R. 克劳特主编：《布莱克维尔〈尼各马可伦理学〉指南》，刘玮、陈玮译，北京大学出版社2014年版。

《沉思录》

导读作者 / 黄裕生 薛刚

> 《沉思录》(τά εἰς ἑαυτόν) 是马克·奥勒留晚年在征战过程中独自展开哲学思考的记录，原文由希腊语写成，是西方哲学史上的经典之作。由于前总理温家宝的一席话："这本书天天放在我的床头，我可能读了有100遍，天天都在读"，它被中国人广泛知晓。

作者简介

马克·奥勒留（Marcus Auerlius Antoninus）又译为马尔库斯·奥勒利乌斯，古罗马皇帝，生于公元121年，卒于公元180年。柏拉图说过唯有哲学家为城邦之主，城邦方有生之希望，得见天日。也就是说，唯有精通哲学的君主方能建立理想国。在西方历史上，确有一位精通哲学的皇帝，他就是马克·奥勒留，同时他还是古希腊晚期三大哲学流派之一"斯多葛"学派的最后一位哲学家。

斯多葛学派认为人最基本的规则应是按本性或遵循自然而生活，所以如何使人类生活与宇宙一样有序成为他们寻求的目标。马克·奥勒留正是在这个原则下思考人与自然、人与社会的关系。《沉思录》的希腊文标题是《致他本人》或《马克·奥勒留·安东尼皇帝致他本人》，由此可见，这显然不是一部打算公开发表的著作，而是一本他自己进行哲学训练的笔记和对人与自然的哲学思考。《沉思录》全书以箴言体形式记录了作者本人对于个人修养、伦理道德、社会责任、自然哲学等方面的哲学思考。克利夫顿·费迪曼这样评价《沉思录》："它有一种不可思议的魅力，它甜美、忧郁和高贵。这部黄金之书以庄严不屈的精神负起做人的重荷，直接帮助人们去过更加美好的生活。"作为斯多葛学派的哲学家，奥勒留严格遵循学派的哲学思想，他认为宇宙中的万事万物都处于不断地运动变化中，但其中又有由神（宙斯）决定的内在次序。人是宇宙的一部分，因此必须服从宇宙，满足神给予的命运安排。由于不论地位高低，人都只是自然所统治的整体的一个部分，所以，人们都相互关联着，都是同胞兄弟。一个人必须经常做有利于他人的事，满足于周围的一切。爱人、服从神，安分守己，清心寡欲。只有这样，他的生活才能愉快。同时，《沉思录》还表达了这样的思想：人是沧海一粟，其生存时间极其短暂，生存空间非常狭小，功名利禄及尘世中的其他事物也和宇宙一样处于不断的变化之中，它们是卑微的、昙花一现的，应对之持漠然态度。

由此可见,《沉思录》是对于人与宇宙、部分与整体关系所做的哲学思考,它直达心灵的最深处。当你沉浸其中时,可以感到内心的平静和灵魂的祥和。奥勒留认为人不应驻足于暂时的事物上,而应放眼永恒。

经典名句

应该永远记住这些:什么是整体的本性、什么是我自己的本性,我的本性与整体的本性有什么关系?我的本性是怎样的一个整体的怎么的部分?既然你是整体的一部分,便永远不可能有人能阻止你追随整体行动和说话。(王焕生译本第12页)

不注意观察他人的心灵是怎样的人不一定是不幸之人,而那些不关注自己的心灵活动的人则必定是不幸之人。(王焕生译本第12页)

人所失去的,只是他此刻拥有的生活;人所拥有的也只是他此刻正在失去的生活,因此,生命的长短没有什么不同。(李娟、杨志译本第15页)

书中同一思想重复出现,同时原创性与否也不是奥勒留所关心的,他关心的是在不断的实践、记录和反思过程中使一些思想得到强化和内化。《沉思录》全书共分十二卷,每卷并未有明确的主题,而且有些内容略有重复,但这并不影响它成为流传至今的著名哲学思想录。国内现有中译本近30种,常见的有梁实秋译本、何怀宏译本、李娟和杨志译本。此外,新近译本由王焕生从古希腊文原版直译而来。由于奥勒留是以随笔的形式记录了他晚年对于哲学和人生的随想,其中并未遵循系统性和逻辑性,大家可以任意选一译本来读,既可以通览全书,亦可分卷阅读,但无须恪守书卷次第。只有真正推开心扉的人,才能领略《沉思录》中蕴藏的奥秘。

《论自由意志》

导读作者 / 黄裕生 李若语

> 《论自由意志》是奥古斯丁讨论意志的自由决断/选择及其相关话题的主要著作，采用了对话体的形式。按照奥古斯丁后期在《订正录》中的说法，《论自由意志》是他反驳摩尼教善恶二元论的著作，主要观点阐述了恶不源于上帝，而在于人的意志的自由决断/选择不当运用。全书共分三卷；第一卷约在公元387—389年于罗马完成；后两卷则是在他被钦定为希波的神甫后，也即在公元391—395年期间成稿。

作者简介

奥勒留·奥古斯提奴斯（Aurelius Augustinus，生于公元354年11月13日，卒于公元430年8月28日），俗译奥古斯丁。其一生的经历十分丰富，早年生活放荡不羁。据其自传性质的著作《忏悔录》记载，直到他31岁的时候，在自己米兰公寓的花园里突然得到了"上帝的指引"，并以此为契机于公元387年正式皈依基督教。作为最重要的拉丁教父，奥氏对西方教会和神学的影响无疑是深远的；而作为古希腊哲学的传承者以及古代哲学与中世纪之间的联结者，奥氏在哲学史上同样占据着不容忽视的地位。

全书的讨论缘起于奥古斯丁和埃伏第乌斯就"恶从何而来"这个问题的追问。在第一卷中，奥古斯丁提出了恶的原因是意志的自由选择/决断（liberum arbitrium）。正是自由意志选择背离上帝趋向虚无，才造成罪—恶；恶的原因是自由意志不是其自身，换而言之，一个实体的恶并不存在。这是意志自由选择悖逆上帝命令的事实，作恶的人/灵魂/意志被定罪，罪的责任者就是每个犯罪者的意志。这就是说，意志必须是自由的，才会被裁定为犯罪，因为只有它是自由的，即本可以遵循或违背上帝命令的，上帝才能就此判断其选择/决断行为的正当与否。如此一来，人一旦通过自身的自由意志展开行动，就要为其行为负上相应的责任，并受赏或受罚。第二卷则开始于第一卷最后遗留的一个问题：既然说人是借助自由意志犯罪，那么上帝是否还应该赐予人以自由意志呢？奥古斯丁将要证明，即便如此，上帝赐予人以自由意志仍然是必要的；没有自由意志人就无法正当的生活，奖励和惩罚的合法性也就不能存在。上帝存在，一切善都来自于上帝，而自由意志作为中等之善，即使有缺陷，也因其是上帝创造的存在，而能够做自由决断，并且因此得到公义的惩罚的纠正。奥古斯丁在第二卷的最后两节中分析道，世间的善能够分为三级，自由意志属于中等之善，缺乏它人们便无

法正当地生活，并且它可能被人不当地运用，即背离共同与不变的善。自由意志本身是善的，恶来自于对它的误用。所以，恶的责任者不是上帝，而是拥有自由意志的人。第三卷的篇幅很长，几乎等于前两卷之和，主要围绕上帝与预知的问题展开。也就是说，既然上帝预知了一切未来的事情，那么人如何可能不是必然的犯罪呢？此卷的目的就是证明上帝预知与自由意志并不矛盾。主要观点是说在上帝预知的同时，人的意志仍是自由并在其权能之内的。预知的必然与我们自身意志的自由选择并不冲突，即使在预知之下，无人不通过自由的意志来意愿。并且预知只是一种知识，是对未来的把握，暗含未来"一定如此发生"的意思，但预知本身并不强迫、推动或者改变它的发生。也就是说，罪恶发生始作俑者一定不是上帝的预知。至于是什么，也就是回到了开头"恶从何而来"的问题，正如奥古斯丁反复强调的，上帝不是罪恶的原因，人类的自由意志才是罪恶的源泉。

  值得我们注意的是，直到奥古斯丁在《论自由意志》中通过对罪—恶的反思和对意志及其与自由之关系的追问中，自由问题才在哲学史中开始得到真正的论述。雅斯贝尔斯就认为："此前，没有人像奥古斯丁这样切身的考虑着'自由的不确定性''自由之为可能的基础'或者'自由究竟意味着什么'的问题。"意志概念的出现带来真正的自由问题，借用 Albrecht Dihle 在《古典意志论》(*The Theory of Will in Classical Antiquity*) 中的说法，奥古斯丁"发明"（invent）了意志（will），那也可以说同样是奥古斯丁"发明"了自由。因为正是奥氏首次将人自身内的意志和自由关联，自由问题才在形而上学层面有了一席之地。

  我们建议同学们在阅读外文名著中译本的同时，最好对照原文或者其他外文译本比较阅读，这样更有助于理解文本。

  中文版推荐阅读奥古斯丁：《论自由意志：对话录二篇》，成官泯译，世纪出版集团 2010 年版；英文版推荐阅读 Augustine: *On the Free Choice of the Will, On Grace and Free Choice, and Other Writings*, ed. P. King, Cambridge 2010 以及 Augustine: *On Free Choice of the Will*, Ed. Th. Williams, Indianapolis 1993；德拉对照版推荐阅读 Augustinus: *De libero arbitrio/Der freie Wille*, lat./dt. ed. J. Brachtendorf, Paderborn 2006。还可以在这个网站上找到《论自由意志》的法文以及意大利文译本：http://www.augustinus.de/einfuehrung/uebersetzungen-im-www。

  最后再推荐一本二手文献，Simon Harrison: *Augustine's Way into the Will - The Theological and Philosophical Significance of De libero arbitrio*, Oxford University Press, Oxford 2006。这本书行文清晰明了，有助于同学们对《论自由意志》全文的脉络形成一个大致的了解。

《论道德的谱系》

导读作者 / 黄裕生　俞燚帆

> 《论道德的谱系》为德国哲学家尼采晚期著作，写于1887年。全书共由三个章节组成："善与恶、好与坏"、"'罪欠'、'良知谴责'及相关概念"、"禁欲主义理念意味着什么？"，是尼采基于其权力意志的本体论而对道德伦理领域展开批判的一本著作，同时也是19世纪意志哲学的代表作品之一。

作者简介

　　弗里德里希·威廉·尼采（Friedrich Wilhelm Nietzsche，1844—1900年），德国哲学家、语言学家、诗人。曾在德国波恩大学学习古典语言学，并在瑞士巴塞尔大学担任古典语言学教授。他是唯意志论的代表人物，他的哲学继承了叔本华对德国古典哲学的批判，又对现代哲学尤其是存在主义具有极其深远的影响，对西方文艺界亦有深刻启迪。尼采行文汪洋恣肆，不拘一格，多以格言警句的形式呈现，与注重行文逻辑关联的古典哲学迥异。其主要著作有：《悲剧的诞生》《不合时宜的沉思》《查拉图斯特拉如是说》《论道德的谱系》《偶像的黄昏》《权力意志》等。

　　不能读懂一本书的题目，便很难读懂这本书。一本书的题目，或是一个命题，或是一些词。"读懂"一个命题，意味着以下两个同时成立的要素：读懂构成这一命题的词，以及读懂这一命题所代表的判断的真值。

　　但是，《论道德的谱系》这本书的标题显然不是一个命题。"论"（zur）是一个介词，在抽象语境中缺乏实指含义。因此，我们在阅读该书时，首先应当明确，什么是"道德"，什么是"谱系"。"道德"一词的含义是什么？当我们在这样问的时候，我们必须明确我们在问的究竟是"道德"的何种含义。假若试图询问"尼采"一词的含义，由于"尼采"是一个专名（至少在通用的语境下），我们对这一问题能得出明确的回答。但是，"道德"并不是一个具体的专名，它是一个抽象的、属性的概念，对其进行涵义的询问会得到两种答复，即内涵的和外延的。读者在阅读这本书尤其是第一章时容易发生误会，当看到尼采大量地将"善恶""好坏"予以梳理时，会以为他在探讨"何者属于道德而何者不属于"这样的话题，即一个对这样一些关于道德的外延的命题做出真值判断的工作。然而并非如此，对这些具体道德词汇的分析确实是尼采所做的一项重要工作，但是，仔细阅读将会发现，尼采的目的并不在于对道德集合中的元素进行再划分，他所指向的是道德概念的内涵，即"道德是如何而非如何"这样的命题。这意味着，尼采对两组具体道德词汇的选择不是任意的，从这种分析对比中尼采试图呈现给我们的是道德概念之基础的变动，由于不同的本体论预设，道德的内涵显然存在差异。尼采试图将道德概念的内涵放置在权力意志的主体上，而不是一个知识论的主体上，更不是一个人格化宗教观的主体上。权力意志的主体与后二者的最重要区别就在于，它不以任何先验的方式确定价值的终极目标和内容，相反，"重估一切价值"是权力意志的唯一可靠的价值形式。在这种颠倒中，道德概念的内涵就具备了真值讨论的空间。

关于道德概念内涵的讨论按照谱系学的方法展开。之所以下如此论断，有题目的语法形式作为根据：在"道德的谱系"这样的表达中，二者明显为从属关系，因而，二者在文本中出现的形式是不同的；我们看不到尼采专门谈论谱系作为内容的成分，但是我们能看到尼采将谱系学作为方法论来谈论道德的成分。谱系学的方法论在于，通过考证概念演变源流历史来寻找概念之间的联系，从而构成横向与纵向二维的概念逻辑关系图谱。这与古典哲学当中谈论道德时所采取的方法有着截然的差异。究其原因，在于古典哲学并不需要从"历史"当中寻找概念内涵的依据，这些依据来源于古典哲学的本体论和知识论，而古典哲学的本体论和知识论往往是先验的，这就从定义上将"历史"这样的经验课题排除在外。而权力意志的价值论本就是"重估一切价值"，因此它在内容上势必要以能够被重估的价值、即既有的价值作为对象，因此在写作时要采取能够引入历史维度的方法论，谱系学即是其中一例。因此，我们应当承认，尼采在此使用谱系学的做法绝不是任意的，这是其道德学说基于权力意志论而采用的必要方法，甚至于，由于这种谱系学而带来的重估构成了权力意志的价值形式自身，它甚至成为"权力"自身的表象而进入本体层面；如同尼采这般的强力者，在运用谱系学时不仅更为熟稔，同时也强化了自己的权力意志。我们在阅读《论道德的谱系》之时，一定要联系尼采的其他作品和理论，尤其是"权力意志"学说，这样方能对其随性文本当中隐含的命题做出清晰的揭露和论证。

浪漫主义者阅读尼采会感到亲切，但要注意不要被其绚丽的笔触带到远离中心的地方去，抓住文本中的关键词，试图在语义段落中复构尼采想要表达的命题，对疏解全文会有良好效果。

《论道德的谱系》中译本有很多，较为推荐由梁锡江先生翻译、华东师范大学出版社出版的版本，语言流畅，注释详尽。国内外研究尼采的二手文献亦有很多，由刘小枫主编的"西方传统：经典与解释"系列丛书中的"尼采注疏集"对相关文献辑录较全，学有余力的读者可以参看其中部分，如 Ansell-Pearson 著的《尼采反卢梭》《尼采与古典传统续编》等。国外注疏本，2013 年再版的由 Rowman & Littlefield Publishers 出版，Christa Davis Acampora 撰写的《尼采论道德的谱系》（*Nietzsche's On the Genealogy of Morals*）可以一读。

《新工具》

导读作者 / 李春平

《新工具》是英国近代经验论哲学家弗兰西斯·培根（Francis Bacon，1561—1626年）的主要哲学著作之一，首次发表于1620年。培根原本计划写一部大书，名为《伟大的复兴》，分为六个部分，《新工具》是其中的第二部，但未能完成。《新工具》一书分为两卷，第一卷主要讨论制定归纳法的原理。第二卷主要讨论收集事实的方法。

作者简介

　　培根1561年1月22日出生于伦敦的一个新贵族家庭。他的父亲尼古拉斯·培根做过掌玺大臣。他12岁就进入剑桥大学学习，1582年取得律师资格。他一生积极从事法律和政治活动，先后担任过国会议员、掌玺大臣和大法官等职。培根非常喜欢和重视哲学研究，是近代英国经验论哲学的创始人。

　　欧洲近代哲学一开始就特别重视人的理性认识能力，重视认识的对象自然界，在这一点上英国的经验论哲学和欧洲大陆的理性论哲学是一致的。为了开辟人类认识自然的道路，这两派哲学还都很重视方法论的研究。《新工具》就是关于科学方法论的重要著作。本书的书名是针对古希腊哲学家亚里士多德的著作《工具论》而起的。培根批判了亚里士多德逻辑学说和三段论方法，认为《新工具》是对《工具论》的修正，是促进科学研究的正确的方法。

　　《新工具》一书的主要思想是：认识自然界不能靠演绎法，而应靠归纳法。演绎法一开始就从极抽象的原理出发，不论它的演绎过程是多么的精巧，都不能帮助人们认识自然，它是一种不结果实的方法。归纳法则教导我们：一开始要从感官和特殊的东西出发，从中引出一些中间的、普遍性较低的原理，经过逐步的、连续上升的过程，最后达到普遍的原理。归纳法是认识自然的科学的方法。

　　在第一卷中，培根提出了他的"四假相"说。他认为阻碍我们认识自然、认识真理的情形有四种，将它们称为"四假相"。第一是"种族假相"，指"人类"由于自身的局限，常受一些习惯性的观念蒙蔽；第二是"洞穴假相"，指"具体的个人"由于自身的局限而产生的一些错误观念；第三是"市场假相"，指由于语言的含混不清或意义不明确使人们在交流中产生的一些错误观念；第四是"剧场假相"，指由于盲目崇拜权威和迷信教条产生的错误。

培根批判了传统的自然哲学，讨论了三种理解自然的方法，即蚂蚁式的、蜘蛛式的和蜜蜂式的方法。他认为实验家像蚂蚁，只会采集和使用材料；推论家像蜘蛛只凭自身的材料织网；上述两种方法都把经验和理性分开了，是不可取的方法。真正的哲学应该把二者结合起来；像蜜蜂那样从花朵上采集花粉，又以自身的能力将其消化。但由于受到经验论哲学和时代发展的限制，培根没有真正认识到人类理性的能动作用。

在第二卷中，培根提出了著名的"三表说"。他以对"热"的研究为例，详细地讨论了收集整理经验事实，并从中得出一般原理的方法。他说我们应该把收集到的事实安排成三个表：第一个表是"本质和具有表"，收集一些肯定的实例，如具有"热"的性质的实例，像日光、火焰等；第二个表是"差异表"或"接近中的缺乏表"，如一些与热的实例相似但不具有热的实例，如月光等；第三个表是"程度表"或"比较表"。他认为，在这三个表的基础上，通过积极的理性的工作，我们就可以得出关于"热"的性质的一般原理，即"热"是通过摩擦产生的。

培根的哲学方法论思想比较突出地反映了西方近代哲学和科学精神，对西方近代科学的发展产生了重要影响。

推荐阅读许宝骙译本，商务印书馆1984年版。建议重点阅读本书的第一卷。

《思想录》

导读作者 / 李春平

> 《思想录》是 17 世纪法国思想家帕斯卡尔（Blaise Pascal，1623—1662 年）的重要理论著作。它是由作者的一些未完成的手稿整理编排而成，在他身后出版的。本书集中地反映了帕斯卡尔的神学和哲学思想，在西方思想史上产生了比较大的影响，如伏尔泰（Voltaire，1694—1778 年）、孔多塞（Condorcet，1743—1794 年）和许多现代思想家都比较重视对帕斯卡尔思想的研究。

作者简介

帕斯卡尔 1623 年 6 月 19 日生于法国多姆山省克莱蒙费朗城，很早就表现出惊人的数学天赋。17 岁写成《圆锥曲线论》；19 岁时设计制作了能够进行百位加法运算的计算器；23 岁时制作了水银气压计。他后来又进行过一系列气压和真空试验，还从事过概率论、摆线等研究。他在数学、物理学、宗教和哲学等领域都有重要的贡献。1855 年后他隐居修道院，写下《思想录》（1658 年）等著作。

帕斯卡尔是一个宗教色彩十分浓厚的思想家，尤其是受冉森派思想的影响。他认为人是完全地处于罪孽之中，要靠上帝的恩赐才能得到拯救。他站在冉森派的立场上，与耶稣会进行了针锋相对的、卓有成效的争论。浓厚的宗教色彩使他与当时处于主流地位的理性主义思潮有很大的不同，但他并未否定或贬低人类的理性。实际上，从另一方面来看，他也继承了理性主义的传统，对人性、人生、社会、哲学和宗教等问题进行了理性的探讨。或许可以这样说，帕斯卡尔在本书中是把宗教信仰和理性问题分开，从不同的方面论述与此相关的问题。

帕斯卡尔认为，上帝存在、人性败坏，这是两条根本的宗教真理。否认了其中任何一条，都会陷入无神论。他把无神论和自然神论看作基督教信仰的最大的障碍。但是，人又不可能通过理性证明上帝的存在。人是一根会思索的芦苇，然而，人对宗教信仰的思考只是证明了人的思维能力的有限性，它不能证明上帝的存在。理性对宗教无用，人对上帝的关系是信仰的关系，信仰是上帝的恩赐。

理性虽然不能证明上帝存在，但是它可以告诉我们应该选择上帝存在。帕斯卡尔提出了关于信仰上帝存在的赌博论证。意思是说，在上帝是否存在这个问题上，人们可以选择上帝存在，也可以选择上帝不存在，但不能不作选择，在人生中对此必须作出选择，必须下赌注。赌上帝存在时，如果上帝存在，信奉上帝的人会获全胜，有无限的收益，会获得幸福。如果上帝不存在，也无多大损失。

在帕斯卡尔看来，人的理性使人认识到自身处境的悲苦。但这一点并不使人陷入悲观主义，相反了解到人的悲苦会使人变得更加伟大和坚强。不过，贯穿于《思想录》一书中的许多观念确有消极的意义，如：人生的脆弱不堪，人生如梦、世事无常，理性不能确定信仰，要依靠人的直觉和情感等等。

毕竟帕斯卡尔是当时杰出的数理科学家，他相信对自然的研究需要充分地发挥人类理性的作用。他的科学研究工作也对其世界观的形成有积极的影响。它在反对耶稣会的论战中也体现出一些光辉的近代思想和思想方法。他反对墨守古代权威教条，用实验证明真空的存在，反对"自然害怕真空"的教条，这些都是近代科学精神的积极的反映。

本书中文译本可看何兆武译本，商务印书馆 1986 年版。建议重点阅读本书的前七编。

《谈谈方法》

导读作者 / 李正风 张涵

> 勒内·笛卡尔《谈谈方法》(*Discours de la méthode*)出版于1637年,是笛卡尔公开出版的第一部著作,也是其代表作之一。该书完整的译名为《谈谈正确运用自己的理性在各门学问里寻求真理的方法》,在哲学史上往往被简称为《方法论》,中文译本译为《谈谈方法》。该书被认为是近代哲学的宣言书,树起了理性主义认识论的大旗。如果说培根的经验主义主要反对的是经院哲学的先验主义,那么笛卡尔的理性主义则着力对抗的是经院哲学的信仰主义。笛卡尔在该书中提出了著名的哲学思想"我思故我在",引导近代哲学由"存在论"转向"认识论",由对世界本源的追问转向对认识真理方法的探求。该书提出的认识论和方法论对西方社会思维方式影响巨大,也是近代科学分析传统的重要思想基石。

作者简介

　　勒内·笛卡尔1596年3月31日出生于法国安德尔-卢瓦尔省的图赖讷(现更名为笛卡尔,因笛卡尔得名),1650年2月11日逝世于瑞典斯德哥尔摩。是法国著名哲学家、数学家、物理学家。早年在欧洲著名的拉夫赖士公学学习,受到良好的古典学和数学教育。此后在普瓦蒂埃大学学习法律。1629年定居荷兰,专心从事学术研究,并完成其主要学术著作,包括《谈谈方法》《第一哲学沉思集》《哲学原理》《论灵魂的激情》等。1649年,笛卡尔接受瑞典女王的邀请前往讲学,于1650年因肺炎在瑞典逝世。笛卡尔被视为近代哲学的奠基人。黑格尔评价他"事实上是近代哲学的真正创始人,因为近代哲学以思维为原则,他的'方法'(méthode)和'我思'(cogito)概念最大的意义在于,开始了对世界的清楚描绘,使现在的我们可能对世界有一幅清楚的图画"。笛卡尔对物理学和数学的发展也做出了重要的贡献,特别是他因将几何坐标体系公式化而被认为是解析几何之父。

　　《谈谈方法》一书论述了笛卡尔的方法论思想,全书包括六部分。在该书的正文前就各部分做了简要概括:第一部分谈对各门学问的看法;第二部分是笛卡尔方法的四条主要准则;第三部分是笛卡尔做人的准则;第四部分是笛卡尔的形而上学的观点;第五部分是他关于物理学的观点;第六部分是作者为什么要写此书的理由。

　　笛卡尔对方法的探究与对"理性"的强调密不可分,因此其方法论也成为欧陆理性主义的重要源泉。在《谈谈方法》的开篇，他说，理性或良知（自然之光）是人们辨别真假的一种能力，是人世间分配得最均匀的东西。但需要探索正确运用理性的方法。笛卡尔对人的"理性"的理解主要有三点：(1)理性是灵魂的一种属性，灵魂是人特有的本质；(2)"理性"（灵魂的主要属性）和身体构成了真正的人；(3)"理性"关系到人的"自由"，服从理性，人才能活得自由。

关于正确运用理性的方法，笛卡尔谈到："我觉得自己非常幸运，从年轻的时候起就摸索到几条门路，从而做出一些考察，得到一些准则，由此形成了一种方法。"笛卡尔认为，他找到了正确运用自己理性的方法，并将之概括为理性认识的四条准则：(1)凡是我没有明确地认识到的东西，我绝不把它当成真的接受，也就是说，要小心避免轻率的判断和先入之见，除了清楚分明地呈现在我心里是我根本无法怀疑的东西之外，不要多放一点别的东西到我的判断里；(2)把我所审查的每一个难题按照可能的必要的程序分成若干部分，以便一一妥为解决；(3)按次序进行我的思考，从最简单最容易认识的对象开始，一点一点逐步上升，直到认识最复杂的对象；就连那些本来没有先后关系的东西，也要给它们设定一个次序；(4)在任何情况下，都要尽量全面地考察，尽量普遍地复查，做到确信毫无遗漏。

除了认识判断理性之外，在该书的第三部分，笛卡尔提出了理性驱使下的行为规范：(1)服从我国的法律和习俗，笃守我靠神保佑从小就领受的宗教，在其他一切事情上以周围最明智的人为榜样，遵奉他们在实践上一致接受的那些最合乎中道、最不走极端的意见，来约束自己；(2)在行动上尽可能坚定果断，一旦选定某种看法，哪怕它十分可疑，也毫不动摇地坚决遵循，就像它十分可靠一样；(3)永远只求克服自己，不求克服命运，只求改变自己的愿望，不求改变世间的秩序。笛卡尔认为，受理性自己驱使，在判断上犹豫不定的时候，运用这些行为准则，便能使自己的行动不间断，从而使自己继续生活下去。这可以视为是笛卡尔在行为上对理性主义态度的实践，也可以由此发现，理性主义态度在认识和行动上的不同特点。

在该书的第四部分，笛卡尔进一步阐发了他的理性怀疑的思想，并提出了"我思故我在"的著名哲学论断。笛卡尔认为我们不能从信仰开始，而要从怀疑开始，他反对经院哲学和神学，提出怀疑一切的"系统怀疑的方法"。我们所不能怀疑的是"我们的怀疑"。由此他推出了著名的哲学命题——"我思故我在"（Cogito ergo sum）。尽管这一哲学原则引发了哲学上的颇多问题和哲学史上的颇多争议，但我们可以由此看出，笛卡尔的理性主义思想的确是与怀疑批判的态度联系在一起的。

笛卡尔的思想始终与对"方法"探究密切相关，《谈谈方法》可以说是把握其方法论思想的重要线索。对该书的阅读，可以与对其相关著作，如《第一哲学沉思集》《哲学原理》等的阅读结合起来。对于《谈谈方法》一书，我们推荐的是由王太庆先生翻译，商务印书馆于 2000 年出版的中译本，该书被作为《汉译世界学术名著丛书·哲学》系列书籍之一，在该译本中，王太庆先生撰写的《笛卡尔生平及其哲学》作为代序言，可以帮助读者比较全面地了解笛卡尔的学术思想。

《政府论》

导读作者 / 黄裕生　李季旋

> 《政府论》首次为人类如何从根本上摆脱专制和暴政，建立一个自由民主国家提供了系统性的哲学思考。其中最重要的是在自然法的基础上确立了个人权利原则，并以之作为立国的基本原则和衡量政治权力正当性的根据。亦因此，开启了人类历史上被称之为"现代"的新纪元，被公认为政治学和法学理论中的经典文献，为18世纪以来全世界范围内的，尤其是最重要的政治学研究者所熟知。同时，《政府论》为我们认识现代意义上的个人与国家的关系，尤其是作为公民对国家的政治认同提供了必需的知识范本。它告诉我们，爱国与否，是根据自身对国家的政治认同作出的理性判断和选择。

作者简介

约翰·洛克（1632—1704年），英国哲学家。在知识论领域，洛克与乔治·贝克莱和大卫·休谟被列为英国经验主义的主要代表人物。其主要著作有《人类理解论》。在政治理论上，洛克被誉为启蒙时代最具影响力的思想家和自由主义的理论先驱，其政治哲学对伏尔泰、卢梭以及诸多苏格兰启蒙思想家有着直接的影响，从美国的《独立宣言》中也可发现它是如何备受美国开国元勋的推崇。主要著作有《自然法论文集》《政府论》。

《政府论》分为上下两篇。上篇推翻了以"君权神授"和父亲的自然权利为根据的绝对权力学说，揭露出这一学说是导致国家陷入暴政、动乱和分裂的思想根源。下篇以无人生来即被统治或"人人生而自由"为立足点，围绕政治权力的目的、来源、权力的安排与限度三大主要问题展开了系统的探讨。

具言之，人人生而自由，意指每个人基于自然法或理性，对自己的人身和财产享有按自己的意志来支配的所有权。为了维护这一所有权，自然法允许每个人运用自然权力去保存自己和他人，并对侵害者施以惩罚。这种有法度的自由状态，也就是人类最初所处的"自然状态"。鉴于"自然状态"缺乏杜绝一切违法罪行的有效手段，导致所有权得不到稳妥而普遍的维护，人们便以契约的方式自愿联合组建成政治社会和国家，并将自然权力让渡和委托给他们自己选择的政府，以使其在（根据自然法订立的）社会法律的指导和限定下维护公共安全和每个社会成员的所有权。

因此，人民是国家的缔造者，政府源于人民的同意和授权。作为代理人，政府的权力范围不能逾越法律的意志。为防止当权者专权谋私，在确立立法权的最高地位的同时,使之与执行权相分立。当政府因渎职而丧失合法性地位时,人民作为国家的主人,享有重新选择政府的权利,如实在无法履行这种权利,便可诉诸(暴力)革命的方式来推翻政府。

《政府论》基于个人权利对国家权力展开的这种系统性和开创性思考,特别是在分权理论和人民革命理论上的突破,使人类的民主事业实现了飞跃。自17世纪以降,《政府论》与一切伟大的、标志性的民主政治实践息息相关。不仅在英美的自由制度的确立过程中发挥着重要作用,而且在法国、南美洲、爱尔兰和印度的类似事件,以及在亚非拉殖民地的民族解放运动和民主政治运动中也持续发生着影响力。

《政府论》分两篇,共三十章。其中每章所探讨的问题环环相扣,层层推进,缺一不可,它们共同构成了一个完整的政治理论体系。为避免断章取义或片面理解,应注重从整体上和细节上分别把握其要旨。在阅读时不仅要抓住上下两篇的关系,每章节所探讨的问题及其与前后章节的关联,而且对每个问题的具体论证,以及在不同问题的探讨中反复强调的观点或概念,都应求得确切的理解。

建议同时阅读中、英文版本。美国学者彼得·拉斯莱特于1967年编撰的《政府论》(第二版)被公认为现在的权威版本,商务印书馆2008年出版的汉译本亦根据这一版本翻译而成。

《论法的精神》

导读作者 / 李春平

> 《论法的精神》是法国 18 世纪启蒙思想家孟德斯鸠（Charles-Louis de Secondat, baron de la Brède et de Montesquieu, 1689—1755 年）的重要法学著作，出版于 1748 年。1734 年，孟德斯鸠出版了《罗马盛衰原因论》一书，首次论述了他的政治法思想，可以说是《论法的精神》的前篇，二者在思想上有密切的联系。《论法的精神》共六卷 31 章，体系完整，包含了孟德斯鸠多方面的丰富思想。除法律与政治外，还涉及哲学、历史、地理、宗教等方面的问题。

作者简介

孟德斯鸠出身于法国波尔多的一个贵族世家。他年轻时专攻法律，1708 年获法学学士学位。他担任过律师、议员，1716 年继承伯父的波尔多议会议长职位。后来，他卖掉官职，游历欧洲，认真考察了英国的政治制度，经过长期的辛勤研究，终于写出了《论法的精神》这部法学经典著作。

本书主要内容大致可以分为以下几个方面。

第一，对法律定义的探讨。孟德斯鸠把欧洲近代哲学的理性主义精神运用到法律的研究中，探讨了法的精神。他认为，广义的法"是由事物的本性派生出来的必然的关系"，法律与地理、土壤、气候、人种、风俗、习惯、宗教信仰、人口和商业等都有着密切的关系。法的精神就是这些关系的综合。上帝有上帝的法，人有人的法，世上万物莫不遵循一定的法。

第二，探讨了政体、政治自由和分权的问题，提出了著名的"三权分立"学说。孟德斯鸠把政体分为共和、君主和专制三种。在专制政体中无法律，统治者靠的是个人的意志和反复无常的性情；在君主政体和共和政体中都是有法可依的。在法制的国家里，自由是做法律所许可的事。他认为，为了保障政治自由的实现，必须实行立法、行政、司法三权分立，进一步发展了 18 世纪英国哲学家洛克（John Locke，1632.8—1704.10）提出的三权划分的理论。他赞扬英国的君主立宪制，主张由资产阶级掌握立法权并监督行政权，行政权由君主掌握；君主有权否决立法，但无权立法，只能按法律办事；司法权由独立的专门机构来行使。这样，三权分立，并相互制约，就可以保障公民的政治自由。

第三，在《论法的精神》中，孟德斯鸠特别强调了政治、法律同地理环境的关系。他认为地理环境对政治法律制度的形成有极大的作用，法律的制定要受到地理环境、尤其是气候、土壤等的决定影响，他的这种观点被称为"地理环境决定论"的观点。

孟德斯鸠还探讨了工商业、人口、宗教等问题，探讨了罗马法、法律的变革等问题。

《论法的精神》一书出版后，轰动一时，不到两年就印了22版，并有许多外文译本。尤其是书中的"三权分立"理论载入了法国的《人权宣言》和美国的《独立宣言》，产生重大的影响。本书的中文译本最早由何礼之（日本人）、程炳熙和张相文合作翻译出版；1913年，商务印书馆出版了严复的译本《法意》，对我国资产阶级革命运动也产生了一定的影响。

本书中文译本可看张雁深译本，商务印书馆1963年版。建议重点阅读本书的第十一、十四、十九章。

《社会契约论》

导读作者 / 杨君游

> 《社会契约论》(*Du Contrat Social*),又译《民约论》或《政治权利原理》,是卢梭最重要的政治理论著作,1762年4月出版于阿姆斯特丹。《社会契约论》是世界政治法律学说史上最重要的经典之一,是震撼世界的1789年法国大革命的号角和福音书。它阐述的"天赋人权""主权在民"等原则、原理不仅在革命之初就被载入法国的《人权宣言》等重要文献之中,而且在革命后的长时期里也成为资产阶级政治法律制度的基石。卢梭的思想对后世思想家们理论的形成有重大影响。

作者简介

让·雅克·卢梭(Jean-Jacques Rousseau,1712—1778年)是法国著名启蒙思想家、哲学家、教育家、文学家,18世纪法国大革命的思想先驱,启蒙运动最卓越的代表人物之一。主要著作有:《论人类不平等的起源和基础》《社会契约论》《爱弥儿》《忏悔录》等。

《社会契约论》从人的本性出发,对个人、社会、政府的权利,对政府的形成、运作和一系列制度,对国家的形成、兴盛和衰亡等问题做了精辟的分析,是一本值得我们阅读和研究的经典巨著。全书分为四卷。

第一卷论述社会结构和社会契约。卢梭认为,人生来是自由平等的,任何人都没有强使他人服从的天然权威。社会秩序或制度并非源于自然或强力,而是建立在人民自由意志所订立的社会契约之上的。在卢梭看来,人类最初处于原始的"自然状态",在这个时间里,是一种自由平等状态。但在自然状态下,常有个人能力无法应付的境况,必须通过与其他人的联合才能生存,因而大家都愿意联合在一起,以一个集体的形式而存在,这就形成了社会。社会是建立在人与人之间的契约关系之上的,人民是制订契约的主体。在社会契约中,每个人都放弃自己的天然自由,而获取到契约自由;在参与政治的过程中,只有每个人都同等地放弃其全部天然自由,而将其转让给整个集体,人类才能得到平等的契约自由。国家是人们自由协议的产物。

第二卷论述立法。卢梭认为,建立在社会契约上的国家,其主权即最高权力属于人民的集合体。主权至高无上,不可分割,是行政权的根据。政府只是这个集合体事务的执行者,并不拥有主权。法律是作为立法者的全体人民为保障自己的权利和平等所作的规定,是"公意"的体现。人民是法律的制订者,一切主权和立法权都属于人民的集合体，一旦政府滥权，人民就有权推翻它。

第三卷论述政府形式。卢梭把政权分成为立法和行政两个部分，前者属于社会契约的范畴，而后者不是契约的内容（因此是可变可推翻的）。无论是直接民主制、贵族代议制，还是君主立宪制，都只是行政统治的体制形式，其统治的根据都必须是人民主权，因此，对于把个体的权力凌驾于主权者之上的专制统治必须坚决摒弃。如果统治者走向人民"公意"的反面，那么社会契约就遭到破坏；人民有权决定和变更政府形式和统治者的权力，包括用起义的手段推翻违反契约的统治者。

第四卷讨论几种社会组织。在"公意是不可摧毁的"这一前提下，卢梭分别论述了投票、选举、罗马人民大会、保民官制、独裁制、监察官制和公民宗教等在国家治理中各项具体的制度及其运作程序。其中重点讨论公民宗教部分。卢梭承认宗教的社会作用。他认为，人们进入政治社会后需要由宗教来维持相互之间的关系。由于基督教的统治精神和社会体系不能相容，因此卢梭认为有必要建立一种"公民宗教"。这种"公民宗教"并非严格地作为宗教教条，而是旨在维系人们关系的社会性的感情。

卢梭的《社会契约论》先后出版过20多个中译本，推荐阅读清华大学何兆武先生的中译本，北京商务印书馆2003年出版的修订第3版。

《国民财富的性质和原因的研究》

导读作者／刘涛雄

> 《国民财富的性质和原因的研究》(简称《国富论》)是18世纪英国著名经济学家亚当·斯密的著作,系统建立起了古典自由主义经济学的基本理论体系,被誉为自由主义经济学的"圣经"。

作者简介

亚当·斯密1723年出生于苏格兰的克卡尔迪,出生前父亲即已去世,由母亲抚养长大。他先后求学于格拉斯哥大学和牛津大学,后担任格拉斯哥大学逻辑学教授、道德学教授,政府海关专员,格拉斯哥大学校长等。斯密于1759出版《道德情操论》,并产生广泛影响。他于1767开始专门研究,准备《国富论》的写作,历时9年于1776年5月著作出版。《国富论》出版后引起轰动,并不断再版。18世纪结束以前,就至少有9个英文版本,并被广泛翻译为各种其他语言版本。斯密也因此被誉为经济自由主义的鼻祖,现代自由主义经济学的创始人。斯密终身未娶,于1790年1月17日去世,享年67岁。

国富论出版于英国工业革命前夕资本主义发展初期,当时正逢英国从传统手工业向大工业、从重商主义向产业资本兴起过渡的阶段。作为一部划时代的巨著,其主要思想和贡献最突出的有以下方面。

一是第一次系统地建立起政治经济学的相对完整体系。在斯密的年代,"经济学"还被称为"政治经济学",且和哲学、政治学等相互交融在一起。这部著作的出版被认为是"政治经济学"成为相对独立理论体系的标志。二是斯密的理论从根本上推翻了支配欧洲国家几百年的以国家干预和商业垄断为基础的重商主义理论体系,建立起影响人类历史的经济自由主义的基本理论框架。三是斯密对财富增长源泉的探究,特别是强调分工是劳动生产率提高的根本动因,生动而深刻地阐述了分工如何演进、如何带来财富积累。四是提出了著名的"看不见的手"的理论,认为看起来在追求个人财富的个体,在一只"看不见的手"的引导下会带来社会效益的提高,效果甚至比他想直接促进社会效益改进时还要大。这只"看不见的手"便是市场机制。

全书共分 5 篇，第一篇主要分析劳动生产的效率为什么能够持续改进，并把分工作为解释的核心。第二篇讨论资本的性质以及如何积累，提出了资本、储蓄和投资的相关理论。第三篇从历史的角度探讨为什么不同国家实行不同政策。第四篇则着重对重商主义和重农主义两种不同的政治经济学体系进行分析，特别是对前者进行了大篇幅批判。第五篇讨论国家（或君主）的收入和支出如何构成和运作，用熊彼特的话讲"是一篇自成体系的关于财政学的论文"。其中第一篇和第二篇基本确立了斯密理论的主要框架，分别占全书篇幅的 25% 和 14%（原版），大体可以单独阅读。

当然，我们也应该看到，《国富论》是产生于资本主义初期、几百年以前的著作。自斯密以后，经济学理论出现了多次革命性的演进。今天阅读《国富论》，自然不必局限在具体的语句和结论，而应该用历史的眼光来看待这部不朽著作的基本思想，以及其在整个经济学理论体系演进中的地位和贡献。

如果英文较好，且有一些经济学基础，推荐读英文原版。不过因为写作年代的原因有少量用词和表达与现代英语不同，需加以注意。现有多个中文翻译版本。最早的是严复于 20 世纪初翻译的版本，命名为《原富论》，不过是以文言文翻译的，相对晦涩。流传最广的是郭大力、王亚南 20 世纪 30 年代的白话文译本。该版本广受认可，并经多次再版。因为是近 100 年前的译本，一些术语的翻译和今天一般的说法有些不同。有几个当代的译本也可以参阅，如由杨敬年先生在 90 岁高龄翻译、由陕西人民出版社出版的版本，特点是引用了熊彼特的导读和注释，比较适合经济学基础薄弱者阅读。再如由人民日报出版社出版的胡长明翻译的版本，特点是大量运用意译，为追求精炼进行了大胆删节，阅读者最好有一定的基础。全书总体篇幅较长，需要专心致志的阅读。其中，第一、二篇，第五篇内容相对完整，也可独立阅读。

《历史理性批判文集》

导读作者／黄裕生　李潇

> 《历史理性批判文集》是康德生前发表的八篇关于历史哲学的论文的合集，其中最早一篇发表于1784年，最晚的发表于1798年。

作者简介

伊曼努尔·康德（Immanuel Kant，1724—1804年），生于东普鲁士首府哥尼斯贝格。父亲是鞍马匠。16岁注册进入哥尼斯贝格大学就学，31岁获得硕士学位并取得大学讲师资格，1770年成为大学教授，1781年出版《纯粹理性批判》。此后陆续出版《道德形而上学的奠基》（1785年）、《实践理性批判》（1788年）、《判断力批判》（1790年）、《纯然理性界限内的宗教》（1792年）、《道德形而上学》（1797年）等著作，创立批判哲学，并成为德国观念论的先驱。

康德并没有独立的历史哲学，他关于历史的哲学思考是其目的论思想的一个应用领域，并且奠基于其实践哲学之上。康德认为理性在其实践运用中给出先天的道德法则，而如果仅仅讨论外在地对法则的遵守、并由此涉及与另一个人格之间交互的实践关系，就进入了法权的领域。在法权领域由理性所颁布的义务是必须被遵守的，但是这些义务的实现因为涉及其他人格、因而要求众人的共同意志，同时依赖于各种偶然的经验条件，所以是不能一蹴而就的，并常常为人的恶行所阻挠。这就引发了对法权义务完全实现的可能性的怀疑，而康德认为这种怀疑是可耻的借口与可怕的道德败坏的诱因。为了说明实现法权义务的必然性，康德引入了历史的维度。

如果法权义务的实现是一个漫长的、远远超过任何个体的寿命的过程，那么这个过程就是历史的过程。人类的历史作为自然的一部分可以被视为合目的的，即可以认为自然为了人类的理性的完全发展藉由人类之间的对抗而最终迫使人类建立符合法权义务的社会秩序，整个历史进程就像是某个超越的存在者所创作的艺术品一样是为了人这一终极目的而设计的。但是这样一个目的论如何具有说服力呢？如果人类的历史仅仅是遵循机械因果律的现象，那么任何目的论都只能充当范导性的原则，即出于理性要求的一种设想。但是，人类的历史是自由意志的现象的历史，作为历史主体的人一方面是现象界的一员；另一方面却又因实践理性而是自由的。这样的人依其本体地位而超越了有条件的因果序列,从而可以成为自然的终极目的。由于人作为本体的道德身份是确定的,所以这样一个终极目的就必然被设定,而历史就必然确保这一目的的完全实现。

同时,正因为人类的历史是自由的历史,它才是可预测的。这是因为,可预测的历史只能是由我们所造就的历史,而正因为我们应该无条件地遵守道德法则,履行道德义务,我们才能相信在代代相继的人类历史进程中道德境遇会不断改善,法权义务会逐渐实现。在此,康德关于历史的目的论才真正体现出其现实意义——即政治层面上的启蒙。启蒙就是勇敢运用自己的理性,具体到政治层面,即意识到自己作为公民在共同体中的权利与义务。这些权利与义务的合理安排就是法权的秩序,即建立公民的共和宪政。由此外推至各国,就是建立广泛的和平联盟。最后,实现基于世界公民身份的普遍友善。康德认为,既然人们已经意识到了实现这种先天的法权义务的必要性,就不能借口人性的恶或者实践的困难来阻碍历史进程的发生。相反,当人们已经发现这种必须履行的义务,并且相信历史最终会保证这些义务的达成时,国家的统治者们就必须将它们纳入考量,从而在政治共同体中逐步地实现神圣的人权。

这八篇论文现有三个完整的中文译本,即何兆武所译《历史理性批判文集》、李明辉所译《康德历史哲学论文集》(增订版)以及李秋零所译《康德历史哲学文集》。三个译本各有千秋,可互相参照。其中李明辉译本有一篇详尽梳理康德历史哲学观念的导论,可以参考。而李秋零译本在各篇之前有科学院版《康德全集》的编著导言,提供了背景及版本信息。

这八篇文章虽然被统合在历史哲学的名义之下,却广泛地涉及目的论、道德哲学、法哲学与宗教哲学的内容。如果想要加深理解,可以阅读《判断力批判》的"目的论判断力的方法论"部分、《道德形而上学的奠基》、《道德形而上学》的第一部以及《纯然理性界限内的宗教》的相关章节。

《哲学史讲演录·导言》

导读作者／杨君游

> 《哲学史讲演录》是德国哲学家黑格尔的主要哲学著作之一。该书是在黑格尔逝世之后，由 K.L. 米希勒根据黑格尔的讲稿和学生笔记整理而成，并被编入 1833 年出版的《黑格尔全集》。为了系统地概述自己的哲学史观和方法论原则，黑格尔在该书开首，写了一个长达 100 多页的导言。这篇导言，是《哲学史讲演录》全书的灵魂，也是黑格尔哲学观点的精要阐述，是我们了解黑格尔哲学的入门读物。

作者简介

黑格尔（Georg Wilhelm Friedrich Hegel，1770—1831 年），19 世纪德国哲学家，德国古典哲学的重要代表人物。黑格尔的思想，标志着 19 世纪德国唯心主义哲学运动的顶峰，对后世哲学流派，如存在主义和马克思的历史唯物主义都产生了深远的影响。黑格尔的主要著作有：《精神现象学》、《逻辑学》、《哲学科学全书纲要》（全书分三个部分：逻辑学、自然哲学、精神哲学）、《法哲学原理》、《美学》、《历史哲学》、《哲学史讲演录》、《宗教哲学讲演录》等。

导言分三个部分。甲、哲学史的概念；乙、哲学与其他知识部门的关系；丙、哲学史的分期、史料来源、论述方法。

黑格尔把哲学史看作一个发展着的整体，而不是零散知识的堆砌，他把辩证法应用于哲学史的研究，深刻地揭示了哲学史的基本规律。黑格尔认为，哲学史所昭示给我们的，是理性思维和自由思想的生成发展史，是理念的内在内容的展现过程，犹如植物的发展过程是种子展开的过程一样。他批判了那种视哲学史为错误意见罗列的看法，提出历史上各种哲学体系的不断变化和发展的过程，不过是理念自我认识的不同阶段。它们不是彼此孤立、互不相干的，而是处于深刻的相互联系之中。每个哲学体系都是理念整个发展过程的一个特殊发展阶段与环节。晚出的哲学体系是从先前的哲学体系发展而来的，它否定了前者，但不是简单地抛弃，而是一种扬弃和提升。各种哲学体系的相互更替，表现着理念自我认识的逐步深化的过程和阶段。

在这篇导言里，黑格尔提出了历史的东西和逻辑的东西相一致的思想，并把逻辑与历史的一致作为其构筑体系和哲学研究的重要方法和原则。黑格尔认为，以往的每个哲学体系作为理念自我展现的一个阶段，与哲学中的那些范畴是相对应的。"历史上的那些哲学系统的次序,与理念里的那些概念规定的逻辑推演的次序是相同的。"所以,哲学史的研究,其兴趣不在于那些外在的偶然事件,而在于把握其内在的必然性。从哲学史中抽取出来的必然性,就是哲学的内在逻辑,它构成了哲学本身的内容。

　　黑格尔认为,哲学史本身就是哲学,是关于真理的客观科学,因此哲学史也就是真理的发展史。哲学史上相继出现的哲学体系,都是真理发展过程中的一个必然阶段。真理的发展正是通过历史上不同哲学体系的更替来实现的。因此每一个特殊阶段都只是体现着真理的一个片面,一个局部。"每一个哲学都是它的时代的哲学,它是精神发展的锁链里的一环。因此它只能满足那适合于它的时代的要求和兴趣",因而都不是对理念的完全体现,都不可能达到绝对真理。在黑格尔看来,真理的发展是一个从低级到高级,从抽象到具体,从相对到绝对的过程。最早的哲学体系是最抽象、最贫乏的,因为在这个时候,真理的发展尚处于低级阶段,而越在后面的哲学,就能越深刻、越具体地表现出真理的内容。黑格尔把哲学史上各个哲学的这种前进运动比喻成圆圈,他说,哲学思想的历史"乃是一系列的发展,并非像一条直线抽象地向着无穷发展,必须认作像一个圆圈那样,乃是回复到自身的发展。这个圆圈又是许多圆圈所构成,而那整体乃是许多自己回复到自己的发展过程所构成的"。这里,黑格尔用辩证法的观点阐述了人类的认识史,说明人类对真理的认识不可能一蹴而就,不是一次完成的,也不是直线式的运动,而是一种螺旋式的、曲线式的前进发展过程。

　　黑格尔在《哲学史讲演录》中对中国儒家学说的评价有失偏颇。

推荐阅读由贺麟、王太庆翻译,北京商务印书馆 1981 年出版的中译本。

《共产党宣言》

导读作者 / 刘敬东　王贵贤

> 《共产党宣言》是马克思、恩格斯共同为共产主义者同盟撰写的纲领性文件。全书分为 4 章，是马克思主义最重要的文献之一。

作者简介

马克思（1818—1883 年）生于律师家庭；恩格斯（1820—1895 年）生于工厂主家庭。尽管家庭背景不同，但他们都从小接受了启蒙思想，并且在年轻时就从革命民主主义者转变为共产主义者。作为亲密的革命战友，马克思、恩格斯不但共同创作了很多著作，创立了马克思主义，而且还积极参与了国际共产主义运动。他们都是无产阶级和劳动人民的伟大导师、思想家、革命家和教育家。

唯物史观和剩余价值理论是马克思的两大发现。唯物史观的基本内容包括生产力和生产关系、经济基础和上层建筑之间的辩证关系，社会历史发展形态理论，阶级斗争在社会历史发展中的作用，工人阶级的特点和历史使命以及未来社会的构想等内容。

《共产党宣言》是马克思、恩格斯首次对马克思主义基本原理进行论述，其中不但阐述了生产力对生产关系、经济基础对上层建筑的决定作用，指出了人类社会发展的基本规律，而且还指明了阶级斗争在历史发展中的重要作用，提出了"至今一切社会的历史都是阶级斗争的历史"的重大命题。不过，《共产党宣言》主要内容是对现代资本主义社会所进行的批判分析。马克思、恩格斯首先对资产阶级进行了客观评价，指出它在"不到一百年的阶级统治中所创造的生产力，比过去一切世代创造的全部生产力还要多，还要大"，同时导致了世界市场的形成，开辟了世界历史。但是，尽管它创造出了巨大的生产力，但它同样也导致了无产阶级的极端贫困，导致了社会日益分化为两大直接对立的阵营，即"无产阶级和资产阶级"；它打破了"民族的自给自足和闭关自守状态"，让各民族之间相互依赖，但实质上却迫使各个民族采取资产阶级生产方式；尽管让很多民族摆脱了愚昧状态，但最终结果却"使东方从属于西方"。

马克思、恩格斯认为，资本主义这种内在矛盾必然会通过雇佣工人的结社而得到克服，"资产阶级的灭亡和无产阶级的胜利是同样不可避免的"。要完成这一历史使命，不但要求无产阶级在夺取政权后消灭资产阶级私有制，"同传统的所有制关系实行最彻底的决裂"和"同传统的观念实行最彻底的决裂",而且还要完成自己的基本任务,在"尽可能快地增加生产力的总量"的基础上,建立共产主义社会。马克思、恩格斯认为,要实现这些目标,无产阶级在未来共产主义社会需要采取十项基本措施。他们进而指出了共产主义社会的本质特征,即:"代替那存在着阶级和阶级对立的资产阶级旧社会的,将是这样一个联合体,在那里,每个人的自由发展是一切人的自由发展的条件。"为了实现这一历史目标,他们发出了"全世界无产者,联合起来"的伟大号召。

《共产党宣言》中的很多论述成了马克思主义的重要命题,对它们的理解和把握不仅有助于理解唯物史观,把握社会发展的基本趋势,了解我国采取中国特色社会主义道路的必然性,更有助于理解马克思主义理论的穿透力,有助于对当前世界的全球化特征做出科学的解释。因此,马克思主义不但成了社会主义国家的指导思想,同样是资产阶级学者不得不认真对待的思想体系。

《共产党宣言》思想博大精深。仅仅第一章,就既可以领会马克思、恩格斯关于社会发展和无产阶级历史使命的经典论述,也可以领略他们关于世界历史、即全球化的经典描述。当然,通读全篇更加有助于整体理解和把握马克思、恩格斯的唯物史观。

《共产党宣言》的版本很多。人们既可以读它的单行本,也可以读收录在《马克思恩格斯文集》(第2卷)中的最新译本。如果想要深入研究,还可以参考中央编译局出版的《马克思主义研究资料》(第1卷)等参考文献。目前通用的是人民出版社2009年出版的《马克思恩格斯文集》第2卷收录的版本。

《资本论》第1卷（节选）

导读作者／王峰明　王贵贤

> 《资本论》是马克思毕生研究的成果和最主要的著作，除第1卷于1867年由马克思亲自编辑出版外，其余的是一系列有待整理、尚未出版的研究草稿。以马克思身后这些草稿为基础，恩格斯分别于1885年和1894年整理出版了《资本论》（德文版）第2卷和第3卷。恩格斯逝世以后，作为理论史的第4卷则由考茨基以《剩余价值理论》（德文版）为书名于1905—1910年编辑出版。

作者简介

马克思，1818年5月5日出生，1883年3月14日去世。先后就读于波恩大学和柏林大学，最后在耶拿大学获得博士学位。唯物史观和剩余价值学说是马克思理论研究的两大发现，由此促成了社会主义思想从空想到科学的发展。马克思积极参加国际共产主义运动，组建并领导了"第一国际"，既是伟大的无产阶级思想家，又是卓越的无产阶级革命家。

作为理论部分，《资本论》（德文版）第1~3卷，分别对资本的生产过程、资本的流通过程或交换过程、以及包含了这两个过程的资本主义生产的总过程进行剖析，揭示了剩余价值的生产、实现，以及剩余价值的生产与实现之间的矛盾运动。在此概述的是第1卷的思想内容。

在《资本论》第1卷德文第一版（1867）的序言中，马克思就其研究对象、所含内容、研究方法和叙述方法、结构安排、现实意义等问题做了简要论述。在该卷德文第二版（1872）的跋文中，则就《资本论》应用的方法、从古典政治经济学到庸俗经济学的转向、政治经济学与德国资产阶级的关系、德文第一版的国际反响和第二版的修改情况等问题做了说明。《资本论》第1卷的正文由七篇组成，包含了四个方面的内容。

第一方面即第一篇"商品和货币"。马克思运用科学抽象法，就商品和货币的一般规定，就商品生产的一般特点做了分析和阐释，从而创立了科学形态的劳动价值论。这部分内容可谓马克思经济学理论大厦的基石。此外，对商品拜物教和货币拜物教的剖析，展示了马克思社会批判理论的独特视角和价值。

第二方面包括第二篇"货币转化为资本"和第六篇"工资"。在第二篇中，马克思运用科学抽象法，分析了作为货币的货币和作为资本的货币之间的本质区别，说明了资本主义商品生产不同于简单商品生产的本质特征，特别是，阐明了货币向资本转化的客观条件和劳动力商品的价值构成。以此为基础，马克思在第六篇中考察了资本主义的工资问题。当然，这并不是对这一问题的全面考察，按照马克思的计划和设想，这种全面考察属于雇佣劳动学说的内容。

第三方面包括第三篇"绝对剩余价值的生产"、第四篇"相对剩余价值的生产"，以及第五篇"绝对剩余价值和相对剩余价值的生产"。马克思由此开始了对资本的生产过程，即剩余价值的生产过程的具体考察。第三篇首先研究了剩余价值生产的第一种形式，即绝对剩余价值的生产。第四篇专门就第二种形式即相对剩余价值的生产进行研究，具体说明了资本主义条件下劳动生产力发展的三个不同阶段，以及与之相适应的相对剩余价值生产的各种特殊方法。第五篇则把剩余价值的这两种形式综合起来进行研究，考察其基本特征和运行规律，揭示雇佣劳动与资本之间的阶级关系。

第四方面即第七篇"资本的积累过程"。马克思分析了资本主义再生产的特点，阐明了资本积累与资本主义扩大再生产的内在联系，进而，考察了资本的原始积累过程。如果说与资本主义扩大再生产相联系的资本积累是资本运动的结果，那么，原始积累就是资本主义生产方式得以确立的基础和前提。前一过程构成资本的现实的运动，后一过程则构成资本的历史的运动。

作为一部体系完整逻辑严谨的理论著作，只有静下心来，认真品读、仔细研究一番，才能理解和把握《资本论》的基本概念、逻辑层次、整体结构、理论创新和当代价值。当然，不同的读者可以有不同的阅读方法。就《资本论》第 1 卷而言，初学者或非专业研究者，可以采取"倒读"的方法，先从后面那些较为实证的篇目开始阅读，例如：第二十四章"所谓原始积累"、第十三章"机器和大工业"、第八章"工作日"等。而具有一定基础的读者，特别是专业研究者，则应该对照 1859 年出版的《政治经济学批判》（第一分册），首先学习和研究《资本论》的第一篇"商品和货币"。因为，这是抽象、思辨色彩最浓，因而理解难度最大，然而对于把握马克思的方法、进入马克思思想世界最重要的部分。无论如何，在阅读《资本论》之前，应该对马克思的唯物史观有一定的了解和把握，因为，《资本论》通篇贯彻了唯物史观的基本立场、观点和方法。

《资本论》第 1 卷的中文版本很多。除了《资本论》（德文版）单行本，还有《马克思恩格斯全集》中文 1 版第 23 卷、中文 2 版第 44 卷，还有法文版、英文版等中译单行本。而《马克思恩格斯文集》第 5 卷和《马克思恩格斯全集》中文 2 版第 44 卷，作为编辑质量较高、内容完整和资料丰富的最新版本，可供读者选择使用。

目前《资本论》第 1 卷通用的版本是人民出版社 2004 年出版的单行本，以及《马克思恩格斯全集》中文 2 版第 44 卷（人民出版社 2001 年版）；它和《马克思恩格斯文集》第 5 卷（人民出版社 2009 年版）完全相同。要了解《资本论》的版本差异，还可以参见《资本论》第 1 卷的法文版（中国社会科学出版社 1983 年版）。

《旧制度与大革命》

导读作者 / 刘北成

《旧制度与大革命》是法国政治活动家、思想家托克维尔（1805—1859年）创作的思想论著，它开历史社会学之先河，对后世影响甚广。

作者简介

托克维尔（Alexis-Charles-Henri Clérel de Tocqueville，1805—1859），法国政治活动家、思想家。生于开明贵族家庭，历经5个"朝代"（拿破仑帝国、复辟王朝、七月王朝、第二共和国、第二帝国），毕生坚持贵族自由主义的理想。1831年对美国做了9个月的考察，1835年发表《论美国的民主》，因此荣膺法兰西学院院士。1839年起任众议院议员，1848年参与第二共和国宪法的制订，1849年一度出任外交部长，因反对路易·波拿巴的政变而被拘捕，获释后退隐乡间，撰写了《旧制度与大革命》。

《论美国的民主》和《旧制度与大革命》问世时均洛阳纸贵，20世纪中后期在西方学界重新受到推崇。

19世纪，法国一直承受着大革命的后果。从1848年革命演变到第二帝国，法国似乎再次陷入从革命到专制的怪圈。托克维尔试图通过历史研究追溯旧制度与大革命乃至19世纪波拿巴主义之间的联系。《旧制度与大革命》就是这一探索的成果。该书共有两卷，因作者病逝，第二卷未能终篇。现有的中译本通常只包含第一卷。

《旧制度与大革命》是一部历史社会学的开创之作，无论方法还是结论，至今仍令人耳目一新。托克维尔抛开了通常的历史叙事，而是围绕所发现的历史悖论展开问题式研究。从前言所阐述的研究宗旨到各章标题，全书是用一系列的问题构建起来的，旨在对法国大革命做出一个总体解释。

第一卷分为三编。第一编讨论大革命的基本特点和历史意义；第二编讨论革命的远因；第三编讨论革命的近因。该书所探讨的现象往往带有吊诡的意味。例如：为什么封建权利在法国比在其他国家更遭憎恨？路易十六时期的繁荣何以促成大革命？减轻人民负担何以激怒人民？行政革命（改革）何以成为政治革命的先导？这些问题挑战了"贫困和压迫孕育革命"的成说，发人深思。

该书的论述没有流于感想，而是呈现了基于文献的研究过程和结论。托克维尔阅读了大量的地方档案，深入全面地考察各种制度、法律、政治运作以及风尚，重新评估了贵族、资产阶级、农民、文人等各个阶层的历史角色。一些学者认为，托克维尔透支了 20 世纪的法国革命史学研究。

托克维尔的方法是从假设到文献研究，再提升到一般性的结论。该书既依托于实证的基础，又超越了历史个案研究，其学术意义辐射许多学科。一个多世纪以来，《旧制度与大革命》启迪了几代法国历史学家。在政治学、社会学等学科里，"托克维尔悖论"亦成为讨论现代化社会转型的一个重要议题。

若做一般了解，可以把《旧制度与大革命》当作一部思想论著，根据标题挑选阅读一些感兴趣的章节。最好认真阅读一下前言和最后一章，或可有助于理解托克维尔的关怀所在。

若求深入理解，可以辅助阅读一些有关法国大革命的文史作品，如雨果的《九三年》、米涅的《法国革命史》等。

《旧制度与大革命》的第一个中译本是冯棠从法文翻译的，1992 年由商务印书馆出版。近年涌现许多新的中译本。在网上也可查到法文原文和英译文。

《精神分析引论》

导读作者 / 李春平

> 《精神分析引论》是现代精神分析心理学派的创始人弗洛伊德（Sigmund Freud, 1856.5—1939.9）的主要著作之一。它比较系统地、深入浅出地介绍了精神分析的一般理论，是了解和研究精神分析学说的一本好书。

作者简介

弗洛伊德1856年生于摩拉维亚（现属捷克），4岁时随父母移居维也纳。他上中学时就对达尔文的科学理论很感兴趣，1873年入维也纳大学学医；1881年获医学博士学位。由他创立的精神分析心理学理论在当代心理学界和思想文化界有很大的影响。1938年，希特勒德国占领了奥地利，弗洛伊德因是犹太人被迫离开维也纳，前往英国避难；1939年在英国去世。

本书由弗洛伊德1915—1917年两个冬季在维也纳大学讲授精神分析理论的三部分讲稿组成，全书分为过失心理学、梦和神经病通论三篇。在前两部分，他假定听者没有精神分析学的知识，因而从入门讲起。第三部分讨论了比较复杂的问题，即神经病的精神分析和治疗。

在第一篇第一讲中，弗洛伊德就指出，精神分析不同于别的医药方法，它是治疗神经错乱的一种方法，主要靠谈话。对自我的分析和研究是精神分析的入门。他提出了精神分析的两个基本命题：第一，心理过程主要是潜意识的，意识的心理过程是整个心灵的分离部分，他由此否定了"心理的即意识的"这个传统观点。第二，性的冲动，无论是广义的还是狭义的，都是神经病和精神病的重要起因，并且性的冲动对人类最高的文化、艺术和社会成就作出了最大的贡献。

弗洛伊德认为，过失常常被当作微不足道的心理现象，它的起因是由于机体的或心理的原因而引起的注意的扰乱。其实，过失（如舌误、笔误等）是有意义的，在它的背后隐藏着某种"意向"或"倾向"。过失是由两种倾向同时引起的结果。一种是干涉的倾向；另一种是被干涉的倾向。如在把"开会"说成"散会"这个舌误中，"要开会"是被干涉的倾向，"散会"是干涉的倾向。干涉的倾向是由于某种原因被藏在心底不愿说出的，不易被认出的倾向。对干涉的倾向的压制是造成舌误的不可缺少的条件。当然并非所有过失都有意义，但对过失意义的研究可以使人们深入到对潜意识的心理活动的认识。

弗洛伊德认为，与过失一样，梦也是健康人所具有的、被忽视的心理现象。梦也是有意义的，梦的研究不但是研究神经病的最好的准备，而且梦本身也是一种神经病的征候。梦有显意和隐意两种。记得的、可以说出来的梦是梦的显意，被伪装了的、由释梦的工作所揭示出来的是梦的隐意。记得的梦并不是真的，只是一个化了装的代替物，我们顺着这个代替物所引起的观念，就可以知道梦者原来的思想，将隐藏在梦中的潜意识内容带到意识中。梦的隐意常常是被压抑的，他通过种种伪装才能在梦中表现出来。儿童的梦未经化装，其显意和隐意一致。由此看来梦是欲望的满足。

本书第三部分讨论神经病，弗洛伊德指出，神经病的征候背后都有意向，征候是有意义的，与病人的内心生活有密切的关系。他讨论了神经病征候的意义，征候和潜意识欲望的关系；心理历程中潜意识、前意识和意识问题；精神分析学对性的认识，性的冲动与精神病、文化的关系；性本能和自我本能的关系，以及它们各自的特点；神经病治疗中的一些技术问题，等等。

在本书中，弗洛伊德用浅显的语言和丰富的事例说明了精神分析的一般理论和方法，使比较复杂的内容容易于理解。

弗洛伊德在本书中对过失、梦和神经病的分析和研究颇具创新性，对我们全面地认识人性和人类文化有重要意义。当然，书中也有不少局限和错误之处，有些在精神分析的发展中逐渐得到修正和完善，有些是引起重大争论的问题，如在精神分析学内部，像阿尔弗雷德·阿德勒（Alfred Adler，1870—1937）、卡尔·古斯塔夫·荣格（Carl Gustav Jung，1875—1961）等人对弗洛伊德的性本能说有尖锐的批评。弗洛伊德用性本能说明宗教、道德和文化的起源和发展的学说中，有很多观点失之偏颇。对此，在阅读时特别要加以具体分析和认识。

本书中文译本可看高觉敷译本，商务印书馆1984年版。建议重点阅读第一编和第二编。

《新教伦理与资本主义精神》

导读作者 / 彭刚

> 现代资本主义为何兴起于西欧，如何理解资本主义？这是各门人文社会科学高度关注而又争论不休的关涉人类历史发展的重大问题。问世近百年的《新教伦理与资本主义精神》（苏国勋等译，社会科学文献出版社，2010年）一书，是探讨相关问题的名著。作为社会学领域地位崇高的经典著作，此书中所呈现的研究方法和论点，其影响也远远超出了这一问题领域。

作者简介

马克斯·韦伯（1846—1920年），德国著名社会学家，现代西方最有影响的社会科学家之一，现代文化比较研究的先驱人物。他一生致力于考察"世界各宗教的经济伦理"，试图从比较的角度，去探讨世界各主要民族的精神文化气质与该民族的社会经济发展之间的内在关系。1920年正式出版的《新教伦理与资本主义精神》是韦伯最负盛名的代表作。

在《新教伦理与资本主义精神》一书中，韦伯主要考察了16世纪宗教改革以后的基督教新教的宗教伦理与现代资本主义的亲和关系。在韦伯看来，"资本主义"不仅仅是一个经济学和政治学的范畴，而且还是一个社会学和文化学的范畴。他把"资本主义"当作一种整体性的文明来理解，认为它是18世纪以来在欧洲科学、技术、政治、经济、法律、艺术、宗教中占主导地位的理性主义精神发展的结果，是现代西方文明的本质体现。在这样一种文明中，依靠勤勉、刻苦，利用健全的会计制度和精心盘算，把资本投入生产和流通过程，从而获取预期的利润，所有这一切构成了一个经济合理性的观念。这种合理性观念还表现在社会的其他领域，形成一种带有普遍性的社会精神气质或社会心态，弥漫于近代欧洲，这就是韦伯所说的"资本主义精神"。它作为近代欧洲所独具的价值体系，驱动着人们按照合理化原则进行社会行动，最终导致了资本主义的产生。

在韦伯看来，资本主义精神的产生是与新教伦理（Protestant Ethics）分不开的。新教加尔文教派所信奉的"预定论"认为，上帝所要救赎的并非全部世人，而只是其中的"选民"。谁将要成为"选民"而得到救赎或谁将被弃绝，都是上帝预先确定了的，个人的行为对于解救自己无能为力。从表面上看，"预定论"的逻辑结果必然导致宿命论。但在韦伯看来，"预定论"认为个人对于改变自己的命运无能为力，这就在新教徒的内心深处产生了强烈的紧张和焦虑，教徒只能以世俗职业上的成就来确定上帝对自己的恩宠并以此证明上帝的存在。于是创造财富成了一种神圣的天职，世俗经济行为的成功不是为了创造可供于享受和挥霍的财富，而是为了证实上帝对自己的恩宠。从而，"预定论"的宗教伦理就导致了勤勉刻苦，把创造财富视为一桩严肃事业的资本主义精神。这就是韦伯在本书中的主要论点。

应该说，在韦伯之前，也有人注意到新教与资本主义之间的关联，如18世纪法国启蒙思想家孟德斯鸠就曾指出，新教占上风的区域，往往也是工商业最为发达的地域。现代社会理论家们也对如何理解资本主义提出过不同的思路。韦伯的贡献，在于从精神文化的层面提出了对资本主义产生和发展的阐释。而他本人也明确表示过，这种以精神、思想的因素来解释历史进程的方法，有其有限性，并不排斥从物质的、经济层面的解释。

建议重点阅读本书的上篇。可参考苏国勋著《理性化及其限制：韦伯思想引论》（商务印书馆，2016年）中的相关章节。也可参考对宗教改革有所论述的相关历史著作。

《第二性》

导读作者 / 肖巍

> 《第二性》是享誉世界的法国文学家和女性主义哲学家西蒙娜·德·波伏娃（1908—1986年）于1949年出版的代表作，被称为当代女性的"圣经"，对于西方女性主义运动及其理论的发展起到不可估量的历史作用。

作者简介

波伏娃1908年出生于巴黎的一个富裕家庭，自幼博览群书，接受过良好的教育，这使她形成前卫而独立的性格和思想。法国大革命曾响亮地提出"天赋人权"的口号，但在20世纪中叶的法国，性别不平等问题比其他欧美国家更为严重。这促使波伏娃意识到为了唤醒女性的政治觉悟，使之团结起来争取自身的平等和自由，就必须研究女性历史和生存现状，探讨女性解放的道路，这就是波伏娃写作《第二性》的主要动机。

有学者认为《第二性》并不是一部哲学著作，然而在美国著名女性主义学者朱迪思·巴特勒看来，这部著作的哲学贡献主要在于"它作为一本奠基性或者原创性著作争辩女性实际上是受压迫的，通过跨学科的方法，求助于文学想象、生物学和心理学理论，以及历史和人类学证据，《第二性》使这种压迫得以呈现。"此外，它对于身体体验作出明确的女性主义解释，并以"一种非常有力而富有独创性的男女平等表述展开并改写了存在主义范畴"。

波伏娃跨学科地大量采用哲学、历史、文学、生物学、社会学、心理学，以及女性传记、社会和历史资料来写作《第二性》，使之成为一部艰深的学术著作。本书反复强调一个重要的观点："女人不是生就的，而是造就的。"波伏娃看到，父权制文化强调女性的"永恒气质"，认为女性如同犹太人、黑人一样具有某种基于生物学形成的固定本质，男性是主体和绝对，女性则是客体和他者，需要从属于男性。因而在这本书中，波伏娃首先讨论生物学、精神分析学和历史唯物主义的女性观，指出所谓的女性"永恒气质"不过是男性根据自我利益和要求虚构出来的一个神话。事实上，任何女性都不具有天生的本质，她们的生理特征仅仅是一种客观存在，与其本质并无关联，而男性虚构这种神话的目的在于让女性甘居作为"第二性"的从属地位。其次，《第二性》也基于存在主义"存在先于本质"的论断，激励女性"拒绝做第二性的女人"。

波伏娃主张女性应当通过具体行为来界定自身，实现自我价值，超越从属地位，摆脱命运的束缚，争取性别平等和解放，这也就是她所强调的对于第二性"存在的超越"。再次，在《第二性》中，波伏娃也试图通过阐释女性体验，尤其是身体体验来构建自己哲学理论的基础。早在童年时代，波伏娃便从交友的体验中提出"如何爱一个人而又不失去自身独立性"的问题，这后来成为她一生探讨的主题："一种意识怎样与另一种意识可靠地联系起来？"她的学术研究最终要解决的问题是"最初分离的人怎样才能结合在一起？"波伏娃从观察人性出发解决这一问题，认为人与世界都不具有固定的本性，这种不确定性使世界、人类和个体的未来呈现出开放状态。与其他存在主义者不同，她更喜欢用"模糊"而不是"荒谬"来描述存在本身的这种不确定性，并用"模糊"来统一自己的整个哲学理论。在她看来，自由不是一种意识的沉思特性，而是与世界积极地交涉，人是有生命体验的存在，身体是我们与世界交涉的固有起点，我们在这里感受到自由，也遭遇限制和压迫，这就使我们的体验、存在以及与他人和社会的关系变得模糊起来。但"模糊的概念也不必与荒谬的概念混淆起来。宣称存在是荒谬的，意味着否认它在任何时候都能被赋予一种意义；说存在是模糊的则是断言它的意义从未被固定住，它必须不断地被赢得。"从这个意义上说，《第二性》就是一部呼吁女性通过对自身的不断"造就"来赢得未来的启蒙主义著作。

由此可见，《第二性》抑或波伏娃整个哲学理论的目标并非意图建构一个"伟大的理论体系"，而是要建设一个更为理想的人类社会，因而，波伏娃应当被视为一个主张社会变革的实践哲学家。

《第二性》分为上下两卷，上卷写了关于女性的事实与神话；下卷则集中研究当代女性问题。波伏娃本人思维敏锐，学识渊博，再加之跨学科运用许多相关的文献资料，使本书读起来并不轻松。也有细心的学者发现这部著作最初由法文翻译成英文时，出现了许多错误，这也导致人们对于波伏娃理论的一些误解。目前较早的中译本是1998年由中国书籍出版社出版的《第二性》全译本（陶铁柱译），是根据英译本译出的。因而，意欲深入和准确理解波伏娃理论的人们需要参照法文原著阅读《第二性》。此外，波伏娃是一位多产的作家和思想家，人们亦可参照她的其他著述来阅读《第二性》，例如她在1948年完成的《模糊的道德》（中译本2013年出版），以及她的访谈录《拒绝做第二性的女人》（中译本1988年出版），等等。

《科学革命的结构》

导读作者 / 李正风　张涵

> 《科学革命的结构》(*The Structure of Scientific Revolution*)，该书出版于1962年，引发了科学史和科学哲学的重大变革，推动了科学哲学从逻辑主义向历史主义的转变，是20世纪后期在哲学和社会科学界被引用最广泛的学术著作之一。该书提出的"范式""学术共同体"和"科学革命"等概念深刻地改变了人们思考科学和学术的方式。该书不仅被翻译成多种语言，而且其影响远超出科学史、科学哲学和科学社会学等学科，延伸到社会学、历史学、人类学等广泛的人文社会科学领域。

作者简介

托马斯·库恩（1922—1996年），美国科学史家、科学哲学家，重要学术著作包括《科学革命的结构》《哥白尼革命》《必要的张力》《结构之后的路》等。库恩出生于美国俄亥俄州辛辛那提，早年就读于哈佛大学，1943年获物理学学士学位，1946年获理科硕士学位，1949年获哲学博士学位。库恩于1948年开始在哈佛大学讲授科学史，1956年任教于加州大学伯克利分校哲学系和历史系，1961年被任命为科学史教授，1962年在伯克利发表其代表作《科学革命的结构》，成为西方科学哲学历史主义学派的重要代表。1964年，库恩加入普林斯顿大学，担任哲学和科学史教授，1968—1970年任美国科学史学会主席，美国科学院院士。1979年以后，库恩在麻省理工学院担任哲学教授。1982年10月，在美国科学史学会、科学哲学学会、技术史学会和科学的社会研究学会四个学会共同召开的年会上，库恩被授予萨顿勋章（萨顿被公认为科学史学科的奠基人，常被称为"科学史之父"。"萨顿奖章"是国际科学史界的最高荣誉）。库恩被称为"二战之后最具影响力的一位以英文写作的哲学家"。

《科学革命的结构》（以下简称《结构》）从科学发展的历史出发，探讨常规科学和科学革命的本质，提出了与逻辑经验主义和批判理性主义截然不同的科学观，是科学哲学中历史主义的奠基之作。

库恩认为，逻辑经验主义关于科学知识不断积累增长的观点，以及批判理性主义基于逻辑分析提出的不断革命的思想，都不能说明历史研究中所呈现出来的实际情况。《结构》一书试图以详实的历史研究为基础，探讨科学的革命及其结构，并展现一种新的科学观。正如该书开篇所言，"本书的目的是要勾画出一种大异其趣的科学观"。

该书沿着科学革命如何发生的主线展开，展现了一幅"常规科学——反常与危机——科学革命——新的常规科学"的科学发展图景。"范式"以及与之密切相关的"学术共同体"等是解释"常规科学""科学革命"的核心概念。"范式"的形成通向"常规科学",这个过程是不同思想竞争选择的认识过程,也是凝聚支持该范式的研究者并进而形成相应的"学术共同体"的社会过程。常规科学的任务是在"范式"的框架下解决科学问题,对范式的信任往往成为常规科学时期的重要特点,因此常规科学下的学术研究类似于"解谜"的活动。反常的出现既是对特定范式的考验,也可能带来范式的危机,危机不但挑战范式,而且会带来"学术共同体"的分化,并最终走向科学革命。科学革命是"范式的转换",意味着新的范式取代旧的范式,科学革命之后将进入到新的常规科学时期。

库恩没有对"范式"这个核心概念进行严格的界定,这可能是因为科学发展的复杂性和多样性,导致难以给"范式"下一个统一的定义。在《结构》一书中"范式"概念使用的多样性,带来了学术界的争议,但也赋予该书更大的阅读和理解空间,并使该书具有独特的魅力。

该书另外一个值得关注的争议,是新旧范式之间的关系问题。在库恩看来,新旧范式之间是"不可通约的",因此,科学革命往往意味着"世界观的改变":"范式改变的确使科学家对他们研究所及的世界的看法变了。只要他们与那个世界的沟通是透过他们所看的和所干的,我们就可以说:在革命之后,科学家们所面对的是一个不同的世界。"在革命之后,科学家由一个新范式指引,去采用新工具,注意新领域,甚至在以前注意过的地方又发现新的不同的东西,几乎分别生活在两个"不可通约的世界"之中。

《结构》一书的影响非常广泛和复杂,该书不仅形成了科学哲学中的历史主义,而且把社会、历史的因素引入到对科学发展过程、学术发展过程的考察之中。其后的科学知识社会学、后现代思潮等都不同程度受到此书的深刻影响。

《结构》一书尽管篇幅不长,但核心概念没有严格统一的界定,以大量的科学史研究为基础,思想高度浓缩。同时,该书确有真知灼见,却又不乏争议。对阅读和理解有一定挑战,比较适合精读,或以阅读小组的方式在精读后相互研讨。

该书中译本有三个版本。最早的版本是李宝恒、纪树立的译本,上海科学技术出版社1980年出版;1989年台湾出版了由程树德、傅大为、王道远和钱永祥合译的版本;第三个版本是金吾伦、胡新和的译本,2004年北京大学出版社出版。在此推荐第三个版本。

理解《结构》一书,可以参考阅读库恩的其他著作,特别是《结构之后的路》一书(该书2000年由芝加哥大学出版社出版,中译本2012年由北京大学出版社出版),《结构之后的路》是库恩在《结构》出版之后数十年间思考和研究的成果,对他自己的理论作了新的审视和发展,同时也对其他学者的批评和误读作出了回应。

《疯癫与文明》

导读作者 / 刘北成

> 《疯癫与文明》是 20 世纪法国著名哲学家福柯反思人类文明社会中理性与疯癫关系的论著，是福柯的成名作。

作者简介

福柯（Michel Foucault，1926—1984 年），出生于法国西部城市普瓦捷一个医生家庭，1946 年至 1950 年就读于巴黎高等师范学院。1961 年获博士学位，先后任教于克列蒙 - 费朗大学、突尼斯大学、巴黎万塞讷大学（现巴黎第八大学），1970 年成为法兰西学院的"思想体系史"教授，1984 年死于艾滋病。

福柯的主要著作有《古典时代疯狂史》《临床医学的诞生》《词与物》《知识考古学》《规训与惩罚》《性史》以及"法兰西学院演讲系列"等。他的著作几乎每一部都标新立异，引起轰动。

作为哲学家，福柯却不讨论传统的哲学概念，而是考察与现代人的生活经验息息相通的疯癫、医学、惩罚和性的历史，而且这些对象都不是确定不移的"客观事实"，而是"观念""知识""话语""体验"。关于现代性的理性话语成为他进行"知识考古"的批判对象。

自 1960 年代起，福柯在西方学术思潮中声名显赫，先是被说成结构主义四巨头之一，后被视为后现代主义的主将之一。福柯在国际学术界（包括中国学术界）的影响迄今方兴未艾。

《疯癫与文明》（1965）是福柯博士论文《古典时代疯狂史》（1961）的英译缩写本，得到福柯本人认可，比《古典时代疯狂史》更广为人知。这部著作通过考察"疯癫"在西方近代历史中的命运，对西方文化边界和性质进行了反思。凭借此书，福柯一跃登上国际学术舞台。

在福柯笔下，西方主流文化一直通过制造和迫害他者来确立某些价值，整合社会的思想。中世纪晚期，麻风病就曾承担了这种负面角色。近代以来，疯癫接替了麻风病的角色。而对疯癫的压制恰恰是"另一种形式的疯癫"。

从历史上看，疯癫不是一种确定的自然现象，而是一种文明的派生物，是一种随时代而变化的异己感。理性—疯癫关系构成了西方文化的一个独特维度。在古希腊，苏格拉底式理性学者的"明智"在某种程度上是因为面对"张狂"的威胁。中世纪后期到文艺复兴时期，疯癫是人性的一部分，与理性纠缠不清，作为一种美学现象或日常现象出现在社会领域中，千姿百态，含义丰富，具有展现和揭示的功能（例如，麦克白夫人变疯时开始说出真理）。但是，在17和18世纪的古典时期，随着君主专制的加强和理性主义的胜利，非理性受到压制，疯癫被贬为非理性，甚至被贬为兽性；疯人被禁闭甚至带上镣铐。自18世纪末，疯癫被确定为精神疾病。吊诡的是，一方面精神病院向疯人显示居高临下的博爱；另一方面在不少文学家和艺术家的作品里疯癫却表现为抗议激情。

《疯癫与文明》是一部学术性与文学性交融的作品。其外溢的文学才华受到普遍的赞誉。作为对西方现代性的批评之作，该书已经成为一部经典，当然也永远有争论与之相随。

福柯提出，应该试着用与自己以前不同的方式来思考、观察和感受。阅读福柯就是对我们思维的一个挑战。首先，试着跟上福柯回到各个时期的历史语境，理解当时"疯癫"的含义。其次，试着把福柯作品与我们常见的论述方式做比较。最后，试着反思我们自己的文化立场。

为了加深理解，还可以阅读福柯的另一部著作《规训与惩罚》。福柯本人视之为第一代表作。该书考察了西方刑罚的历史，亦即，惩罚权力如何从旧制度时期的酷刑转变为现代监狱的监管的历程。福柯在这本书里提出了"权力—知识"理论，分析了规训技术（纪律）在近代的兴起及其在西方社会中的普遍功能。该书被誉为"惩罚的神曲"。这两本书的中译本均由生活·读书·新知三联书店出版（2016年版）。

作为辅助读物，推荐刘北成的《福柯思想肖像》（中国人民大学出版社）和牛津通识读本《福柯》（英汉对照，译林出版社）。

《历史的起源与目标》

导读作者 / 刘敬东 王贵贤

> 《历史的起源与目标》是雅斯贝尔斯最重要的著作之一。全书分为 3 篇 16 章，其中蕴含着雅斯贝尔斯丰富且系统的历史哲学，是存在主义历史理论的经典著作之一。

作者简介

雅斯贝尔斯（1883—1969 年），德国存在主义哲学家、神学家、精神病理学家和教育家。他早年受父亲影响学习法律，随后转读医学；1913 年在海德堡大学得到心理学教职，40 岁时转攻哲学，最终成为与海德格尔齐名的存在主义哲学大师。

雅斯贝尔斯的哲学经历了生存哲学、理性哲学和世界哲学三个发展阶段。《历史的起源与目标》是最后一个阶段的代表作。存在主义历史哲学的基本任务是处理人与历史的关系，它的基本观点是："从历史的起源与目标中理解现实的人，从无限敞开的总体性中去领悟人，从历史的超越中去揭示人。"

《历史的起源与目标》根据人类意识论述世界历史的结构时指出，人类发展经历了四个阶段，即史前时期、古代文明时期、轴心时期和科学技术时代。雅斯贝尔斯认为，史前和古代文明是间歇期，轴心时期是突破期，科学技术时期是第二个间歇期。轴心期是他的历史哲学的核心，也是他影响最大的历史概念。

所谓的轴心期是指，"在公元前 500 年左右的时期内和在公元前 800 年至前 200 年的精神过程中"，中国、印度、西亚和希腊等地同时独立涌现出了大量对世界历史产生重大影响的思想家和哲学流派。中国出现了"百家争鸣"的局面，除了以老庄为代表的道家和以孔孟为代表的儒家，墨家、法家、阴阳家以及兵家等流派同时出现（冯友兰先生将这一时期称为"子学时代"）。在印度，《奥义书》和佛教的研究范围涉及包括怀疑主义、唯物主义、诡辩派和虚无主义等在内的很多哲学领域。在伊朗和巴勒斯坦等西亚地区，当地的先知们也开始讨论宗教教义和人世哲学。当然还包括西方文明的两大源头之一的古希腊，那里贤哲如云，不但出现了巴门尼德、赫拉克利特，尤其是苏格拉底、柏拉图和亚里士多德等著名哲学家，而且还出现了像索福克勒斯这样的悲剧作者、像修昔底德这样的历史学家以及像阿基米德这样的数学家和物理学家。轴心期之所以被雅斯贝尔斯给予关注，除了先贤辈出，更主要的原因在于"人类全都开始意识到整体的存在、自身和自身的限度。人类体验到世界的恐怖和自身的软弱"。

但雅斯贝尔斯的"轴心期理论"并不仅仅在于描述已经成为历史的时代,尽管这个时代人类意识已然觉醒,并且产生了影响至今的思想和哲学。他认为,科学技术时代并不是轴心时代的延续,而是进入了第二个间歇期。然而,雅斯贝尔斯所期许的,是促使科学技术时代进入"新的轴心期"。

雅斯贝尔斯的"轴心期理论"对当前历史哲学的影响毋庸赘言,人们往往试图借助这一理论来揭示世界的文化多元主义特征。然而,这是一种理论上的误解。在《历史的起源与目标》中,雅斯贝尔斯认为,在科学技术时代之后,西方文明已经一骑绝尘。可见,尽管他看到了西方官僚制和科学技术的异己性质,关注到东方文明的重要性并给予了相当重要的地位,但他的欧洲中心论思想并未完全放弃,因为至少他所倡导的价值观仍然是西方文明的。

一般来说,《历史的起源与目标》中最值得关注的是雅斯贝尔斯的"轴心期理论",因此可以重点阅读第一篇第一章"轴心期"。如果要了解雅斯贝尔斯对世界历史的整体看法,则需要全面理解和把握第一篇"世界历史"。如果要了解雅斯贝尔斯对现代科学与技术的批判和现代社会特征的描述,需要阅读第二篇"现在与未来"。如果阅读了第三篇"历史的意义",能够更好地系统把握雅斯贝尔斯的历史哲学。

目前,《历史的起源与目标》只有魏楚雄等人翻译的中文版本可供阅读,雅斯贝尔斯:《历史的起源于目标》,魏楚雄、俞新天译,华夏出版社 1989 年版。

《正义论》

导读作者 / 谈火生

> 《正义论》（*A Theory of Justice*）是美国当代最伟大的政治哲学家和伦理学家罗尔斯最重要的著作，于1971年出版。该书的面世被誉为当代西方政治哲学和伦理学发展史上最为重要的事件，它带来了规范政治哲学的复兴。

作者简介

约翰·罗尔斯（1921—2002年），1950年毕业于普林斯顿大学，获博士学位，先后任教于普林斯顿大学、康奈尔大学和麻省理工学院，自1962年起任教于哈佛大学，直至退休。罗尔斯著作不多，但在西方学术界影响甚大。和康德、黑格尔等人不同的是，罗尔斯没有努力建构一个全面性的理论体系，而只是针对特定的问题孜孜不倦地耕耘了近半个世纪，这个问题就是正义问题。

罗尔斯的核心关怀是，如果我们认为现代多元主义社会中的公民是自由而平等的，那么，何种正义观念最适合让他们在公平的条件下相互合作？在《正义论》中，罗尔斯试图为一个良序社会（well-ordered society）确立基本的制度框架和道德原则。他的方法是构建一个他称之为"原初状态"（original position）的虚拟场景，让人们在原初状态中就社会治理的规则达成共识。

罗尔斯的理论建构是对古典契约理论的创新，原初状态类似于古典契约论中的自然状态。与古典契约论相同的是，原初状态是一种理论假设，不是某种在历史上曾经出现过的状态，或现实状态；原初状态下的人们是处于一种没有公共权力或政治权威之下的平等状态。但与古典契约论不同的是，在古典契约论者那里，社会原则是由自然权利原则所提供的；罗尔斯的契约论排除了这种形而上学的假设，他只能依据人们地位平等和处境平等而得出逻辑的结论。为此，罗尔斯通过无知之幕与正义环境的设计，构造了一个社会契约发生的前提性结构。"无知之幕"（a veil of ignorance）假设，在原初状态中，没有一个人知道他将身处于何种社会之中，也不知道自己在社会中的状况——性别、种族、社会地位、哲学信仰、宗教信仰。但是，原初状态中的人知道有关人类社会的一般事实，理解政治事务和经济理论的原则，知道社会组织的基础和人的心理法则，即对所有影响正义原则的一般事实他们是清楚的。

由于无知之幕的屏障作用，原初状态中的人们所能选择的是那种假设他处于社会最不利者地位时也能给他带来最大利益的原则。这样的原则有两个：

第一个原则，每个人对于平等的基本自由体系都有一种平等的权利，这一体系是与其他人的相似自由体系相容的。

第二个原则，社会的和经济的不平等应这样安排，以使它们（1）适合于最不利者的最大期望利益;（2）依系于公平平等的机会条件,所有的官职和职位向所有人开放。

第一个原则旨在保障公民的平等自由；第二个原则旨在消除社会和经济的不平等，强调社会政策应当向不利者方向倾斜，这突出地体现了罗尔斯"作为公平的正义"（justice as fairness）观念。罗尔斯心目中理想的正义社会是这样的：所有公民处于社会合作体系之中，即使是最为有利者，他的利益所得也应同时为最不利者带来利益。在此，我们看到作为政治哲学家的罗尔斯和经济学家的眼光有重大差别：不是经济增长，而是社会公平才是评价社会制度的基本尺度。这一点对于经过30多年改革的今日中国尤其具有启发意义。

在罗尔斯《正义论》的最初版本中，他认为他揭示的正义原则适用于任何社会。后来，在《政治自由主义》一书中他直言不讳地承认，他所致力于发现的并不是普遍的正义原则，而是只适合于像美国这样的现代自由民主社会的原则。

《正义论》的中译本主要有三个，推荐版本是中国社会科学出版社于2009年出版的《正义论》（修订版）。该版本不仅反映了罗尔斯思想的变化和他在正义问题上比较成熟的看法，而且中译本也对过去的一些译名和译法进行了订正，并编制了罗尔斯著作目录和罗尔斯研究文献目录，为有兴趣的读者进一步了解罗尔斯的思想提供了有益的指南。

《国际政治理论》

导读作者 / 阎学通

> 《国际政治理论》是肯尼思·沃尔兹（Kenneth N. Watlz）于1979年出版的专著。该书提出国际体系的特征决定国家行为体的行为，而国际体系最核心的特征是体系结构，它具有独立性，一旦形成便约束着国家的行为，并决定国家行为（冲突与合作）的结果。该书已经成为国际关系研究领域的经典著作，是引用频率最高和总引用次数最多的国际关系理论著作之一。

作者简介

肯尼思·沃尔兹（又译作肯尼思·华尔兹）（1924—2013年）1950年和1954年在哥伦比亚大学分别获得政治学硕士和博士学位。先后在哥伦比亚大学、加州大学伯克利分校等任教并从事研究工作，曾任美国对外政策委员会委员、全美政治学会理事、美国政治学会会长等，荣获"詹姆斯·麦迪逊政治科学杰出学术贡献奖"，被评为"20世纪最伟大的国际关系理论家之一"。

此书创立了结构现实主义理论，也被称为新现实主义理论。这本书在将国际关系理论研究科学化方面做了巨大贡献，主要体现在两个方面。第一，这是第一个采用演绎的方法发展出来的国际关系理论。既往的国际关系理论发展过于依靠归纳的方法，往往着眼于从单元层次的差异性来解释国际政治，无法察觉总体，这不符合理论的要求。第二，这是第一本具有体系性的国际关系理论著作。以往一个国关理论的多种观点之间缺乏逻辑联系，往往耽于现象的陈列和堆砌，而沃尔兹的理论是所有的观点形成逻辑关系，通过逻辑演绎和实证研究的方式，致力于在体系层次上解释国家行为的规律性，比其他国际关系理论更接近理论的要求。

沃尔兹在该书中确定了结构定义的三个要素，即排列原则、单元特性和实力分配。国际政治与国内政治的区别首先在于排列原则，国内政治是等级秩序，国际政治是无政府状态。国内政治的等级制要求各单元之间的从属关系，也就是说它们之间存在着差别。国际政治的无政府状态要求个单元之间的平等关系，也就是功能的统一性。沃尔兹指出，这两个特征是不变的，否则国际政治系统与国内政治系统将没有区别。等级系统内各单元相互联系的方式取决于功能的差异和能力的大小，而无政府状态下，各单元在功能上不存在差异，主要是依据实现类似任务的能力大小来加以区分。

沃尔兹认为，在无政府状态下，理性国家行为体的首要利益是生存，无政府结构意味着各单元是平等的行为体，不存在最高的权威，因此它们不得不采取自助策略，依靠自身的力量来保证安全。在此种特征下，可以预期均势的出现，即权力在大国间的分配大致平衡，从而产生许多关于行为与结果的预期，例如无论均势是否是国家的目标，它都将采取均势行为。这一预期不是说均势一旦形成将永远存在，而是说一旦均势被破坏，仍能以某种方式得以恢复，均势将周而复始地形成。

推荐阅读信强 2003 年翻译的版本。不建议逐章阅读。建议先阅读评介和前言部分、第一章，然后再读结论部分。在此基础上，可以重点关注理论构建部分，其中第五章阐明政治结构是如何产生的，第六章考察了无政府状态的特性及其对国家行为的影响。第七、八、九章是实证检验部分，比较了不同的国际系统，并阐述了系统结构变化时行为与结果的差异性。第二、三、四章是理论批判部分，如果不是特别需要，可以不读。

作为延伸阅读，沃尔兹在 1959 年出版的《人、国家与战争》提出包括人性、国家内部构成和国际政治结构的三个意象理论，他认为若要获得对战争起源及和平条件的正确认识，研究者需要将第三意象，即国际政治结构的无政府性看作其他两种意象作用的背景。约翰·米尔斯海默（John J. Mearsheimer）2001 年出版的《大国政治的悲剧》提出了进攻性现实主义理论，是在沃尔兹《国际政治理论》科学框架的基础上进一步发展的著作。

《从混沌到有序》

导读作者 / 吴彤

> 本书是以科学中的新发现——远离平衡的耗散结构思想展开关于存在与演化、永恒与变化之间关系讨论的著作。阅读此书有助于理解变化的宇宙,加深我们对于复杂性、自组织的新科学思想和哲学观点的理解。

作者简介

伊利亚·普里戈金(Ilya Prigogine, 1917—2003 年,中文名也有译为普里高津),比利时物理化学家,非平衡态统计物理与耗散结构理论奠基人。普里戈金 1917 年出生于莫斯科,1921 年随父母旅居德国,1929 年定居于比利时。他 1934 年进入布鲁塞尔自由大学,开始在历史与考古专业就读,后转入化学与物理学专业,1941 年获得博士学位。普里戈金因为对非平衡热力学的贡献和提出"耗散结构"理论而获得 1977 年的诺贝尔化学奖。他曾经是比利时皇家科学院院士和美国科学院院士。

斯唐热(Isabelle Stengers),女,法裔科学哲学家,在《从混沌到有序》成书之时,她是普里戈金的学生和学术助手。她曾就职于比利时布鲁塞尔自由大学,另外也在某个博物馆工作,居住于巴黎,研究科学史和科学哲学有关的问题(2000 年出版《现代科学的发明》)。

本书有两位作者的一个中文版序(表达了对中国传统文化中关于变化和复杂思想的吸纳与尊敬),著名未来学家托夫勒为本书的英文版写的一个前言"科学和变化"。全书正文分为三篇(1. 宇宙的幻象;2. 复杂性的科学;3. 从存在到演化),共有一个导论,九章,一个结论。

导论部分"对科学的挑战",长达 25 页,从五个方面讨论了以牛顿力学为基础的科学及其世界观遭受到了怎样的挑战,以往的经典科学强调的是一些所谓的永恒的、与时间无关的定律。但是"耗散结构"的发现,却使我们发现一切都是演化的、多样性的和不稳定的。

按照作者的意图,本书的三篇把内容恰好分为三个部分。

第一部分"宇宙的幻象",从科学史和科学本身的角度,讨论了经典科学的胜利以及这个胜利所带来的文化上的后果,即自然科学与人文学科的分裂,讨论了经典科学静止自然观的问题。

第二部分"复杂性科学",作者从傅里叶的热传播定律说起,说明在经典科学内部,就产生了牛顿力学学说的对手——热学及其两个后代——能量转换学说与热机理论，这使"非经典"的科学即热力学得以产生，从而产生了"熵"的概念，以及不可逆性。以至于科学家在研究中发现，远离平衡的地方，一些新型的结构可能自发地发生，从而认识到，非平衡可能是有序之源。而这样的新型结构，被本书作者称为"耗散结构"。

第三部分"从存在到演化"，讨论了静止不变的经典自然观或物理宇宙观与可以和"熵"联系在一起的进化自然观之间的交锋。新的时间箭头起初就隐含在热力学第二定律中。热力学第二定律，即熵定律，在宏观世界引入了不可逆性。我们可以在空间中走来走去，但不能在时间维度里交换过去与未来。耗散结构的发现，使时间维度下的演化有可能自发出现从混沌到有序的过程。这样，达尔文进化论（生命世界）与克劳修斯的熵定律（物理的无机世界）通过一定条件可以得到统一的解释，亦即进化与退化的矛盾在物理世界可以得到解释，这就是耗散结构发现的重要意义。

本书告诉人们，静止不变的观点是错误的，是关于自然的幻象，这造成了人与自然的对立；经典科学曾很成功地开启人与自然的对话，它以还原论为基础，排除时间性和复杂性，把自然描写为僵死被动的世界；而非平衡热力学和耗散结构理论却促使人们改变对自然的看法，为什么多重性、暂时性和复杂性的概念应该取代单一性、永恒性和简单性，本书引导人们走向人与自然的新对话阶段，建立以自组织和复杂性为中心的新自然观。

《从混沌到有序》的英文版于1984年出版，中文本有上海译文出版社的1987年与2005年版，是曾庆宏、沈小峰的译本。

《从混沌到有序》的读法，可以先仔细阅读导论以及托夫勒写的前言。然后根据需要先选择若干章节读，也可以一章一章读，一章一章地理解、把握；同时要时刻注意全书的中心思想和论证思路，即以存在与演化、永恒与变化之间的关系为全书主线。

《甜与权力：糖在近代历史上的地位》

导读作者 / 郭金华

> 《甜与权力：糖在近代历史上的地位》(*Sweetness and Power:The Place of Sugar in Modern History*) 是美国人类学家西敏司（Sidney Wilfred Mintz）的作品，亦是历史人类学和政治经济学派的代表作。

作者简介

西敏司，1922年出生于美国新泽西，曾在哥伦比亚大学师从著名文化人类学家朱利安·斯图尔特（Julian Steward）和露丝·本尼迪克特（Ruth Benedict）学习人类学，1951年获博士学位。先后任教于耶鲁大学和约翰·霍布金斯大学。2015年因意外逝世。作为人类学家，西敏司的田野工作主要集中在加勒比海地区（包括波多黎各、牙买加和海地），此外包括伊朗和中国香港。其研究领域为文化人类学，尤其是食物研究，被视为"饮食人类学"奠基人。

《甜与权力：糖在近代历史上的地位》一书以糖为例，批判以生物性、普世性解释人类食物偏好的传统观念，强调饮食的社会属性，一方面，回顾了阿拉伯西征、十字军东征、哥伦布发现新大陆以及15世纪以来欧洲海外殖民扩张过程中糖（主要是蔗糖）的生产、贸易历史；另一方面，追溯了12—20世纪初糖在欧洲（尤其是英国）的消费模式变迁的历史：从12世纪的稀有品，到17世纪中叶上层社会享用的奢侈品，再到19世纪初普罗大众日常饮食的必需品。

西敏司通过讲述欧洲主要殖民国家（西班牙、葡萄牙、英国和法国等）在海外殖民地（主要是美洲）进行蔗糖种植园生产、贸易以及相互竞争的历史，描画了在英国、非洲和美洲之间形成的以"贸易三角"为特征的"世界体系"：英国将工业品输出到非洲，再将劳动力（奴隶）贩卖到美洲，最后从美洲将包括糖在内的热带产品带回英国。西敏司认为，美洲的种植园生产实际上是农业和工业的混合体，表现出早期工业化的组织特征（生产与消费的分离；劳动者与生产资料的分离），孕育了其后在欧洲本土兴起的工业化和资本主义。

西敏司指出，伴随糖在英国的消费模式变迁，不仅有大众仿效上层使用糖以及工人阶级劳动、生活方式转变而带来的糖的"内在意义"的变迁，更重要的还有殖民宗主国资产阶级（追逐商业利润）和帝国统治阶层（扩大税收财政）等针对糖的"外在意义"的创造、操纵和塑造。以此为基础，西敏司反思了饮食模式变迁与欧洲工业化、现代化转型之间的交互作用，揭示在文化之外，资本权力和国家权力在生产、规范日常生活"意义"过程中扮演了重要角色。

全书分为五个章节，分别聚焦食物的社会属性、糖的生产史、消费史、权力在其间的影响和作用，最后以饮食变迁透视社会转型。环环相扣，条理清晰。

人类学在历史发展过程中逐渐形成了承认并尊重不同文明、国家、民族、地区乃至群体之间存在文化差异的基本共识。以此为前提，人类学强调研究者应悬置从本文化习得的概念、规范和价值，采取参与观察的方法，以文化学习的方式实现对异文化的深度把握，并借此反观己身，达成对本文化的理解。简言之，"他者"是理解"自我"的必要参照对象。因而，人类学寻求理解"自我"的努力亦表现为寻找不同的"他者"，并将之与"自我"进行对照、比较的过程。

从历史来看，"他者"的范畴从早期的原始社会、异域文明逐渐扩展，进而包括"自我"中的"他者"，比如底层社会、边缘群体。即便如此，"异质性"始终是人类学寻找"他者"的无意识标准。而在本书中，西敏司告诉读者，"异质性"不一定要到所谓的"他者"中去寻找，那些对我们来说熟视无睹、习以为常的事物、现象、行为、观念和价值可能并不像我们认为的那般理所当然，而那些我们认为根本无关的事物与现象相互之间却可能存在着密切的关系。因此，"他者"相对于"自我"的根本意义就在于让我们时刻保持对"熟悉"的一种陌生感，保持对"自我"的一种反思，这才是我们更好理解自身的关键所在。

该书的英文版最初于1985年由纽约的 Viking 出版社出版，现在市面流通的主要是 Penguin Books 的1986年版本。中译本只有一个王超、朱健刚的译本，商务印书馆于2010年出版，被纳入"汉译人类学名著丛书"。

《时间简史》

导读作者 / 王巍

> 《时间简史：从大爆炸到黑洞》（*A Brief History of Time: From the Big Bang to Black Holes*）是剑桥大学霍金教授介绍宇宙起源、结构与时空关系的科普著作。

作者简介

  史蒂芬·霍金（Stephen William Hawking）是英国著名理论物理学家、宇宙学家，曾任剑桥大学卢卡斯数学教授，现任剑桥大学应用数学与理论物理系研究主任、剑桥宇宙学研究中心主任。
  霍金1948年出生于英国牛津，1965年在剑桥大学获得物理学博士学位，随后一直在剑桥大学任教与研究。他1963年不幸患病，只能依靠轮椅行动。1985年之后更是丧失说话能力，要靠语音合成器与人交流。
  霍金证明了黑洞面积定理（黑洞的面积随着时间只增不减）与无毛性（黑洞的终态依赖于它的质量和转速，关于坍塌物体的大量信息在黑洞形成时损失了），还提出了黑洞会发射辐射的理论预测（现称为"霍金辐射"）。他是英国皇家学会会员、美国科学院院士，获得爱因斯坦奖（1978年）、沃尔夫物理奖（1988年），美国总统自由勋章（2009年）等多项荣誉。1988年出版的《时间简史》一书广受欢迎，使他成为家喻户晓的世界知名科学家。

  《时间简史》一开始介绍了从古至今关于宇宙图像的主要猜想。其次分析了从牛顿的绝对时空观到爱因斯坦广义相对论时空观的转变。在相对论中，事件需要在时空的四维坐标中定义，而且质量与能量的分布会使时空弯曲，光线在引力场的作用下也有可能折曲。
  哈勃（Edwin Hubble）1929年的观测证明，宇宙是在膨胀的，不同星系之间的距离一直在增加。霍金与彭罗斯（Roger Penrose）在1970年合作发文证明：如果广义相对论正确，宇宙包含我们观测到的这么多物质，那么过去必须有一大爆炸奇点。
  20世纪物理学的另一重大成就是量子力学。量子力学不确定性原理指出，粒子位置不确定度与动量不确定度的乘积不小于普朗克常数。此外，从宏观到微观的研究还发现了粒子相互作用的四种基本力：引力、电磁力、弱核力、强核力。很多物理学家致力于统一它们。
  大质量的恒星耗尽核燃料后变冷收缩，有可能坍缩形成一个黑洞——它的引力场如此之强,甚至光线也逃逸不出去。霍金1970年开始系统研究黑洞。他提出,有物质落入时,黑洞边界(事件视界)会增大;如果两个黑洞碰撞,会产生比原先两个黑洞面积之和更大的事件视界。正如热力学熵增定律一样,黑洞面积也是只增不减的。但随后霍金又提出,按照量子力学不确定性原理,黑洞会发射粒子与辐射,其温度只依赖于黑洞的质量——质量越大则温度越低。当然,粒子不是从黑洞里面出来的,而是由其事件视界外面的量子涨落形成:粒子落入黑洞而反粒子向无穷逃逸。黑洞发出辐射,因而丧失能量与质量;但黑洞变得越小,其辐射率越大,最终可能在一次巨大的爆炸中完全消失。

根据大爆炸模型,霍金提出了宇宙简史:宇宙起源于大爆炸;10^{-43}秒是大统一理论时期,宇宙温度高达10^{32}度;10^{-34}秒是夸克-反夸克主导时期,温度10^{27}度;10^{-10}秒形成质子、中子、介子,温度10^{15}度;1秒,质子与中子束缚形成氢、氦、锂和氘核,温度10^{10}度;3分钟时物质和辐射耦合在一起,温度10^{9}度;30万年时,电子与核束缚在一起,物质与辐射去耦,温度3000度;10亿年时,形成类星体、恒星和原始星系,氢与氦合成更重的核,温度20度;150亿年时,太阳系形成,原子连接成复杂分子和生命物质,温度3度。为什么宇宙进化到恰恰可以让人类生存的物质条件呢?霍金提出了"人择原理":"我们看到的宇宙之所以这个样子,乃是因为我们的存在"。弱人择原理认为,在大的宇宙里,只有时空有限的一定区域才有智慧生命发展的必要条件。强人择原理假设,存在很多宇宙,其宇宙膨胀率和基本物理性质不同,但只有一些宇宙适合于生命。他本人倾向于前者。针对上帝创世学说,霍金提出了"有限无界"概念:宇宙是完全自足的,它既不被创生,也不被消灭,它就是存在——那还会有造物主存身之处吗?

霍金还论证,热力学时间箭头(熵增)、心理学时间箭头(人们记忆过去而非未来)、宇宙学时间箭头(宇宙在膨胀而非收缩)是合一的。时间旅行(从未来回到过去)需要超光速运动,而这违反了相对论,在物理学上是不可能的。但霍金设想宇宙中存在虫洞,即连接平坦而遥远区域的时空细管,从而允许人们到过去旅行。那我们可否穿越回去从而改变历史进程呢?霍金提出了"时序防卫猜测":物理学定律防止宏观物体将信息传递到过去。

寻找宇宙的大统一理论,是很多物理学家的梦想。霍金也相信有可能实现物理学的统一,例如弦理论。我们那时就能理解宇宙的规律,并对自己的存在负责,那也将是人类理智的终极胜利!

《时间简史》英文版最早于1988年出版,1996年增订。中文本主要是湖南科学技术出版社的许明贤、吴忠超的译本,推荐2001年的增订版或2007的插图版。

对霍金感兴趣的人,可以参看他的个人网站http://www.hawking.org.uk/,进一步阅读《时空本性》《果壳中的宇宙》《大设计》《我的简史》等著作。对宇宙起源感兴趣的人,可进一步阅读温伯格(Steven Weinberg)的《最初三分钟》(*The First Three Minutes*)等。

《人类简史：从动物到上帝》

导读作者 / 彭刚

> 《人类简史：从动物到上帝》以大约 400 页的篇幅，考察了自智人出现以来到人类进入 21 世纪的漫长历史。因其视角新颖，文字叙述流畅精彩，在 2012 年出版以来，很快被翻译成了包括中文在内的二十几种文字，成为风靡一时，在专业历史学界和一般读者群中都受到广泛重视和好评的一部史学著作。

作者简介

尤瓦尔·赫拉利（Yuval Noah Harari）生于 1976 年，牛津大学史学博士，现为以色列耶路撒冷希伯来大学历史系教授。他原来的专业领域是中世纪军事史，《人类简史》一书的问世，使得他成为当今具有重大世界性影响的历史学家中最为年轻的一位。

在近百年来的史学发展中，一方面，历史学的专业化使历史学研究越来越专门，导致了历史学家"对越来越小的事情知道得越来越多"的情形；另一方面，对于更大范围内的历史现象乃至对于人类整体历史的解释和探求，也从未停歇。近年来，全球史等学术领域的兴起，以及生态学、心理学、人类学、社会学等各门自然科学和社会科学对历史学的渗透，使历史学在以跨学科的知识结构从更宏观的角度来审视人类历史方面，取得了显著进展。《人类简史》就是这一学术潮流中令人瞩目的重要成果。

现代历史学在考察人类共同体的历史命运时，习惯于以文化、种族、民族国家为单位，来描述和解释人类在过往的经历。这样的视角，在容易导致以特定文化、种族或民族国家为中心的同时，对生态、科技等对人类历史产生了重大影响的因素难以给予足够的重视。《人类简史》的特点，就在于作者完全突破了传统的人类整体历史的叙述框架，清晰地呈现了自身对影响人类历史的多种因素和重要关节点的认识。

在作者看来，对人类历史演进而言，最为关键的莫过于三次革命：认知革命、农业革命和科学革命。对这三次革命的描述和解释也构成了本书的主体部分。

依据近年来得到广泛接受的研究成果，人类的出现和演化并不是单线的，而是大致同时在世界上不少地方都出现了人属动物。然而，最终是 7 万年前走出东非、走到世界各地的智人，逐渐导致了其他地方原生人种的退场。智人征服世界的原因，是由于在他们身上出现了认知革命。他们的语言，很可能是使他们最终登上地球生物链顶端的原因。人类语言的独特性在于，它既能表达客观的认知（比如，"河边有只狮子"，这点有些高等动物如黑猩猩也能做到），还能表达虚构的观念，能够"讲故事"，比如，说出"狮子是我们的守护神"这样的话来。语言的这一功能，使人们能够在很大的规模上开展合作，比如，素不相识的天主教徒可以一起加入征讨异教徒的十字军，彼此终生不会谋面的陌生人，会自觉归属于同一个民族国家，因为他们能够共同认可有关特定宗教或政治共同体的"故事"。

一万年前开始的农业革命，并不是在人类足迹所到之地都发生了的。一个原因是，最终能够驯化的动物和植物的种类相当有限，而各个大陆所具有的能够驯化的植物和动物物种的禀赋差别甚大。在采集时代，人们的生活相对悠闲，每天劳作的时间并不长，食物种类多样，疾病也少。比之采集时代全球不过上百万人，农业革命使土地集中产出更多的食物，让地球能够承载数以亿计的人口。然而，人们在驯化物种的时候，也被物种所驯化，比如，小麦的种植就使人们必须定居生活，终日劳作。大量家养动物的饲养，也使人类有了更多的机会为疾病所苦。人类作为物种的进化，并不见得就是人类个体的福音。

现代科学之前的知识体系，比如各种宗教体系，都假定世间所有重要事情都是神或人已知的；而现代科学则从承认人的无知开始，以观察自然现象和使用数学工具为中心，运用理论成就发展出新的科技。五百年前开启的科技革命，造成了人对自然的支配，也造成了不同国家和地区在世界格局中的不同地位和等级。以生物技术和人工智能为核心的新的科技革命，将给人类社会带来更多不可预知的重大改变。

此书虽是从宏观角度极为概略地考察人类整体历史进程，但其中吸收了多学科的最新研究成果，书中着墨不多但颇为精彩的细节俯拾皆是。阅读时，可在整体把握的同时，多关注细节。对于其中新颖的知识点和充满哲学思维意趣之处，宜多加留心。

作者曾于 2016 年 4 月访问北京，在清华大学做了专题演讲，题为"21 世纪会是史上最不平等的时期吗？"。他在北京的多次演讲和访谈，以及网上的若干演讲视频，均可作为阅读此书的参考。

推荐阅读 2015 年林俊宏翻译的中信出版社的译本。

《美的历史》

导读作者／李睦

> 《美的历史》并非一本专业的艺术史著作，它所关注的是西方文化中有关"美"的观念的历史。
> 　　艾柯认为：美的观念向来不是绝对、颠扑不破的。此作大部分的篇章，在于将不同的美学观念并陈，探讨差异的美的模式如何并存于同一时期，以及其他模式如何穿越不同的时期彼此呼应，并且，"美"会随着不同的历史时期与文化更迭而发生改变。
> 　　全书共计17章，出古入今，涵盖了西方自古希腊至当代的美学观念的变化，可以说是一部关于"美"的百科全书。

作者简介

　　翁贝托·艾柯（Umberto Eco，1932—2016年），意大利人，是享誉国际的作家、哲学家、符号语言学专家、历史学家、文学评论家和美学家，生前著作取向广阔、横跨诸多领域，并均有经典建树。作为"百科全书"式的学者，被誉为"当代达·芬奇"，在欧洲，更是成为知识与教养的象征。

　　当18世纪的旅行家与探险者攀越阿尔卑斯山之后，古典的世界开始隐没在云烟之下，"自然"展现出全新的一面，关乎"美"的惊奇也拉开了一个新的时代序幕。

　　这样的登涉无关于征服的主题，荒野之美的视觉体验冲击着属于个人的内心世界，大自然的面目随之翻转，不再仅仅规训于既有标准。正如弗里德里希的《流浪者在云海之上》，观者或许已不在意人物的背影，而更在意与其一起体验真实自然的崇高。

　　在艾柯的笔下，《美的历史》有如一条历史的长河，我们乘一叶扁舟，顺流而下。从遥远的古希腊、古罗马汇聚而成，沿途风光优美、河道波光粼粼，两岸不时出现的码头归于中世纪基督教、文艺复兴、巴洛克、洛可可、新古典、浪漫主义、印象派、现代主义……，码头之上大师、巨匠林立，人声鼎沸，散发着思想光芒的图文经典引领着我们前行。在川流不息的沿途观者不时的驻足观望中，看似平静的水面，透过清澈的水色与倒影，隐约可见各时代的哲学、宗教和思想的沙石与暗流。

　　"河道"蜿蜒，或可驻足左右岸丛，或可漫步桥梁、舟渚之上，若是中国文人，轻拍栏杆，咏一曲"水调歌头"、叹一声"西江月"。而《美的历史》，远处分明传来悠然的教堂钟声、骑士的呐喊、英雄的马蹄、贵妇的歌咏、轮船的汽笛和机器的轰鸣声，伴随着卡拉瓦乔城堡间的无尽逃亡、凡·高淹没于麦田中绝望的行走、塞尚在塞纳河左岸背跨画箱的孤独身影……终究，我们需要随舟独行。

艾柯拉起美的船帆，构筑着"从古典到现代"的帷幔，《美的历史》关键在于，让我们由此看到"从现代到未来"的那一片时空。然而，更为重要的是，今日大众又何尝不需要去跨越那座关于"美"的"阿尔卑斯山"！

《美的历史》不同于一般的艺术通史类读物，全书随正文的展开，附注了大量的图像资料与经典文献，同时，作者不拘囿于艺术的单一视角，从哲学、文学、社会学等多角度切入分析解读。因此，顺着美的历史脉络，紧扣美的观念差异与时代变化，我们可以在重要的思想节点或兴趣点上，作短暂"停留"，延伸精读相关节选篇章，而不影响对于知识与思想的完整认知。

另外，需要加以注意的是，西方艺术史的演变历来着重几个重要节点，如古希腊、古罗马时代、文艺复兴时代、18世纪启蒙时代以及19世纪末的现代主义思潮。所以，在阅读时，可以重点关注这几个历史瞬间，特别是启蒙时代之后，西方文化走向现代的思想底色与历史图景。

《美的历史》中文译本，由中央编译出版社于2007年出版，作为著述丰富的学者，继此书之后，又写了《丑的历史》，同样以详实的图文资料，深入的剖析了世人对"丑"的成见，从而颠覆传统的审美观，形成一部异彩纷呈的审丑观念史。艾柯的《美的历史》和《丑的历史》旁征博引，不仅仅限于艺术史的知识。与之不同，贡布里希的《艺术的故事》（又名：艺术发展史）则更为纯粹的从艺术史的角度看待艺术的历史，可以比照着艾柯的著作阅读，以获得更为丰满的艺术感受。

我的阅读记号

- ☐ 荷马史诗（古希腊）
- ☐ 奥狄浦斯王（古希腊）
- ☐ 罗摩衍那（古印度）
- ☐ 变形记（古罗马）
- ☐ 神曲（意）
- ☐ 波斯古代诗选（古波斯）
- ☐ 哈姆雷特（英）
- ☐ 堂吉诃德（西班牙）
- ☐ 傲慢与偏见（英）
- ☐ 浮士德（德）
- ☐ 高老头（法）
- ☐ 白鲸（美）
- ☐ 草叶集（美）
- ☐ 包法利夫人（法）
- ☐ 悲惨世界（法）
- ☐ 玩偶之家（挪威）
- ☐ 卡拉马佐夫兄弟（俄）
- ☐ 伊凡·伊里奇之死（俄）
- ☐ 契诃夫小说选（俄）
- ☐ 泰戈尔诗选（印度）
- ☐ 都柏林人（爱尔兰）
- ☐ 荒原（英）
- ☐ 先知（黎巴嫩）
- ☐ 城堡（奥地利）
- ☐ 高尔基中短篇作品精选（苏联）
- ☐ 雪国（日）
- ☐ 静静的顿河（苏联）
- ☐ 海明威短篇小说全集（美）
- ☐ 迪伦马特喜剧选（瑞士）
- ☐ 百年孤独（哥伦比亚）

世界文学名著

CLASSICS OF WORLD LITERATURE

《荷马史诗》

导读作者 / 童燕萍

> 《荷马史诗》是《伊利亚特》和《奥德赛》两部史诗的统称,分别 24 卷,记述了公元前 12 至前 11 世纪特洛伊战争及有关海上冒险的故事。《荷马史诗》不仅具有文学艺术上的重要价值,在历史、地理、考古学和民俗学方面也提供给后世很多值得研究的素材。

作者简介

荷马大约生于公元前 873 年,是古希腊的一位盲诗人。据说是他根据民间流传的口头短歌记述了特洛伊战争,以及关于海上冒险的故事《伊利亚特》和《奥德赛》。

公元前 12 世纪末在希腊半岛南部地区的阿凯亚人和小亚细亚北部的特洛伊人之间发生了一场历时十年的战争,即后人所说的特洛伊战争。据说战争的起源是为了一名女子海伦。海伦是斯巴达国王墨涅拉奥斯的妻子,她的美貌冠绝希腊,但是因她和特洛伊的王子帕里斯私奔,激起了希腊人的愤怒。他们推举墨涅拉奥斯的哥哥阿伽门农为首领,带领希腊各个部落的联军,远征特洛伊城。虽然希腊人在数量上远超特洛伊人,但特洛伊城被围困十年才被攻破。战争结束后,在小亚细亚一带便流传着许多歌颂这次战争中的民族部落首领的英雄事迹的短歌。在传颂过程中,英雄传说同神话故事交织在一起,由民间歌人口头传授,代代相传,每逢盛宴节日,便会在部落贵族的宫邸中咏唱。大约在公元前 9 世纪的时候,一位具有高度艺术天才的盲诗人荷马对民间传说和短歌进行了加工整理,形成了具有完整情节和统一风格的两部史诗《伊利亚特》和《奥德赛》(也称《奥德修纪》)。继荷马时代之后不久,在希腊本土出现了文字,《荷马史诗》才有了文字记录。公元前三世纪至公元前二世纪之间,经亚历山大城的几位学者校订之后,史诗有了最后的定本,流传至今。

《伊利亚特》全诗一万五千余行,集中讲述了历时十年战争的最后五十一天中发生的故事。史诗以"阿基琉斯的愤怒"为主线,歌颂了他的英勇和无畏。因为希腊联军的首领阿伽门农争夺了他的一个女俘,阿基琉斯深感受辱,愤而退出战场。在他休战期间,希腊联军被特洛伊的主将赫克托杀得节节败退,阿伽门农不得不向阿基琉斯请求和解,却遭到拒绝。在希腊联军生死存亡的危急时刻,阿基琉斯的好友帕特克洛斯披挂上阵，抵挡住特洛伊人的进攻，但却被赫克托杀死。阿基琉斯为好友的死而悲伤，同时也为自己的自负导致朋友的死而后悔。他决心出战，为亡友复仇。在战场上他杀死了赫克托，还把他的尸体拖在马后，驾马在特洛伊城外奔驰，以示羞辱。赫克托年迈的父亲为儿子的死感到无比地伤心，他不顾危险前往希腊联军，痛说失去儿子的悲伤，赎回了儿子的尸体。史诗以赫克托的盛大的葬礼结束。

《奥德赛》全诗一万二千余行，描写的是特洛伊战争后奥德修斯返乡途中十年漂流的艰辛以及到家后了断家中纠纷的故事。史诗着重讲述奥德修斯返家最后四十二天发生的事情。围绕奥德修斯返家，诗人展开两条并行的线索。一条以奥德修斯返乡为主线；一条以其妻佩涅洛佩在家乡被求婚者纠缠、其子忒勒马科斯外出寻父为副线。两条线索时有交错，前后呼应。奥德修斯是伊萨卡岛之王，他聪明、勇敢、果断、坚毅。在特洛伊战争中，他多次使用计谋，屡建奇功，最后是他提出了木马计，使特洛伊人上当，攻破了城池。在返家途中，他与惊涛骇浪和妖魔鬼怪搏斗，战胜无数次惊险，抵御了荣华富贵和美女爱情的诱惑，最终回到了家乡。但是，等待他的还有一场恢复王位和向求婚者复仇的较量。在这场斗争中，奥德修斯的机智和果断发挥到了极致。他装扮成一个流浪乞丐试探妻子的忠诚，了解求婚者们的情况。最后在宴会上他突如其来地向毫无准备、妄自得意的求婚者们发起进攻，将他们毫不留情地杀死，夺回了财产，恢复了王位，并与妻儿团聚。

史诗《伊利亚特》构思独特，虽然讲述战争的故事，但是主要以人物之间的冲突为线索，突出了人物的性格。无论是希腊联军的阿基琉斯，还是特洛伊军中的赫克托，无不是骁勇善战的英雄。而且，史诗中的英雄人物既有不同于常人的能力，又带有人性的弱点。他们的命运表现出宿命的思想。比如阿基琉斯，他是阿尔戈英雄珀琉斯和海洋女神忒提斯的儿子，母亲为了使他能刀枪不入，便把他浸入冥河之水，但他被母亲捏住的脚后跟未能浸到冥河的水里，所以他全身成了刀枪不入的金身，唯独他的脚后跟是他的致命弱点。后来，在战争中阿基琉斯被偏爱特洛伊人的太阳神阿波罗一箭射中了脚踝而死。故而"阿基琉斯之踵"一词常常比喻为人的死穴，说明再强大的人也有致命的弱点。此外，史诗的语言自然质朴，富于情感。诗人善于运用比喻（亦称"荷马式的比喻"）和形象生动的语言，勾勒出一系列的英雄形象。在情节安排上，故事发展的线索清晰，既展现了希腊民族部落时期的历史和文化，又表现了个人英雄主义的精神。为了便于传唱，诗人常用重复的手法，使得史诗更富于古朴悲壮的气氛。

《伊利亚特》和《奥德赛》两部史诗展现了古希腊社会从民族部落时期到奴隶制萌芽时期的生活图景，赞美了英雄主义的精神。在史诗中，诸神的干预虽然起到了重要的作用，表现命运的力量，但是史诗赞美了英雄们的勇敢、友爱和忠诚，表明了他们勇于选择自身命运的无畏和担当精神。从内容和风格来说，两部史诗虽然都是讲述英雄的故事，但又有不同之处。《伊利亚特》描写的是战争，场景集中在两军对峙的特洛伊战场。《奥德赛》描写的是返家的旅途之险和家中发生的危机。场景多变，故事新奇。《伊利亚特》给人以剑拔弩张之感，具有悲剧色彩。《奥德赛》则显出奇异浪漫的风情，带有喜剧的意味。奥德修斯经历了地中海一带梦幻般绚丽的世界，甚至走进了冥神的国度，见到了他死去的战友。在他返家之后，诗歌转而讲述复仇和决斗，表现了生动的家庭生活和社会冲突。如果说，《伊利亚特》展现的是彪悍高大的英雄世界；《奥德赛》则在赞美英雄的同时进一步揭示了普通人的情感。而且，两部史诗虽然塑造了许多英雄形象，但是他们各具特色。阿伽门农粗犷专横，阿基琉斯高傲自信，赫克托忠贞无畏，奥德修斯机智精明。两部史诗各具特色，在内容和风格上又相互关联、相互补充。在《伊里亚特》中，阿基琉斯的故事是史诗的中心，但是他的结局在《奥德赛》中才得以交代。奥德修斯是《奥德赛》的主要人物，但是他的形象在《伊利亚特》中已得到生动充分的体现和铺垫。《伊里亚特》中不少重要人物的命运都是在《奥德赛》中通过进一步的讲述而得以完成。《奥德赛》的第二十四章家人团圆是对特洛伊战争的一个回应，可以看成两部史诗的共同结尾。

  此外，诗人还把希腊神话和传说与史诗的英雄故事有机地融为一体。荷马史诗中诸神的形象十分生动。他们能力非凡，但又具有人类的内心和情感。在人类生存的世界上，他们时隐时现，在关键时刻，他们站在不同的立场，干预人类之间的冲突，对事件的发展起到一定的作用。这些神灵虽然超脱于人类，但他们的话语和行为是对人类世界的生动模仿和再现。

  中文译本参见罗念生、王焕生译，人民文学出版社出版的《伊利亚特》和《奥德修纪》。

《奥狄浦斯王》

导读作者 / 颜海平

《奥狄浦斯王》是古希腊剧作家索福克勒斯的名著。

作者简介

　　索福克勒斯（约公元前 496 B.C.—前 406 年）是希腊三大悲剧作家之一。生于雅典城外科洛诺斯村，其父是富有的兵器制造商。由于体质优美、运动能力高超和音乐的天赋，他在 16 岁时被选为赞美歌队成员，在希腊对波斯海上战争全胜的庆典上演出。公元前 442 年，他成为向雅典进贡的"德里亚联盟"之贡物与财富的司库之一；前 440 年，他成为雅典十大军队首领之一，辅佐贵族民主领袖伯利克里主政的成员。前 413 年，已经 83 岁左右的索福克勒斯进入"十人指导委员会"，在史称"西西里岛战败"后，受命处理雅典经济和国内秩序的恢复。索福克勒斯对雅典，它的主政者、宗教信仰和社会组织形态的热爱终其一生。他在雅典向斯巴达投降的前一年去世。在他最后的剧作《奥狄浦斯在科洛诺斯》里，索氏仍然颂扬着他的出生之地科洛诺斯和雅典城邦。索福克勒斯于公元前 468 年赢得了他在酒神戏剧节上的第一次胜利，击败了资深于他的埃斯库罗斯，从此开始了他无与伦比的悲剧作家的人生。他撰写了约 130 部剧作，参与戏剧节的竞争当有 30 次之多；18 次获胜。

　　在他所有作品中，《奥狄浦斯王》最为著名。此剧成为世界史上重要剧院庄严的保留剧目。21 世纪，此剧仍活跃在世界各地的戏剧舞台上，叩问着人之世界的昨天、今天、明天。《奥狄浦斯王》是索氏"特拜系列"（Theban Plays）中的一部，其他两部为《奥狄浦斯在科洛诺斯》和《安提戈涅》。《安提戈涅》上演于公元前 441 年，索氏 45 岁之年；《奥狄浦斯王》上演于 14 年或 15 年之后；而《奥狄浦斯在科洛诺斯》在作者以 90 岁高龄去世后一年，即公元前 405 年上演。通过这些剧本，我们可以看到一个神话故事是如何不断触动索氏的想象、通过想象找到最终表达的；我们亦可看到每次索氏处理神话时，在方式上变化的程度，并由此理解神话传奇作为戏剧的原材料，对索氏意味着什么。"特拜系列"中，《奥狄浦斯王》是索氏艺术主题得以高度凝聚的载体。多数学者判断此书完成当是在公元前 427 年左右，即雅典发生的大瘟疫之后。有后人认为，剧本示意这一瘟疫发生在特拜城（Thebes），此事无可靠史料的证实。

　　剧本故事沿用神话梗概。父亲特拜国王得罪神祇，奥狄浦斯出生时被预言将杀父娶母。王与王妃为避灾难，将幼儿两脚用铁钉钉在一起（"奥狄浦斯"意为"肿胀的脚跟"），让牧人抛到山里；而牧人将他给了科任托斯王国的人，他遂由科任托斯国王养育为子。

长大的奥狄浦斯为避"杀父娶母"的预言而出走；路遇冲突失手杀人；到达特拜城邦时，他成功解答了狮身人面兽斯芬克斯（Sphinx）的谜题，阻止了斯芬克斯将一个又一个无法解谜的人撕裂吞食的惨剧，并由此成为特拜国王。特拜突然陷入一场大瘟疫，奥狄浦斯为解救受难的生民，决绝地彻查引起瘟疫的原因和元凶真相。结果是他自己杀父娶母的罪行，作为引起瘟疫的原因被发现并公之于众；追查者恰是主犯。

剧作艺术性所在，是奥狄浦斯不知道自己是自己追查的原罪之人。当英雄登上舞台，宣布自己的身份时，观众将知道所有关于他的昭著事实，并且会旋即明白奥狄浦斯本人对自己的身世毫不知情。这结构性的情景，使得故事沉重地充满了讽喻性。剧情发展成为对过去的探索。每个行动或片段都带来一位新的相助之人——奥狄浦斯本人、国舅克瑞昂、预言家特瑞西阿斯、特拜王妃、信使、牧羊人——每一位都为解开谜团做出贡献，直至最后谜底呈现：自以为是科任托斯国王之子的奥狄浦斯，原是为了逃避被预言为"杀父娶母"的命运出走；而路遇冲突失手杀死的人中，却正包括亲生父亲特拜国王。到达特拜城邦时，他解开了狮身人面兽的谜题，不仅拯救了城邦，而且由此接受城邦为求解救所发出的承诺——拯救者将获王位并娶国王遗孀为妻；而国王遗孀，却正是他的母亲。他在巨大的震惊中终于发现这一无法承受的事实：他在逃避中完成的正是他所要逃避的灾难预言。

如此往事的运行，使英雄主角在冥冥中杀了生父并与母亲生了两男两女。如此命运的结果是王妃自杀；奥狄浦斯王用王妃妆戴的金别针刺瞎了自己的双眼，将自己驱逐流放。这沉重讽喻的结构中有一个意外而新鲜的维度：恐怖的悲剧基于一个原本是幸福的浪漫故事——遭丢弃的幼儿被神奇地救回，原以为已死的孩子被归还亲人。对杀死特拜前国王之凶手的追查和对奥狄浦斯身份之谜的叩问在同一个时间节点出现。凶手的发现与身份的揭示构成剧作高潮。

将《奥狄浦斯王》解读为一个对"奥王式傲慢"惩罚的故事，当然失之勉强。因为奥狄浦斯必受惩罚的所有行为，在他出生之前已为天定，即为他父亲受到的神谕诅咒而命定。但是，奥狄浦斯所具有的宏伟天赋资质——他冲动的智性，他对真理的激情，他伟岸的体力与坚强，他完整的人格与正直的品性，还有他的骄傲——确实内在于剧中，成为他命运的范式及其内涵的必然元素。

观众看着一位国王做出一个为子民们所质疑的决定；看着他误解、误判了造反者和他自己作为君主的角色；看着他和神学预言家相遇，被告诫宗教之力正在反对他，而他则指责对方为人买通唆使；国王蔑视所有对他决定的攻击，直到在他内心开始的自我认知过程引导他到达最后致命的自我发现，他被自己定罪判决。这里，剧本在深化中运行，直至揭示出索氏的根本主题：一个以真挚之心作出了错误决定的君主，由于误解他所遇到的反对而坚持错误的故事，同时深化为一个无意中犯了天条的人，被社会的神圣之律毁灭的悲剧。一个违反了神圣之法的人，同时是一位无辜之人。在《奥狄浦斯在科洛诺斯》中，观众更清晰地看到，至少在自己的心智深处，奥狄浦斯明白，他在理性范畴中的清白，即他是无意中冒犯天条这一事实，是神祇给予他最后辩解的重要原因。索氏似乎在宣布，奥狄浦斯之罪是确实的；其孤独、被藐视忽视的长年流浪和受难无可避免；同时他在意识层面的无辜和他的意志力本身亦是对人之罪的一种衡量——当原罪之人无意地犯了天条，他的受难可以足够弥补他的犯罪自觉和愧疚。索氏似乎在指出，奥狄浦斯对自己在理性能够达到的极限内是清白的这一意识，是故事中的结构性平衡之力。他的罪无可原谅；但作为人，他无法具有超出理性之极限的能力；这使得他的存在同时获得了正当化的理由。奥狄浦斯，这为人们厌恶诅咒、在任何人类社会中必然的被放逐者，同时是最终为神祇所善待的人，他最终将获得神祇的祝福、乃至成为一种祝福本身。

这一主旨，不同于埃斯库罗斯的智识说，所谓人类通过受难获得成长智慧，以超越局限。奥狄浦斯的命运是无法超越人之理性极限的命运。它更不同于基督教宗的拯救说，所谓人类通过受难、如同通过烈火的燃烧被彻底纯化，由此离开人世，进入天堂。奥狄浦斯的命运是人之生命在大地上辗转的命运。如何认知这一命运，是人类的命题。

我们也许可以说，《奥狄浦斯王》示意出索福克勒斯是如何处理神话传说，并以戏剧想象之力，将其转化为人类史及其诗学中的一个主题的。这一索氏主题不仅是关于辨别、确认和评判以一定的关系相连的各种人物及其行为的，还是关于什么是正确与错误的抉择、正义与非正义的因果、理性之极限和超越理性之律令的困境、被祝福和被诅咒的命运等所有关乎人生根本的探索与揭示，以及在这样的探索揭示中所呈现出的艺术方法和创造原则。现代以降，西方的诸种学说，包括弗洛伊德对"奥狄浦斯情结"的阐释及其变奏，基本限于超越"理性之极限"这一维度的思辨尝试。

以中华文明传承的视角来看，我们也许还可以设想奥狄浦斯是对自己过去无知、于自身历史盲目的人；而对自身历史的主动面对同时是对当下和未来的自觉洞识。对两者之关系的把握，是古老的探险、常新的求索。30多年前，笔者起步学习中国历史、古代神话，以求深入中华民族生命力之源头时，曾引用"以铜为鉴，可以正衣冠；以人为鉴，可以明得失；以史为鉴，可以知兴替"的哲言，作为探求理解构成人类历史内在部分的民族历史与神话的一种思考路径。

导读中使用的中译人名、地名和作品名，均引自人民文学出版社2002年出版的罗念生先生翻译版本。罗版是根据杰勃（Sir Richard C. Jebb）1914年编订出版的《索福克勒斯全集及残诗》第一卷《奥狄浦斯王》中的古希腊文译出。杰勃的版本为古希腊文和英文对照版；杰勃同时参照了诸多古希腊文手稿和碑文。

《罗摩衍那》

导读作者 / 穆宏燕

《罗摩衍那》是印度古代著名两大梵文史诗之一,精校本约两万颂,包括《童年篇》《阿逾陀篇》《森林篇》《猴国篇》《美妙篇》《战斗篇》和《后篇》,以罗摩与悉多的爱情故事为主线,故事曲折动人,语言艺术精湛,被印度人称为"最初的诗"。整部史诗蕴含着深厚的印度民族文化传统,对铸造印度民族精神起了重大作用,并对后世印度文学和东南亚文学具有深远影响。

作者简介

蚁垤,生平不详,尊为仙人。《罗摩衍那》的故事长期在民间口头传承,其成书时间漫长,约从公元前4世纪起就不断有民间艺人对之进行增删修改,约在2世纪才基本定型。蚁垤仙人并非史诗的创作者,而是加工整理者。

《罗摩衍那》以罗摩与悉多的爱情故事为主线,中间穿插大量枝蔓故事,篇幅浩大,内容繁杂,又因其成书时间漫长,具有不同时代的社会思想烙印,因而从不同的侧面可以解读出不同的思想内容。然而,作为印度民族"最初的诗",《罗摩衍那》的核心思想价值在于以文学的方式确立了印度社会秩序的规范。"罗摩衍那"的意思即"罗摩传",全书主旨即是为印度帝王罗摩树碑立传。罗摩是印度阿逾陀国十车王经过祭祀天神后所生的长子,被视为大神毗湿奴的化身。因此,史诗一开始就确立了印度古代帝王的神性,是神在人间的代理人,从而树立帝王在百姓心中不可动摇的权威性。罗摩身具神性,智慧超群,勇猛无敌,爱戴百姓,"具备了一切德行",在他统治下,国泰民安,一派太平盛世的景象。史诗以大量篇幅把罗摩塑造为一个完美的明君,确立了帝王品行的标准,为后代帝王树立了仿效的榜样。罗摩作为长子,本该顺理成章继承王位,却因其父王后妃之间的矛盾斗争而被流放森林长达14年。其异母弟婆罗多登基为王。婆罗多在执政期间,始终供奉着罗摩交给他的一双鞋子,意为代长兄暂时监国。罗摩明知父王流放他的决定不公,但无条件服从,这是子从父、臣忠君;罗摩主动接受流放的命运,并信守诺言,以让其异母弟弟登基,这是兄爱弟;婆罗多同样信守诺言,始终不自视为国君,供奉罗摩鞋子为君,在罗摩结束流放回国后,他便让位其兄,这是弟尊兄,更是不逾矩。因此,史诗以封建社会常见的宫闱斗争确立了王室家庭内部的忠信孝悌规范。在流放森林期间，罗摩的妻子悉多被十首罗刹王抢去，罗摩遍寻悉多不得。其间，罗摩帮助猴王哈努曼夺回王位，哈努曼则侦探到悉多的下落。在神猴哈努曼的帮助下，罗摩大败罗刹王，并将悉多解救出罗刹王的魔宫。因此，史诗以罗摩与神猴哈努曼之间的相互帮助确立了朋友之间的信义规范。罗摩的妻子悉多执意跟随罗摩流放，颠沛流离，相濡以沫；当悉多被罗刹王掳去，她力拒各种威逼利诱，守身如玉，忠贞不渝；当她获救，罗摩怀疑她的贞洁时，她奋勇投身火中，接受火的考验，证明清白；当罗摩无法平息民众对悉多贞洁的质疑，便顺从民意，忍痛将已怀孕的妻子抛弃在恒河岸边。悉多被蚁蛭仙人收留，并生下双生子。蚁蛭仙人创作《罗摩衍那》，并教授双生子唱诵，罗摩由此获知他们是自己的亲骨肉。面对无法消除的民众质疑，悉多投进地母怀抱，罗摩铸悉多金像，与爱妻朝夕相对。最后，全家团聚在天国。因此，史诗以悉多的忠贞不渝、坚贞不屈、忍辱负重确立了女性的品行规范。我们不能以现代道德意识去批判罗摩抛弃悉多之冷酷无情，而是应当理解女性的贞洁是封建社会的廉耻规范。罗摩不违逆民意对悉多贞洁的质疑，忍痛割爱，树立了古代帝王应以社稷为重的行为准则。

《罗摩衍那》篇幅浩大，一般读者可选择季羡林译《〈罗摩衍那〉选》（人民文学出版社），该节译本选取了史诗主线故事，省去了枝蔓插话，情节集中，方便读者了解全书精华部分。若想全面深入了解整部史诗，可选择季羡林译《罗摩衍那》（全8卷，人民文学出版社），还可参阅另一部著名史诗《摩诃婆罗多》。

《变形记》

导读作者 / 陈永国

> 《变形记》公认是古罗马诗人奥维德的最好的作品,用故事套故事、人物轮流讲述的方法,把古代世界的神话传说汇集起来,融入人类现实生活中的一些恒定主题,使其成为一部有机完整的作品,在形式和内容上极大地影响了卜迦丘的《十日谈》和乔叟的《坎特伯雷故事集》。

作者简介

奥维德(Publius Ovidius Naso),公元前43年3月20日生于古罗马的一个富裕家庭,在小山城苏尔莫长大,在罗马城接受教育;曾短期从政,后从事诗歌创作。公元8年因一首诗触犯了罗马皇帝渥大维而被流放到托米斯,公元17年卒于流放所。奥维德一生致力于爱情诗的写作,著有《爱》《女英雄书信集》《爱的艺术》和《爱的医疗》。流放前已完成《变形记》。放逐令下达时诗人正在写《罗马岁月记》,但没有完成。放逐期间,著有《哀怨集》和《黑海书简》。除《变形记》外,其他作品几乎都是书信体。

《变形记》全诗共15章,其中较长的故事有50篇,其余故事均较短,计有200余篇。故事中人物分为三类:天神、男女英雄和历史人物。所有这些人物最终都经历了形变,即人变成兽类、鸟类、花草顽石等。在哲学上体现了罗马哲学家卢克莱修"一切都在变易"的唯物主义思想。

奥维德在对神话人物的处理上体现了大胆的创新,把天神们一个个拉下宝座,降格到人的层次,但不是普通人,而是骄奢淫逸的统治阶级。他们都具有为所欲为、荒淫无道的特征:男神突出淫欲,女神则突出妒忌和复仇,而主神朱庇特其实就是罗马皇帝渥大维。这种写法旨在反映古罗马上层社会的道德面貌。在对男女英雄和历史人物的处理上,诗人比较注重不正当的人际关系,尤其是不正常的情欲造成的悲剧。一方面表现男子不懂真正热烈的爱,而把女性看作性玩物;另一方面则把女性描写得极其残酷,为了复仇而不惜杀害自己的孩子。奥维德擅长通过男女主人公的内心矛盾和痛苦来强调故事的悲剧性。除了由情欲引起的悲剧外,《变形记》中还包括当时流传已久的民间传说和罗马历史,以埃涅阿斯这个人物(见维吉尔的《埃涅阿斯记》)为中心,体现了罗马人重视历史起源的帝国思想。

奥维德善于利用幻想、想象力和巧妙的语言创造鲜活的人物和情境,把现实中并不存在的事物描写得活灵活现，合情合理，而这些事物恰恰又是基于现实、源于现实的。正是这种想象力、巧妙的语言运用和合情合理的事物表征把读者带入了一个全新的世界，充斥于这个世界的主题词就是原创、创新、革新和"新物体"，这些恰恰是其"变形"的真正意味。实际上，奥维德自己从爱情诗人到史诗诗人的"变形"是这些革新的第一步：诗歌开首便说"我心里想要说的是形相如何变成新物体的事"。这种"变形"的"事"不仅反映了"无物由无生，无物归于无"的唯物主义思想，而且是对"神创论"的反叛：神创造了世间万物，但神也促成了万物的变化；物在变化中得以继续生存。

  阅读奥维德的《变形记》之前最好先读一读卢克莱修的《物性论》，以深入理解该书的哲学基础；也要读一读赫西俄德的《神谱》，以便了解希腊神话是何以向罗马神话演变的。

  推荐阅读杨周翰的中译本《变形记》，人民文学出版社 1984 年版。

《神曲》

导读作者 / 童燕萍

> 《神曲》是一部意大利中世纪的梦幻史诗，讲述从地狱走向炼狱，最终到达天堂的经历。《神曲》不仅是一部意大利文学杰作，也是世界文学的经典之一。

作者简介

《神曲》作者但丁（1265—1321年）是与荷马、莎士比亚齐名的伟大诗人，意大利文艺复兴的先驱。他出生于佛罗伦萨贵族家庭，生活在动乱的中世纪末期。当时的意大利，封建王权和教皇的权力相互对立，二者的冲突发展到了白热化的程度。佛罗伦萨城的王权和教派之争使得政治形势十分混乱，主要表现为黑白两党之争。由于家庭的影响，但丁很早就参加了政治活动。在他所著的《帝制论》中认为，正义的世俗王权和教皇的权力应该是平等独立的，他们都具有一定的权力，但同时二者应约束自己的权势。然而在你死我活的党派之争中，但丁最终成为一个牺牲品。1302年，他全家的财产被没收，并被判终身流放。这个经历使但丁最终走出党派和狭隘的个人生活圈子，全身心地投入到文学创作之中。在《神曲》中，他继续阐明了他的政治理念和对祖国的热爱。

但丁被判流放后，逐渐认识到回国无望，遂选择定居拉韦纳，决定著书立说。从1308年至1321年，但丁用了13年的时间完成了旷世之作《神曲》。（在诗作完成不久，他就离开了人世）显然，流放与他写作《神曲》有着密切的联系。汉语"神曲"是翻译过来的名字，原书名是《喜剧》（*Commidia*）。这个词并非现代意义上的"喜剧"，而是结局非常圆满的意思。从1555年开始，《神曲》的一个版本开始在"Commedia"前加上"Divine"（神圣的）一词。故而有现在的"神曲"之名。不过至今仍有不少意大利文的《神曲》还是以 *Commedia* 为书名。

全诗以第一人称的形式描述了一个叫但丁的人，在他走过人生的一半旅途（35岁）之时，在幽暗的森林中醒来，迷失了道路。他举步维艰，又遇到豺、狮、狼三头猛兽，让他惊恐万分。正在此时，但丁最崇拜的古罗马诗人维吉尔出现在他面前。在维吉尔的帮助下，但丁游历了地狱和炼狱。地狱一共九层。凡是生前做过坏事的人，不管是教皇还是普通人，都会在地狱中受到惩罚。炼狱漂浮在海上，共分为七层。那里的灵魂罪孽较轻。历经炼狱之后，维吉尔退去，但丁心中的恋人贝阿特丽采来到了他的面前，引导他进入天堂。天堂也分为九层，九层之上是人类理想的生活境界，一个充满了爱的地方。

《神曲》作为中世纪文学的产物，具有很强的宗教色彩。从这个意义上说，《神曲》的描写具有象征的意义：一个名叫但丁的人物穿越地狱、炼狱，最后到达天堂见到了上帝。诗歌表现出明显的基督教思想，即世人要获救，必须克服各种诱惑，忏悔自己的过错，以求得到上帝的宽容，进入天堂。而那些行恶之人，势必在地狱中受到永恒的惩罚。诗中但丁的旅途象征着人生的坎坷和艰难。"地狱篇"中描绘的种种惩罚，正是为了提醒世人现实的险恶，同时，也表达出作者在道德和政治上的立场，和他对政敌的鞭挞。此外，诗人还表明，在人生的旅途上不仅需要有维吉尔那样的贤师来指引，还需要有代表真善美的贝阿特丽采式的精神寄托。

《神曲》不仅代表了中世纪文学的最高成就，又带有文艺复兴时期的思想特征。在诗中但丁表达了对意大利历史的思考，倾注了对未来的无限憧憬，批判了现实社会的丑恶和黑暗，抒发了他对祖国的热爱之情和对光明的信心。故而恩格斯认为"封建的中世纪的终结和现代资本主义纪元的开端，是以一位大人物为标志的。这位人物就是意大利人但丁。他是中世纪的最后一位诗人，同时又是新时代的最初一位诗人。"从《神曲》对人物的描写来看，它与意大利的现实和历史有着密切的关系，与人生道路的选择有着密切的关系，因而它具有很强的批判现实和弘扬正义的深刻思想内涵。此外，《神曲》中的人物还包括了古希腊和古罗马文学中的许多人物和故事，为我们对西方文学经典提供了不同的历史解读。《神曲》在艺术上的成就不容忽视。其结构严谨，形式和内容达到完美的统一。全诗三卷，每卷33曲，加上序曲，正好100曲。《神曲》由三行一组的押韵诗体（tercets）写成，形式工整匀称，韵律平稳有力。而且在形式上用"三"的重复，象征西方基督教传统"三位合一"的思想，体现了作者对和平、仁爱以及万物有序的理想追求。此外，但丁选择用意大利中部地区的方言托斯卡纳语（也被称为佛罗伦萨方言）来写作《神曲》，对后来意大利官方语言的形成起到重要的作用。

《神曲》是一部梦幻文学作品，但所反映的是作家对丑恶现实的鞭挞和对真善美理想境界的追求。他认为，人生有两种幸福："今生的幸福在于个人行善；永生的幸福在于蒙受神恩。""此生的幸福以人间天国为象征，永生的幸福以天上王国为象征。此生幸福须在哲学（包括一切人类知识）的指导下，通过道德与知识的实践而达到。永生的幸福则须在启示的指导下，通过神学之德（信德、望德、爱德）的实践而达到。"尽管作品带有宗教色彩，但是反映了作者人文主义的思想，并由此觉见文艺复兴的曙光。应该看到，但丁毕竟生活在新旧交替的时代，其思想免不了带有一些旧时代的印痕。但丁揭示教会的腐败堕落，但仍将神学置于理性和哲学之上。认为理性和哲学可以帮助人们辨认规避邪恶，要达到至善至美的境界必须依靠信仰和神学。所以，要站在时代的背景下阅读《神曲》。可以重点读《地狱篇》。

《神曲》的中文译本参见朱维基译、上海译文出版社的版本。

《波斯古代诗选》

导读作者 / 穆宏燕

> 波斯古代诗歌璀璨夺目，大诗人多如繁星，在世界古典文学史上占有重要地位。《波斯古代诗选》精选上下两千多年各个时期最具代表性的诗人诗作，较好地反映了古代波斯文学的整体面貌，是了解波斯文学及其宗教文化的上佳读本。

作者简介

《波斯古代诗选》选取的作品出自23位诗人，选本最后有每位诗人生平简介。其中，菲尔多西（940—1020年）、莫拉维（鲁米，1207—1273年）、萨迪（1209—1292年）和哈菲兹（1320—1389年）四人最负盛名，被誉为"波斯诗歌四大柱石"；加上海亚姆（1048—1122年）、内扎米（1141—1209年）和贾米（1414—1492年），又形成"七大诗人"之说。

《波斯古代诗选》所选诗人作品数量较多，内容丰富，可分为以下几类。

一是弘扬伊朗的雅利安民族性，缅怀波斯帝国的荣光。伊朗在伊斯兰化前，以琐罗亚斯德教为国教，《阿维斯塔》既是该教经书，也是雅利安民族神话传说总汇，成书于公元前11—前6世纪。选本选取了最核心章节，内容是赞颂光明主神阿胡拉·马兹达及其从属神祇造化万物的功德，确立"三善"（善思、善言、善行）核心价值观。这是伊朗民族文化之根。

菲尔多西的史诗《列王纪》为伊朗伊斯兰化前的历代帝王和保家卫国的勇士们树碑立传，充满了激昂的爱国主义情怀，将伊朗雅利安文化和波斯帝国荣光渲染得酣畅淋漓，在伊朗民众中影响巨大，对铸造伊朗民族精神起了重大作用。《列王纪》乃鸿篇巨制，选本选取了最精华章节，主要介绍《列王纪》的缘起和意义；讲述伊朗民族反抗异族暴君统治；讲述伊朗第一勇士鲁斯坦姆误杀从未谋面的儿子苏赫拉布的悲剧，其中体现的是鲁斯坦姆对伊朗的赤胆忠心；讲述伊朗王子夏沃什受陷害蒙冤屈被谋杀的故事，凝聚了伊朗民族挥之不去的悲情。这些内容正是形成伊朗不屈不挠、坚韧不拔的民族精神的缘由。

同在这个主题下的所选诗歌还有《缅怀扎里尔》、塔基基的《四宗》、哈冈尼的《麦达因的殿堂》等。

二是帝国文化导致宫廷诗歌发达。鲁达基、昂萨里、法罗西、曼努切赫里、安瓦里等皆为不同时期的著名宫廷诗人，其诗歌或为当朝统治者歌功颂德，或以寓言故事劝诫君王，或感时抒怀。此类诗歌胜在文采。

三是受古希腊哲学影响的伊斯兰理性主义诗歌，以海亚姆为代表，其四行诗在世界上具有经久不衰的巨大影响，内容上天入地，探索宇宙奥秘，追问生命，叩问死亡，叹息世事变幻莫测。纳赛尔·霍斯鲁也属此类诗人，崇尚知识和理性。

四是伊斯兰苏非主义诗歌，这是中古波斯诗歌的主流。11世纪起，追求"人主合一"的苏非主义逐渐成为伊朗社会的主导思想，积淀为伊朗民族文化的血脉。认主、爱主是实现"人主合一"至境的最根本途径，人在认主中打磨心性，在爱主中消融自己，最终达至爱者与被爱者的合一。巴巴塔赫尔、萨纳伊、阿塔尔、内扎米、莫拉维、萨迪、阿米尔·霍斯陆、哈珠·克尔曼尼、扎康尼、哈菲兹、贾米等，他们或是苏非长老、思想家，或是苏非修行者，或是深受苏非思想影响，其诗歌或以各种各样的故事讲述打磨心性的苏非修行之道，或直接抒发内心奔涌的爱主情感，或以短篇小故事讲述爱主的真谛，或以长篇爱情叙事诗演绎近主之路的曲折艰辛。这些苏非情诗皆以世俗男女情爱喻宗教神爱，具有亦宗教亦世俗的双重审美风范，而诗人的文采加哲人的睿智，使诗歌的审美价值倍增。读者可以在领悟其基本旨意之外，自由发挥自己的阅读感受。

这其中最伟大的两位诗人是莫拉维和萨迪，二人同被视为伊朗人民精神生活的导师。莫拉维的长篇叙事诗《玛斯纳维》以各种各样的故事阐述了苏非认主与修行之道，是苏非思想的集大成之作，被誉为"波斯语的《古兰经》"，在伊朗具有崇高地位。萨迪的《蔷薇园》《果园》以苏非思想为指导，倡导具有强烈入世精神的仁政、仁爱思想，将苏非诗歌从浩渺重霄拉入人间，因此深受伊朗人民爱戴。二人一出世一入世，犹如中国儒道思想相辅相成，构成伊朗传统宗教文化不可分割的两个方面，对伊朗人民，尤其对伊朗知识分子的精神世界具有潜移默化和根深蒂固的影响。

这其中最迷人的诗人是哈菲兹，其抒情诗的底色无疑是苏非思想，表征却往往是反苏非思想。在哈菲兹时代，苏非主义出现分化：其思想理论已积淀为伊朗传统文化的血脉，而种种外在修行方式日益僵固，成为束缚人的教条。哈菲兹抒情诗充满对个人精神自由的追求、对爱情的赞美、对僵固教条的蔑视、对某些伪善教徒的辛辣讽刺，这些思想内容正好契合欧洲文艺复兴时期人们的精神需求，因而在欧洲产生巨大影响。

《波斯古代诗选》（人民文学出版社）所选内容丰富，可以通读，总体把握古代波斯文学的全貌；也可以根据个人兴趣择类阅读，在选本所选诗歌片段的指导下，拓展延伸，对所择类别做全面深入的阅读了解。

《哈姆雷特》

导读作者 / 童燕萍

《哈姆雷特》讲述的是丹麦王子哈姆雷特复仇的故事,是世界文学的经典剧作。

作者简介

　　威廉·莎士比亚(1564—1616年)是英国文学史上最杰出的诗人和剧作家。他出生于商人之家,13岁时遭遇家道中落,因此辍学经商。1586年,22岁的莎士比亚离开妻子,前往伦敦,在剧院工作20多年,后来成为演员和剧作家。他的早期剧本主要是喜剧和历史剧,从1601年到1608年,他创作更多的是悲剧。他晚期的创作以悲喜剧为主,代表作为《暴风雨》。1613年他退休返回故乡,1616年病逝,葬于埃文河畔斯特拉特福镇上的三一教堂。

　　莎士比亚的《哈姆雷特》取材于12世纪《丹麦史》中的哈姆雷特传说(Legend of Amleth)。剧作大约写于1599—1602年期间,据说,莎士比亚写此剧是为了致敬当时著名的悲剧演员理查德·伯比奇。就此剧而言,现存当时的版本至少有三个,它们多有不同,为后人的研究整理提供了重要的资料。

　　哈姆雷特是丹麦国的王子,得知父王突然去世,他匆匆回国奔丧。在母亲的新婚宴会上他郁郁寡欢。一个夜晚,他看见父亲的鬼魂,告诉他是新王克劳迪斯,即他的叔父,谋害了自己。哈姆雷特无法断定鬼魂说的是真是假。于是安排宫廷戏班演出了一台戏,内容是维也纳的一个公爵被他兄弟在花园毒死的故事。演戏时,哈姆雷特看到他的叔父坐立不安,中途离去,于是断定鬼魂的话是真的,决定为父报仇。此时克劳迪斯开始怀疑哈姆雷特,他安排哈姆雷特去英国,同时暗中通知英王杀死他。哈姆雷特看穿克劳迪斯的阴谋,中途返回丹麦,但却得知他所爱的奥菲莉亚因为自己误杀她的父亲而受刺激发疯,不幸落水而亡。克劳迪斯挑拨奥菲莉亚的哥哥雷欧提斯同哈姆雷特决斗,并在暗中准备了毒箭和毒酒。王后在不知情的状况下误饮毒酒而亡。哈姆雷特在决斗时身中毒箭。他发现后夺过毒箭刺中了对方。雷欧提斯面临死亡,说出了克劳迪斯的阴谋。此时,哈姆雷特毫不犹豫,用尽全力把毒箭刺向克劳迪斯,为父亲报了仇。在临死前,哈姆雷特要求他的好友霍拉旭告知天下事情的真相,向世人传述他的故事。

《哈姆雷特》虽然取材于丹麦的中世纪传说，但深刻揭露了封建社会宫廷内部的尖锐斗争。哈姆雷特替父报仇，杀死他的叔父，自己也被叔父暗算。这场发生在宫廷之中的冲突，不仅是皇家的悲剧，也是国家的悲剧。哈姆雷特最终未能实现他重整乾坤的愿望，临终前寄希望于挪威王子福丁布拉斯。谈论哈姆雷特这个人物形象，他既有文艺复兴时期人文主义者反封建、崇尚理性的特征，又有宫廷贵族后代的悲观、忧郁的一面。在剧中，作者揭示了他的人文主义理想和他对现实的悲观认识的冲突，集中体现为忧郁、犹豫的性格特征。剧中他的四次独白，表现了他在复仇之前的心理斗争。哈姆雷特的悲剧结局有宫廷斗争险恶的复杂原因，也有他自身性格局限的因素。莎士比亚通过哈姆雷特这一人物的悲愤与失望、苦闷与彷徨，批判了丑恶的现实，同时也指出哈姆雷特的性格是其悲剧的重要原因。

　　《哈姆雷特》还显示出作者艺术上的成熟和才华。剧中除了描写哈姆雷特的复仇情节外，还安排了雷欧提斯和挪威王子福丁布拉斯的两条复仇线索，以衬托哈姆雷特的复仇主题。此外，作者还写了哈姆雷特和奥菲丽娅之间的爱情、和霍拉旭之间的兄弟友谊，以及他和母亲之间的复杂关系。在突出悲剧的阴郁、灰暗、紧张氛围的同时，作者又穿插嘲讽的诗句和插科打诨的幽默场面，使得戏剧达到"崇高和卑下、可怕和可笑、英雄和丑角的奇妙混合"，显示出丰富的人物性格和五光十色的社会画面。

　　《哈姆雷特》的中文译本参见朱生豪翻译、人民文学出版社的版本。

《堂吉诃德》

导读作者 / 童燕萍

> 长篇小说《堂吉诃德》，又译作《堂·吉诃德》，全名为《拉曼却的著名绅士堂吉诃德传》，全书分为两部，分别发表于1605年和1615年，被公认为是世界上伟大的作品之一。

作者简介

西班牙小说家、剧作家、诗人米盖尔·德·塞万提斯（1564—1616年），出生于医生世家。21岁时他因卷入皇家内部的一次争斗，被判以砍去右手的刑罚。为了躲避判刑，塞万提斯逃离家乡前往意大利。在那里他先参加了罗马军队，后又为西班牙神圣兵团作战。在与土耳其人的战斗中，他多次受伤，左手致残。28岁时，他带着奖章及推荐信准备回国，不料途中被阿尔及尔人逮捕，判作劳役。他几次越狱都不成功，直至5年后由家人和朋友交付巨额赎金才得以返回家乡。此时33岁的塞万提斯，左手残废，还面临家庭的债务。他找到一份纳税员的工作，但不久又被控账目混乱、玩忽职守而被关进了监狱。塞万提斯的一生经历奇特而艰辛，小说《堂吉诃德》是他在经历了战争的坎坷和处在穷困潦倒的境遇中写出的作品。据说，塞万提斯在蹲监狱的时候已经开始构思这部小说。从1597年到1615年小说第二部的出版，历时18年之久，而在小说第二部出版后的次年，52岁的塞万提斯在马德里逝世。

塞万提斯用了8年的时间完成了《堂吉诃德》的第一部，小说于1605年发表，受到人们的喜爱。书中堂吉诃德和桑丘·潘扎的形象几乎家喻户晓。然而这并没有改变作者经济上的窘境。1605年后，他开始写小说的第二部。到1614年即将完成之际，他听到有人出版了《堂吉诃德》的续集。于是，在小说结尾，他直接针对伪造的续集，安排了让主人公回到家乡，重新恢复基督徒的"清醒"后而死去的结局。

在西班牙的拉·曼却的一个村子里住着个绅士，名叫吉哈那。他闲来无事，迷上了骑士小说，以至于卖掉家产，去买骑士小说来读。如此，他还不满足，想把书中的事情付诸实践，他要外出游历，做一名行侠仗义的骑士。他擦洗祖上留下的长戟和盾牌，做了头盔，把家里的那匹瘦马称为"驽骍难得，"还把邻村的一位农家女作为自己的意中人，起名杜尔希内娅，最后他给自己改名堂吉诃德。他找来同村的农民桑丘·潘扎，许诺他将来会做个总督，说服他当了自己的侍从。小说讲述他们一起游历，做了许多被人嘲笑之事，但堂吉诃德仍然坚信自己所想。最后他被化装成白月骑士的朋友打败，

才放弃了骑士游历。回家不久后他就病倒,临死前,他醒悟到自己迷信骑士小说的过错。

《堂吉诃德》的意义不仅在于嘲讽流行一时的骑士小说,指出它们违背现实的真实,使得骑士小说从此一蹶不振;它的意义还在于作者以喜剧的手法深刻揭示了人们自身存在的理想与现实的矛盾。堂吉诃德和桑丘是一组相互关联而又相互衬托的人物。前者体现了人对浪漫理想的追求;后者体现了人对实际生活的考虑。二者相互影响。到后来,堂吉诃德渐渐看到理想的梦幻性;桑丘则看到他主人精神世界的美好。二人一路上风趣幽默的对话,以及小说对西班牙现实生活的生动描写,使读者从他们身上看到自己面临的同样问题,并且体会到堂吉诃德的喜剧性形象中的悲剧性。此外,《堂吉诃德》在表现人性及社会现实的同时,还表现了作者对文学创作的思考。小说第二部中出现的人物不仅和第一部的人物有关,而且还出现了许多读者式的人物,他们非常熟悉《堂吉诃德》,通过他们,作者反映了当时人们对这部小说的批评和争论。从他们对人物的不同态度,进一步说明作家和小说创作,以及和读者的相互关系,表现了塞万提斯在文学创作中强烈的自我意识。可以说,小说的两部既相互关联,又有所发展和侧重,它们对后来的西方现代小说产生了很大的影响。

《堂吉诃德》的中文译本参见杨绛译、人民文学出版社的版本,或张广森译、上海译文出版社的版本。

《傲慢与偏见》

导读作者 / 曹莉

> 《傲慢与偏见》是英国作家简·奥斯汀于1813年发表的第二部长篇小说,原名《最初的印象》(*First Impressions*)。通过对英国乡绅阶级爱情和婚姻问题的描写,展示了19世纪初英国社会转型时期的生活画面,揭示了人类社会普遍存在和需要面对的自我与他人、自我与环境、自我与社会的根本性问题。书中的男女主人公都曾被傲慢与偏见所困扰,而治愈傲慢与偏见的良药不是金钱或社会地位,而是人的道德和修养。

作者简介

简·奥斯汀(Jane Austen,1775—1817年)是英国18世纪末19世纪初著名的现实主义小说家,以其对特定时空和人群的细腻观察和准确判断而著称。她出生在一个牧师家庭,从小酷爱读书和写作,终生未婚,虽深居简出,远离尘嚣,却能透过剧烈的社会动荡,深刻洞察人性以及人与人、人与社会之间的复杂关系。由她创作并正式出版的《理智与情感》(1811年)、《傲慢与偏见》(1813年)、《曼斯菲尔德庄园》(1814年)、《爱玛》(1815年)、《诺桑觉寺》(1818年)和《劝导》(1818年)6部小说都以英国乡村生活为素材,且无一例外地涉及婚姻家庭。但奥斯汀绝不是一个为写爱情婚姻而写爱情婚姻的作家,在她叙述的中心,总是将男女主人公关于爱情和婚姻的选择与寻求自我和道德完善联系在一起,她也因此被英国20世纪文学批评家利维斯誉为开创了英国小说的伟大传统:"她对于生活所抱的独特的道德关怀,构成了她作品里的结构原则和情节发展的原则",否则她是"不可能成为小说大家的"。由于奥斯汀所开创的现实主义小说传统以及她在英国小说发展史上承上启下的地位,她被誉为"可与莎士比亚平起平坐"的作家。

本尼特夫妇有5个女儿,根据英国财产继承法,所有家产将由远房侄子柯林斯继承。于是,为女儿们物色如意郎君就成为班纳特一家的主要生活目标。新来的邻居宾利是个有钱的单身汉,在一次舞会上,宾利对班纳特家的大女儿简一见钟情。宾利的好友达西,仪表堂堂,收入丰厚,但生性傲慢,一般的姑娘很难进入他的视野。由于达西的偏见和劝说,宾利与简不辞而别。班纳特家的二女儿伊丽莎白,是一个有主见、有胆识的姑娘,她聪颖活泼,个性倔强。达西第一次见面就对伊丽莎白抱有好感,但由于双方家庭境遇和期待不同,彼此互抱成见。经过几番波折和自省,达西的傲慢态度大有改观,他向伊丽莎白坦承了几次风波的原委,并用实际行动化解了伊丽莎白往日对自己的误会和偏见。伊丽莎白也因为误解达西感到内疚后悔。经过一番周折和澄清,宾利和简言归于好，小妹莉迪亚在达西的慷慨帮助下也人有所归，达西和伊丽莎白这一对有情人终成眷属。

　　婚姻和家庭、友情和爱情是文明社会最基本的社会关系和伦理基础。奥斯汀的所有小说都围绕此主题展开，而且无一例外地以喜剧收场，这也是她的作品被多次改编和搬上银幕的原因之一。她曾将自己的作品比喻为"两英寸象牙上的雕刻"。在这"两英寸象牙"之上，奥斯汀着墨最多的是乡间客厅里的交锋和舞会上的交往。这种特定时期和环境的"乡村共同体"生活，表面上波澜不惊、但实际上却极具讽刺意味地折射出在特定的社会发展时期人的行为准则和价值判断与他人和社会之间千丝万缕的联系。因此，对奥斯汀的阅读也是对自我与他人、自我与社会的阅读。

　　建议版本为孙致礼译，译林出版社 2008 年的版本。延展阅读推荐 F. R. 利维斯著的《伟大的传统》第一章，生活、读书、新知三联书店 2009 年出版；Allen Bloom 的 *Love and Friendship*，西蒙·舒斯特（Simon & Schuster）1993 年版本。

《浮士德》

导读作者 / 张玲霞

> 《浮士德》是歌德最主要的代表作,从 1770 年开始构思到 1831 年脱稿,前后达 60 年时间,它是歌德生活实践和艺术实践的概括,熔铸了他在欧洲资本主义上升时期和德国现实生活中全部的体验。

作者简介

歌德(1749—1832 年)是德国的大诗人、剧作家和思想家,德国资产阶级早期文学运动"狂飙突进运动"的旗手。他的书信体小说《少年维特之烦恼》曾风靡德国和整个欧洲,它以一个青年的恋爱悲剧表现了一个时代的烦恼和苦闷,具有普遍意义。歌德在诗歌、戏剧和小说领域均有建树,他的文学作品在世界文学中占重要地位。

诗剧《浮士德》以主人公追求真理、上下求索贯穿全剧。浮士德为欧洲中世纪传说中的一位半神话半真实的人物,可能为魔法师,传说他与魔鬼订了出卖灵魂 34 年的契约,生前尽情享受,死后入地狱。在 18 世纪末,德国用这一题材创作的作家就多达二十几人。

歌德的《浮士德》悲剧分上、下两部,它没有始终一贯的故事情节,而是以主人公浮士德的精神性格发展以及他不满现实、不断追求理想的过程为主线,把全剧连成一体。浮士德的上下求索是从两次打赌引出来的,首先魔鬼与天帝打赌,魔鬼靡非斯特否定人和世界,天帝却相信人的精神力量,"在他摸索之中不会迷失正途",这给全剧提供了广阔的背景;第二次打赌为浮士德与靡非斯特赌赛、订约,条件为魔鬼今生侍奉浮士德,死后灵魂归魔鬼所有,这次打赌为浮士德上天入地提供了条件,也是对他精神力量的有力考验。诗剧以浮士德的精神探索贯穿始终,共经历的五个阶段:(一)知识悲剧,说明陈旧腐朽的书本知识不是美;主要描写浮士德在"返归自然"中挣脱中世纪的精神枷锁而获得新生。(二)爱情悲剧,说明低级的吃喝玩乐和个人的爱情生活不是美。浮士德在这个阶段经历了贪恋情欲和克制欲望的矛盾,并从自我主义的泥淖中挣扎出来。(三)政治悲剧,写魔鬼引诱浮士德为封建小朝廷服务,浮士德识破高官厚禄、荣华富贵不是美。(四)美的悲剧,写浮士德追求与希腊美女海伦的结合,说明只有形式而无灵魂的古典艺术不是美。(五)事业悲剧,浮士德终生探索,最后发现与人民进行创造性的劳动，改造自然，创造自由国土才是美。

浮士德探索的五个历程，概括了从文艺复兴到 19 世纪初的欧洲和德国资产阶级知识分子精神探索的道路。浮士德自强不息地探索真理、追求美的过程，是挣脱中世纪愚昧状态、克服内在与外在矛盾、创建资产阶级理想王国的启蒙的过程，体现了上升时期资产阶级的意识形态。"浮士德精神"包括肯定人生的积极意义，以行动投身实践的创造精神；敢于否定一切丑恶事物与错误思想的批判精神；以及追求理想生活的自强不息的战斗精神。

艺术上，《浮士德》的结构特点是运用矛盾对比的形式，主要环节是一正一反一合，通过鲜明的对照与前后的变化来推动剧情。主人公浮士德与靡非斯特也是一对矛盾。歌德创作这部诗剧的艺术手法是以浪漫主义为主体，同时又是现实主义与浪漫主义相结合的杰作。这部诗作还广泛运用了各种诗体，开头为自由韵体，后来逐渐到牧歌体和抑扬格。语言的绚丽多彩也是它的一大特色。

《浮士德》中译本有 1959 年人民文学版的郭沫若先生的翻译本，并在 1978 年重印。1982 年上海译文出版社的钱春绮先生的译本和 1983 年上海复旦大学出版社的董问樵先生的译本均可参阅。

《高老头》

导读作者 / 张玲霞

《高老头》是法国著名作家巴尔扎克的代表作，发表于 1834 年，它是 19 世纪批判现实主义文学的经典之作。

作者简介

巴尔扎克（1799—1850 年）是法国著名的批判现实主义小说家，他的一生处于动荡不安的 19 世纪上半叶，他用总标题为《人间喜剧》的一系列小说，反映了这一急剧变革时期的法国生活。《人间喜剧》分为三大部分：《风俗研究》《哲理研究》和《分析研究》；其中《风俗研究》内容最为丰富，又分为 6 个"场景"。其基本内容表现为：反映了上升的资产阶级取代贵族阶级的罪恶发家史；同时也写出了贵族阶级的没落衰亡史；至为重要的内容是对金钱势力的批判，巴尔扎克描写了一幕幕围绕着金钱而展开的人间惨剧，从而使我们对资本主义社会的罪恶与肮脏有一个形象的认识。

《高老头》是巴尔扎克的代表作，《人间喜剧》的基本主题在此得到体现，其艺术风格最能代表巴尔扎克的特点。在这篇小说中，作者第一次使用他首创的"人物再现法"——让一个人物不仅在一部作品中出现，而且在以后的作品中连续不断地出现，它不仅使我们看到人物性格形成的不同阶段，而且使一系列作品构成一个整体，成为《人间喜剧》的有机部分。在此，一些主要人物如拉斯蒂涅、鲍赛昂子爵夫人、伏特冷纷纷登场亮相，为《人间喜剧》拉开了序幕。

主人公高利奥老头出身微寒，年轻时以贩卖面粉为业，后来当上供应军队粮食的承包商而发了大财。他疼爱他的两个女儿，让她们打扮得珠光宝气，花枝招展，最后以价值百万的陪嫁把她们嫁给了贵族子弟，使面粉商的女儿成为伯爵夫人；然而两个女儿挥金如土，像吸血鬼似地榨取父亲的钱财，当老人一贫如洗时，再也不许父亲登门，使之穷困地死在一间破烂的小阁楼上，女儿们连葬礼都不参加。通过高老头的悲剧，作者批判了建筑在金钱基础上的"父爱"和"亲情"，对人欲横流、道德沦丧的社会给予了有力的抨击。

《高老头》还成功地塑造了青年野心家拉斯蒂涅和没落贵夫人鲍赛昂的形象。前者原为一个外省贵族青年，想来巴黎进大学重振家业，但目睹上流社会的挥金如土，灯红酒绿，他往上爬的欲望倍增，他在鲍赛昂子爵夫人和逃犯伏特冷的唆使下，日益丧失正直的良心，开始为金钱而出卖正直，特别是在见证了高老头的两个女儿对待父亲如此冷酷以后，更坚定了向资产阶级发家致富的道路走去的决心。《高老头》中主要描写了他野心家性格形成的过程，在以后的一系列作品中他更一发不可收拾，靠出卖道德和良心竟当上了副国务秘书和贵族议员，而一切的取得都依赖于极端利己主义原则。鲍赛昂子爵夫人是巴尔扎克为贵族阶级唱的一曲无尽的挽歌，她出身名门贵族，是巴黎社交界的皇后，只因缺乏金钱而被情人抛弃，被迫退出巴黎上流社会，高贵的门第再也抵不过金钱的势力，她在后来的小说中因为同样的原因又一次被金钱出卖。她的遭遇告诉人们，贵族阶级除了失败之外不可能有更好的命运，金钱才是这个世界的主宰。

《高老头》在艺术上很严谨，作者设置了典型环境，让典型人物活动于其中，使人与人的金钱关系与环境相契合，书中安排了四条情节线索，以拉斯蒂涅的堕落为主线，其他几条起辅助作用，纵横交错又脉络分明；典型人物的刻画是巴尔扎克的最大特色，不论是外貌描写还是心理刻画，甚至一个细节，如高老头每吃一块面包都要放在鼻下嗅一嗅，都使人物更鲜明生动；人物语言的个性化也是作者的一大功力，贵族沙龙中的语言与逃犯的语言绝不一样。

傅雷先生在1963年首译的《高老头》版本，人民文学出版社在1978年又重新出版，至今无人企及。

《白鲸》

导读作者／张萍

> 《白鲸》是美国19世纪最卓越的文学作品之一，其强烈的浪漫主义色彩和超前的现代性特征使之成为美国文学史上不可多得的经典之作。
> 1850年，赫尔曼·梅尔维尔与当时已经声名显赫的美国作家纳撒尼尔·霍桑（Nathaniel Hawthorne，1804—1864年）相识并结为挚友，后者的思想和作品极大地影响了他的文学创作。1851年，梅尔维尔的《白鲸》问世，评论界和读者反应冷淡，只有霍桑给予肯定与支持。20世纪20年代，评论界开始注意到《白鲸》史诗般恢宏的气势、富于时代意义的主题，饱含象征和神秘色彩的创作手法，自此这部著作广受赞誉和研究。

作者简介

赫尔曼·梅尔维尔（Herman Melville，1819—1891年）是美国文学史上最杰出的小说家和诗人之一。他出身名门，少年时受过良好的教育，后因家道中落，他被迫出外谋生，尝试过包括售货员、农场工人在内的多种职业。这些经历，尤其是1839—1847年间的水手生涯，为其后来的写作提供了丰富的素材。梅尔维尔除了代表作《白鲸》（*Moby Pick*，1851年）之外，还著有《泰比》（*Typee*，1846年）、《欧穆》（*Omoo*，1847年）、《马尔狄》（*Mardi*，1847年）、《皮埃尔》（*Pierre*，1852年）等长篇小说，以及一些短篇小说和诗集。梅尔维尔优秀的文学才能在生前并没有得到公正的评价，直到20世纪20年代，《白鲸》逐渐引起评论界的重视，才最终确立了梅尔维尔在美国文学史上的重要地位。

《白鲸》的主要内容并不复杂：性格顽强孤傲的捕鲸船船长亚哈被一只名为莫比·迪克（Moby Dick）的大白鲸咬掉了小腿，从此与白鲸势不两立，必欲除之而后快。他带领船只不顾一切追踪莫比·迪克，在他人眼中变成一个几乎丧失理性、独断专行的偏执狂。在故事的末尾，亚哈船长迫使船员与大白鲸进行了三天的殊死搏斗，双方最终同归于尽，沉入幽暗的海底。只有水手以实玛利幸免于难，为读者讲述这个疯狂而悲伤的故事。

《白鲸》在结构上的特殊之处在于，作为一个表面上的冒险故事和航海小说，全书并不十分注重情节的发展，而是用了近一半的篇幅广泛涉及捕鲸方面的知识、传统和掌故，"简直可以说是一部关于鲸类的百科全书"（格非语）。这种对情节发展的刻意延宕，与作者不断强化的由白鲸投下的死亡阴影和人鲸决斗的悬念感交织在一起，支撑起整个故事的叙事框架。耐心的读者将会在阅读中逐渐收获巨大的回报：这些庞杂的鲸类学知识不仅让我们时时对人类文明和命运进行深刻的反思，同时也观照着美国19世纪资本主义发展初期捕鲸业发展的大背景，反映了梅尔维尔对所处时代的关注和思考。他在书中多次对捕鲸行业中水手艰苦而惊险的海上生活进行详尽生动的描述，表露出对他们的同情与关怀。

《白鲸》的象征手法和神秘色彩是这本书的另一特别之处。书中人物名字多来源于《圣经》或者神话。主要角色的象征意义留给读者巨大的阐释空间。例如，书中成功塑造的这位撒旦式的"英雄"——亚哈船长。一方面，他自称按照魔鬼的旨意行事，决不屈服于命运或者上帝的安排，他对于目标的执着追求和战胜一切困难的大无畏精神，带有明显的美国式"硬汉"气质；另一方面，在强烈复仇愿望的驱使下，亚哈日趋自私与残忍，他不惜一切代价、突破所有的道德底线，抛弃最后的理智和人性，迫使其他船员和他一起走向疯狂与死亡的深渊。亚哈复杂多面的性格，具有截然相反的高贵与卑鄙并存的特质，是带着压倒一切的征服欲望的人类在强大的自然面前挣扎前行而逐渐形成的结果。与亚哈船长构成冲突两极的大白鲸莫比·迪克也带有明显的象征意义。它和海洋、天空以及其他鲸类一起构成充满神秘色彩的大自然，既是人类社会发展的基础和源泉，同时也意味着危险、残暴、邪恶和毁灭。19世纪的美国社会正是欲望膨胀、雄心勃勃开疆拓土的高速发展阶段，人类文明的前行与自然生态之间的尖锐矛盾通过亚哈与大白鲸这一对矛盾冲突被表现得淋漓尽致。

除了多层庞杂的结构和丰富的象征意义之外，《白鲸》还有很多值得思考的特点，例如，叙事角度的选择、哥特式的自然描写、作者通过人物表达出来的宗教态度、对死亡和罪恶的思考等。正是这些特点共同奠定了这本书在美国文学历史进程中的经典地位。

《白鲸》有其晦涩艰深的一面，冗长而复杂的鲸类学知识以及作者大段大段偏离主题的议论会在很大程度上干扰读者的阅读体验，但一旦给予足够的耐心，读者会发现，这些插入的所谓"闲笔"最大可能地丰富了海上孤舟带来的单调的时空感，延宕了情节的过速发展，从而使读者逐渐受到作者英雄主义和浪漫主义气息的感染，体会到作者强烈情感投入背后的挣扎与反省，从而激发读者更加深入的思考。

推荐阅读：由人民文学出版社于2008年出版的成时翻译的版本。

《草叶集》

导读作者 / 曹莉

> 《草叶集》是美国 19 世纪浪漫主义诗人惠特曼的代表作。诗集尽情讴歌了惠特曼毕生所追求的民主、平等和自由的美国精神。《草叶集》以其在内容和形式上的突破和创新,开创了美国诗歌的新时代。

作者简介

惠特曼(Walt Whitman, 1819—1892 年),生于纽约州长岛的一个农场,父亲是木匠和农场工人。惠特曼 4 岁的时候随父母移居纽约布鲁克林,他从小就与农场工人、渔民、水手、船工等劳动人民打成一片。在布鲁克林,惠特曼只上了 5 年学,便开始在印刷厂当学徒。他先后从事过印刷工、乡村教师、记者和自由撰稿人的工作,这使他有机会广泛深入地了解美国人和美国社会,为他的诗歌创作积累大量的鲜活素材。1855 年,《草叶集》第一版问世,后多次更新再版。美国内战期间,惠特曼在华盛顿担任志愿者,护理伤兵。内战的经历进一步激发了他的创作力。1865 年《桴鼓集》和悼念林肯的名篇《当紫丁香最近在庭院里开放》出版。内战后,惠特曼先后在内政部和司法部工作。1873 年,惠特曼身患瘫痪症,但他仍然坚持写作并在各地做演讲,直至 1892 年去世。除诗歌外,惠特曼著有小说《富兰克林·埃文斯》(1842 年)和散文集《典型的日子》(1871 年),其中的"民主远景"一文,表达了作者自由奔放的诗歌观和民主理想。

《草叶集》(*Leaves of Grass*)得名于惠特曼本人的诗句:"哪里有土,哪里有水,哪里就长着草。""草"是普通大众和生命活力的象征,英文中的 leaf 一词除有"树叶"的意思外,还有书页的意思,用来暗指诗集本身,具有一语双关的含义。如题所示,诗人的诗作如大地青草一样生气勃勃,朴素而芬芳。

《草叶集》题材广泛,内容丰富,意境深远。基本主题可归结为:自我、美国、时代精神。其中《自我之歌》(1855 年)、《我歌颂带电的身体》(1855 年)、《一路摆过布鲁克林渡口》(1856 年)、《阔斧之歌》(1856)、《大路之歌》(1856 年)、《从永不休止摆动的摇篮里》(1859)年、《当紫丁香最近在庭院里开放》(1865 年)等都是脍炙人口的名篇。在惠特曼的笔下,自我强健有力、民主势不可当、人民是创造历史的主人。船工的号子、铁匠的炉火、劳动者手上的老茧、脊背上的汗珠、男人的纵情声色、女人的饥餐渴饮共同汇合成美国时代的最强音。无韵自由诗体(free verse)的使用,打破了传统的诗歌格律,达到了直抒胸臆、收放自如、内容和形式高度统一的美学效果。

《草叶集》自 1855 年问世以来,经过作者多次的重写、修改和补充,从第一版的 12 首发展到第九版即临终版的三百余首。张扬个性、歌颂民主、反映美国的时代脉搏和时代精神是《草叶集》的主旋律。为了达到这个目的,惠特曼在内容和形式上大胆创新。他所使用的自由诗体,特别是他不加掩饰地对人体和人的感官及性欲的意象性描写,使他的诗歌独树一帜,同时也备受争议。受爱默生所倡导的超验主义的影响,惠特曼相信自我直觉和心灵召唤,相信宇宙万物本质上的统一。在他看来,人、人的心灵、人的肉体、大自然和大千社会,无一不可成为诗人讴歌的对象,而美国这片新鲜广袤的土地,给予诗人无与伦比的滋养和灵感。

建议版本为赵萝蕤译,上海译文出版社 1991 年版本。

延伸阅读推荐爱默生著《依靠自我》,中国商业出版社 2003 年版本,以及 *Whitman, Walt. Democratic Vistas*,1871 年版本。

《包法利夫人》

导读作者 / 曹莉

> 《包法利夫人》是法国 19 世纪现实主义文学大师福楼拜的成名作和代表作,也是自然主义的开山之作。小说以冷静和客观的笔触讲述了一个向往浪漫生活的农家女爱玛的爱情悲剧。这是一个女人的悲剧,更是一个时代的悲剧,一个社会的悲剧。爱玛由于放纵和堕落自食其果,而非法开业、对爱玛落井下石的药剂师却获得了政府颁发给他的十字勋章,如此反差巨大的结局平添了这部作品巨大的社会批判力量。

作者简介

古斯塔夫·福楼拜(Gustave Flaubert,1821—1880 年)出生于法国鲁昂,父亲是一位著名的外科医生。儿时体验和目睹的病痛、死亡、尸解,使福楼拜的心里充满了无名的悲哀和惆怅。成年后,欧洲 1848 年革命的血腥使福楼拜震惊不已,资产阶级的唯利是图和丑陋粗鄙,资本主义生产方式对人性的压抑和异化,使福楼拜对人的存在和人类的前途陷入深深的绝望,这构成了他作品冷漠和悲观的基调。福楼拜终身未娶,靠父亲留下的遗产,与母亲同住在卢昂市郊的克鲁瓦塞别墅,潜心创作,把艺术作为终身的追求。福楼拜除了早期创作的作品《狂人之忆》(1839 年)、《斯玛尔,古老的秘密》(1839 年)之外,重要的作品有《包法利夫人》(1857 年)、《萨朗波》(1862 年)、《情感教育》(1869 年)和《圣安东的诱惑》(1874 年),另有短篇小说集《三故事》和一部未完成的小说《法布尔和佩居榭》等。福楼拜写有大量的书信,表达他对艺术、人生和社会的理解与洞察。

查理·包法利是个军医的儿子。由父母做主,娶了一位有资产的寡妇为妻。因一次外出问诊的机会,查理结识了富农卢欧的独生女爱玛。爱玛受过修道院教育,向往罗曼蒂克的生活和爱情。不久包法利的妻子死于非命。为了散心,包法利经常去看爱玛,并向爱玛的父亲卢欧提亲。婚后的爱玛发现,嫁给包法利并没有获得她心仪已久的浪漫爱情。包法利平庸乏味,爱玛的种种浪漫情致激发不起他的响应和兴趣。不久,爱玛认识了法科实习生莱昂,两人谈文论乐,很快坠入爱河。此时爱玛与包法利的女儿出生了,但女儿的出生并没有给爱玛的生活带来生机。莱昂为了摆脱烦恼,决定去巴黎完成学业。爱玛难以排解对莱昂的思念,就在这时,情场老手罗道夫闯入了爱玛的生活。罗道夫对爱玛欲擒故纵,爱玛经不起他的诱惑,做了他的情妇。但罗道夫是个口是心非的骗子,他另寻新欢,抛弃了爱玛。爱玛为此生了一场大病。病好后,她决定痛改前非，开始新的生活。可是，恰在此时，爱玛与旧日情人莱昂不期而遇，二人重坠爱河。为了与莱昂幽会，爱玛不惜背着丈夫向高利贷者勒乐借债。而莱昂最终为了自己的前程，听从了母亲和律师的劝说，决定和爱玛断绝来往。正在这时，爱玛接到法院的传票。商人勒乐逼她还债，法院限定爱玛在 24 小时内把全部 8 千法郎的借款还清，否则以家产抵押。万般无奈之中，爱玛疯狂地四处奔走，她挨个向莱昂、罗道夫等人求助借钱，但这些男人不是骗她就是想占有她。爱玛万念俱灰之下，服毒自杀。至此，"一切欺诈，卑鄙和折磨她的无数欲望，都和她不相干了"。

福楼拜是一位一生处于巨大矛盾之中的作家，诗人的浪漫和现实主义学者型作家的严谨、文学的细腻和科学的实证在他身上合而为一。他对具体场景和生活细节的关注，他所采用的"非个人化"和"作家隐匿"的写作原则，使他成为一个从浪漫主义向现实主义过渡的承上启下的作家；而他对人的意义和心理真实的追问，他后期创作中淡化情节、消解主题、推崇形式和语言的倾向又使他不容置疑地成为现代主义和法国新小说的先驱。

由于他在《包法利夫人》中客观、科学、精准地还原了法国外省生活的原状，他被誉为"自然主义之父"，《包法利夫人》也被视为自然主义的开山之作。然而，福楼拜本人并不认同将他归于任何创作流派，实际上他对 19 世纪法国社会的风俗人情真实细致的呈现使得他对现代小说审美趋向的探索超越了他那个时代。

建议阅读李健吾译，人民文学出版社 2003 年版本。

延伸阅读：Barnes，Julian. *Flaubert's Parrot*，London: J. Cape，1984，以及 Sartre，Jean-Paul. *The Family Idiot: Gustave Flaubert, 1821—1857*，Volumes 1–5, Chicago: University of Chicago Press，1987.

《悲惨世界》

导读作者 / 张玲霞

> 《悲惨世界》是由法国作家维克多·雨果在 1862 年所发表的一部长篇小说,也是 19 世纪浪漫主义文学的代表作品。

作者简介

  雨果(1802—1885 年)是法国浪漫主义文学的领袖人物,他的一生几乎跨越了整个 19 世纪,他在诗歌、戏剧、小说、文论及政论各方面进行了大量的创作,均卓有成就。他的《〈克伦威尔〉序》是法国积极浪漫主义的纲领;他的剧本《欧那尼》的演出成功是浪漫主义在戏剧领域战胜古典主义的标志;他的长篇小说《巴黎圣母院》和《悲惨世界》被列为世界杰作。

  《悲惨世界》是以真实的事件为蓝本而创作的,当时一个贫苦农民因偷一块面包被判 5 年苦役,出狱后又因黄色身份证(黄色身份:无论到何处都要警惕此人)而不能就业,这深深触动了雨果,他花了 17 年的时间完成了这部巨著。在"作者序"中雨果指明了创作的目的:揭露因法律和习俗造成的压迫,暴露这个世界如何因贫困使男子潦倒、因饥饿使妇女堕落、因黑暗使儿童羸弱,企图使小说对社会问题的解决有所裨益。这部作品结构庞大,枝叶繁复,全书共有 5 大部分:《芳汀》《柯赛特》《马吕斯》《卜吕街的儿女情和圣丹尼街的英雄血》及《冉阿让》;围绕的中心问题是穷苦人民的悲惨的命运和处境,可以说它描写的是主人公冉阿让的悲惨生活史。

  主人公冉阿让原是个诚实的工人,一直帮助穷困的姐姐抚养 7 个可怜的孩子,有一年冬天找不到工作,为了不让孩子饿死而偷了一块面包,被判 5 年徒刑;又因不堪忍受狱中之苦 4 次逃跑,刑期加到 19 年;出狱之后,苦役犯的罪名永远地附在他的身上,他找不到工作,连住宿的地方都没有。后来他受到一位主教的感化决心去恶从善;改名换姓重新工作,终于当上了市长,成了大富翁之后的他乐善好施、兴办福利、救助孤寡;然而法律却滥判无辜,他为了不嫁祸于人毅然承认自己的真实姓名,并为救助孤女而逃出法律的魔爪。然而法律不容他、社会不容他,连他辛辛苦苦带大的孤女也误解他。他多年舍己救人,最后却在孤寂中走向死亡,这是悲惨世界中的悲惨典型。作品中还通过一个不幸女子芳汀的一生和她的私生女柯赛特的遭遇来揭示社会逼良为娼、儿童身心受虐,从而全面地展开对社会的批判。

这部小说集中体现了雨果的人道主义思想。雨果认为,世界上存在着两种法律:高级的法律是仁慈和爱,它可以杜绝罪恶,唤起良知,进而改革社会,拯救人类;低级的法律是刑罚,它依靠惩治只能加深犯罪。前者的体现者为米里哀主教,他用道德感化和博爱唤醒了冉阿让的良知,使他成了真正的人;而后者的代表警官沙威,则如鹰犬一般跟踪冉阿让,迫害孤女寡母,如同冷血动物,他最后的精神崩溃投河自尽,表现了现存法律在崇高道德面前的渺小、虚弱及它的破产。作者企图以抽象的人道主义作为消除社会痼疾的武器,有其局限的一面。

《悲惨世界》在反映现实生活方面达到了很高的成就,这里有惊心动魄的历史事件,巴黎的贫民窟、修道院、法庭、监狱、资产者的沙龙、大学生居住的拉丁区,构成广阔而典型19世纪法国的社会画面;小说的人物也是典型的。但主导地位的是浪漫主义风格,雨果倡导的美丑对照原则在人物塑造、场景描写等多方面广泛地得到运用;作者善于用夸张的手法塑造不同寻常的人物,用虚构的偶然的因素来推动情节的发展;同时小说还充满着浓郁的抒情气氛,整部小说弥漫着浪漫主义气息。

1958年人民文学出版社出版了李丹先生翻译的五卷本《悲惨世界》,1979年至1984年重新印刷出版,它是至今为止的权威版本。

《玩偶之家》

导读作者 / 张玲霞

> 《玩偶之家》是挪威戏剧家易卜生的代表作,它发表于 1879 年,是后来在戏剧文学史上影响巨大的"社会问题剧"的开山之作。

作者简介

易卜生(1828—1906 年)是挪威著名的戏剧家、诗人,他是在 1848 年的国际革命浪潮和挪威国内的民族解放运动的推动下开始创作的,因而使他的作品有较强的现实性和鲜明的时代烙印。易卜生的现实主义倾向的剧作是最有价值的部分,他开创的"社会问题剧"真实地反映挪威现实生活,实质上也剖析了欧洲资本主义世界的特点,揭露资本主义社会的肮脏腐朽的本质,提出许多重大的社会问题,如反对传统的封建道德问题,扫除资产阶级市侩意识问题,争取民族独立问题,提倡个性自由、妇女解放问题等,目的在于引起人民群众的注意,进而改革社会。在五四时期的中国文坛,易卜生的影响是巨大的,他对社会问题的探讨启发了中国的现代作家们创作了一系列"问题小说"。

易卜生的代表作有四大名剧,即《社会支柱》《玩偶之家》《群鬼》和《人民公敌》,其中《玩偶之家》为最重要的作品。他每部作品都探讨社会的某个重大问题,如《社会支柱》提出的是社会道德问题,《群鬼》的家庭夫妇关系、遗传问题,《人民公敌》的社会公德问题。易卜生一贯强调个性解放和个人意志之自由,他心目中最有力量的人往往是孤独的、鼓吹精神反抗的个人主义者,这在扼杀个性的封建社会里有积极意义的,但同时他自己也看到,他心目中最有力量的那些孤独者最终是抗衡不过强大的黑暗社会的。

《玩偶之家》又译作《傀儡之家》或《娜拉》,是使易卜生闻名世界的剧本,它通过女主人公娜拉与丈夫海尔茂之间由相亲相爱转为决裂的过程,探讨了资产阶级的婚姻问题,暴露男权社会与妇女解放之间的矛盾冲突,进而向资产阶级社会的宗教、法律、道德提出挑战,激励人们、尤其是妇女为挣脱传统观念的束缚,为争取自由平等而斗争。娜拉与丈夫已结婚 8 年,是 3 个孩子的母亲了,然而在家庭中仍然是玩偶的位置。起初她并不自知,易卜生在此着重描写了她的觉醒和"精神反叛",她终于逐渐认识到自己可悲的社会地位;结婚前属于父亲,结婚后属于丈夫,"像要饭的叫化子,要一口吃一口";她再也不愿意处于奴隶的地位,经过一番激烈的辩论而勇敢地出走了,她要到社会中去弄清楚"究竟是社会正确还是我正确"。可以这么说,娜拉从幼稚的和谐到复杂的矛盾,从耽于幻想到幻想破灭,从安于玩偶之家到坚决出走的过程是妇女觉醒的苦难的历程,当然出走了的娜拉走向何方,她未来的生活道路在哪里,连易卜生也无法回答,但易卜生对妇女解放的心理过程的刻画其意义已十分重大。

　　《玩偶之家》上演后,易卜生也登上了世界文坛,这固然因其鲜明的思想倾向性和娜拉这个反叛的女性形象,但同时他艺术上的成就也是令人瞩目的。易卜生革新了欧洲近代戏剧,对现实主义的戏剧文学发展作出了重大贡献。他把社会问题和舞台艺术结合起来,创造了"问题剧",使当时的观众耳目一新,人们再也不是被作者牵着鼻子走,而是按照生活的逻辑去关心剧中人物的命运,去思索社会现实问题,这在欧洲戏剧史上是个创新;同时易卜生还革新了戏剧形式,他抛弃流行于当时欧洲舞台上的乔装、谋杀、决斗等惊险场面和意外事件,剧中人物仿佛是观众常见的人们,其经历也仿佛是自己经历过似的,观众参与讨论,探索问题的答案,大大增加了艺术效果;还有追溯手法(即倒叙手法)的运用、人物心理过程的细腻刻画等,都使之显示巨大的艺术魅力。

　　《玩偶之家》最好的译本是潘家洵先生翻译、人民文学出版社1963年初版、1978年再版的版本。

《卡拉马佐夫兄弟》

导读作者／刘勇（格非） 林培源

> 《卡拉马佐夫兄弟》是俄国 19 世纪批判现实主义小说家陀思妥耶夫斯基生前最后一部小说，通常也被认为是其一生文学创作的巅峰之作。陀思妥耶夫斯基于 1878 年开始创作《卡拉马佐夫兄弟》，最初在《俄罗斯信使》(*The Russian Messenger*，一译《俄国导报》) 上连载了将近两年（1879 年第 1 期至 1880 年第 11 期），并于 1881 年出版第一个单行本。陀思妥耶夫斯基曾构想将其作为一部更宏大的作品《一个伟大罪人的一生》(*The Life of a Great Sinner*) 的第一部分，然而在《卡拉马佐夫兄弟》完成后仅 4 个月，他便因病辞世，未能如愿。

作者简介

费奥多尔·米哈伊洛维奇·陀思妥耶夫斯基（1821—1881 年），是与托尔斯泰并称"俄国批判现实主义文学的两座高峰"的伟大作家，他于 1846 年出版第一本长篇小说《穷人》，时年 25 岁。重要作品有《罪与罚》（1866 年）、《白痴》（1869 年）及《卡拉马佐夫兄弟》（1880 年）等，其文学风格对 20 世纪的世界文坛产生了深远影响。陀思妥耶夫斯基深谙 19 世纪暗潮汹涌的俄国社会中底层人物的心理，部分学者认为他是存在主义的奠基人，如美国哲学家瓦尔特·阿诺德·考夫曼就曾认为"陀思妥耶夫斯基的《地下室手记》是存在主义的完美序曲"。

《卡拉马佐夫兄弟》围绕一起弑父的凶杀案，叙述了卡拉马佐夫家族错综复杂的故事，主要人物包括父亲老卡拉马佐夫和他的四个儿子。老卡拉马佐夫是个道德败坏的父亲，老大德米特里、老二伊万和老三阿辽沙分别象征人的肉体、理性和精神这几个不同的层面，而私生子斯梅尔加科夫则代表被侮辱、被伤害、被剥夺继承权者。这部作品的主题和哲学思想在德米特里向阿辽沙自白的一章里已经表明："美这个东西不但可怕，而且神秘，围绕着这事儿，上帝与魔鬼在那里搏斗，战场便在人们心中。"陀氏认为每个人心中都藏着一个魔鬼，他在给友人的信件中写道："贯穿全书的主要问题，正是我自觉和不自觉地为之苦恼了一生的问题：上帝是否存在？"万一上帝不存在了，世人应该怎么办？从《罪与罚》中拉斯科尔尼科夫杀死放高利贷的老太婆，到《卡拉马佐夫兄弟》中斯梅尔加科夫的弑父，陀氏一直在思考的哲学命题便是：假若上帝不存在，世界就只能由魔鬼主宰，在《卡拉马佐夫兄弟》中，所有的人物都困

在一张道德哲学的网上，谁也无法挣脱。上帝与魔鬼为争夺控制他们的灵魂而厮杀缠斗，小说从头至尾都弥漫着这场拼死搏斗的硝烟。他们在小说的舞台上走过的时候，无不以触目惊心的清晰度展示各自灵魂的深度。

小说第五卷第五章《宗教大法官》无疑是这部小说最浓墨重彩的一章，在这一章节中，基督亲临尘世，却遭到教会的质疑和挑战。陀氏在这里提出的问题是：人能不能依靠基督的教诲活着？魔鬼，那个聪明狡黠且可怕的精灵，能不能以一种更好的方式支持人类？为什么人非得在面包和自由之间做出抉择？这一章在某种意义上是以文学形式书写而成的哲学篇章，上帝和魔鬼在此短兵相接。作者将基督精神的崇高和博爱赋予其笔下佐西马长老和阿辽沙，而将对上帝的否定赋予老卡拉马佐夫的二儿子伊万，在上帝和魔鬼的角逐中，陀氏坚信基督式的博爱精神必将高奏凯歌。

《卡拉马佐夫兄弟》以其恢宏的"复调"结构在世界文学史的版图中占据重要地位，影响了包括弗洛伊德、弗兰兹·卡夫卡和詹姆斯·乔伊斯等在内的思想家、作家和艺术家。

《卡拉马佐夫兄弟》至今有多种汉语译本，较为知名的有耿济之、荣如德、臧仲伦等翻译家的译本，耿济之版为第一个全文中译本。此外，阅读之余还可参考俄国文论家、批评家巴赫金的《陀思妥耶夫斯基诗学问题》，以及约瑟夫·弗兰克撰写的五卷本陀思妥耶夫斯基传记（第一卷及第二卷已出版中译本）等作品，加深对《卡拉马佐夫兄弟》以及作家个人生平和文学世界的理解。

《伊凡·伊里奇之死》

导读作者／刘勇（格非） 林培源

> 《伊凡·伊里奇之死》是俄国作家托尔斯泰晚年（1886）重要的中篇小说代表作。这一作品的创作灵感，来自1881年一位法官濒死之前，针对往逝的生命自我总结与评价的真实故事。托尔斯泰经由夫人的转述得知此事，由此获得创作灵感。作品一经发表便引起强烈反响，法国作家莫泊桑深深为之折服，曾经叹服说："我看到，我的全部创作活动都算不上什么，我的整整十卷作品分文不值。"

作者简介

列夫·尼古拉耶维奇·托尔斯泰（1828—1910年），俄国思想家，文学家，19世纪俄国伟大的批判现实主义作家，是世界文学史上最杰出的作家之一，被称颂为具有"最清醒的现实主义"的"天才艺术家"。其主要作品有长篇小说《战争与和平》《安娜·卡列尼娜》《复活》，也创作了大量的童话。他的作品描写了俄国革命时人民的顽强抗争，因此被称为"俄国十月革命的镜子"。他的文学传统不仅通过高尔基而为苏联作家所批判性地继承和发展，在世界文学中也有巨大影响。在文学创作和社会活动中，他提出了著名的"托尔斯泰主义"，主张通过"勿以暴力抗恶""道德自我完善"等方式对社会进行改造，1919年10月，为了摆脱贵族生活，托尔斯泰离家出走，并于同年11月20日在阿斯塔波沃车站病逝。

《伊凡·伊里奇之死》虽取材于一位俄国法官的生死挣扎，实质上却反映着托尔斯泰自己多次有关生死问题的深入思考，充分展现了他日后在《艺术论》（*What Is Art?*）中所极力标榜的"艺术为人生"（art for life`s sake）的立场。

故事发生在19世纪末的俄罗斯。政府机构因人设岗，待遇优厚，但官员们无须对工作负责，人浮于事。在这样的社会背景下，官员无责任之负担，干好干坏一个样，升职提拔的途径便是依靠人际关系，精神上的孤独虚空和信仰的失落充盈在普通人的世界之中。这篇小说描写的是伊凡·伊里奇从生病到死去这一段时间里所经历的一切，重点描述了他在肉体病痛和精神困惑的双重袭击下的挣扎与反思。伊凡·伊里奇一直活跃在上流社会，处事圆滑，平步青云。有一天，他发现自己身患绝症，之前对于死亡的认识也陷于崩溃。被亲人孤立的他陷入极度的孤独之中，开始了对生活的思索和生命意义的追问……

小说采用倒叙的方法，第一章描述了伊凡·伊里奇的葬礼；第二章、第三章记叙了他的成长、婚姻、为官处世之道；再用九章的篇幅详尽陈述了他患病、访医治病、反思的整个过程。小说里，各色人等在伊凡·伊里奇走向死亡过程中的种种表现，形成了故事的矛盾冲突，伊凡·伊里奇本人在这些冲突矛盾中不断反思和觉醒。换言之，"伊凡·伊里奇之死"的背面，是伊凡·伊里奇之"复活"——精神的复活。托尔斯泰的批判与讽刺，使得这部小说给予读者强烈的情感思想上的冲击，也启发读者思考这样一个命题：人生应当怎样活着才有意义？

《伊凡·伊里奇之死》是"死亡文学"的经典之作，1880年威尔（Robert Weir）教授所编的《文学中的死亡》（*Death in Literature*），就在结论部分专门收录了这篇作品。《伊凡·伊里奇之死》在文学创作与哲学思想层面，也预见了20世纪两次世界大战以来，盛极一时的欧洲存在主义的思想趋向，并与陀斯妥耶夫斯基的《卡拉马佐夫兄弟》等名著相互辉映，构成存在主义文学的先驱典范。

读者可选择著名俄国文学翻译家草婴的译本。阅读过程应该注意：《伊凡·伊里奇之死》虽然以倒叙开篇，但在其后的章节中以直线叙述讲述了伊凡·伊里奇"极其普通、极其简单又极其可怕"的一生，其叙事背后透着复杂的思想张力。阅读时，尤其要注意托尔斯泰在伊凡·伊里奇和仆人之间所做的对照和描写。

《契诃夫小说选》

导读作者 / 刘勇（格非） 唐猛

> 《契诃夫小说选》（汝龙译，人民文学出版社编选出版）是俄国作家安东·契诃夫的中短篇小说选集，全书共收录短篇小说34部，中篇小说4部，按创作时间排序，囊括了《苦难》《草原》《第六病室》《套中人》等一系列不同时期的重要作品。

作者简介

安东·巴甫洛维奇·契诃夫（1860—1904年），19世纪末期俄国小说家、剧作家，现实主义文学巨匠。契诃夫出身农奴家庭，农奴制改革后获赎身，帮助父亲经营杂货店，后考入莫斯科大学医学系，并开始了贯穿终生的半行医、半创作的文学生涯，其间曾为兼职记者、话剧编剧等。契诃夫一生共创作中短篇小说近500篇以及诸多戏剧作品，与莫泊桑、欧·亨利并称为"世界三大短篇小说家"。

契诃夫一生秉持精练而优美、幽默而冷峻的现实主义创作风格，通过塑造身份平凡而性格典型的中下层人物，以点带面地展现并剖析了19世纪后半叶沙皇俄国的社会图景与众生百态。虽然其作品的关注重点、创作理念和艺术风格在各时期呈现出不同特色，然而对苦难的呈现、对病态的嘲讽、对人类出路的悲观，始终贯穿于契诃夫文学创作的始终。

契诃夫的早期作品大多关注挣扎于社会中下层的小人物的生活，如渴望并恐惧权力的底层公务员、贫穷愚昧的农民、固守传统或谄媚强权的军官和小市民等，在幽默的风格中渗透着浓重的苦难意识，呈现出在沙皇俄国阶级分明、机械僵化的高压统治下，人人均是迫害者和受害者的窒息图景。中期作品中幽默讽刺的笔调略有淡化，艺术品质则大大提升，注重精致的细节描摹和深入的心理刻画，既出现了如《万卡》《渴睡》等小处着眼的细腻之作，也诞生了如《草原》般恢宏辽远的壮阔篇章，但故事对苦难的深切呈现始终如一，并且不再局限于描述和鞭挞病态社会对个体命运的奴役和摧残，而是试图对俄罗斯人血液深处的悲剧灵魂进行深沉的探索和剖析。后期作品中作家的着眼点再次回归到典型人物在畸形环境中挣扎、沦丧的悲惨命运上，如试图保持清醒、远离疯狂却最终不免被投入疯人病室的思想家，同时作为不幸的制造者和承受者的农民，追求真挚的艺术、爱情却最终在庸俗、残酷而不可抗拒的社会洪流中沦丧了自我的知识分子和艺术家等，人物的符号化和象征性特征较明显，更加注重对思想理念进行单刀直入的表述。这一阶段的契诃夫开始直面病态社会的症结，试图指出沙皇政府残暴不公的统治和人类自私怯懦的天性是一切苦难的根源，呈现出对荒谬、残酷而庸俗的生存现实充满失望的虚无主义色彩，以及苦苦探寻出路而不得之的悲剧心态，两者的并存和冲突赋予了作品一抹鲜明的复调色彩。同时，受到日益汹涌的革命浪潮的影响，契诃夫在《新娘》等晚期作品中提出要想实现"新生活"，就必须进行平等权利、共同劳动、普及教育的社会改革的论调，体现出朴素的社会主义思想。

　　由汝龙翻译、人民文学出版社出版的《契诃夫小说选》收录了契诃夫一生大部分代表作和重要作品，并且将其按创作时间排序分并为上、下两册，有利于在阅读时体会作家在不同时期创作理念和艺术风格的变化。然而，仍有少数契诃夫的重要作品未被此版本收录，如《短篇三部曲》中的第三部《有关爱琴的故事》等，因此可结合人民文学出版社新近出版的《契诃夫小说全集》(10卷)进行补充阅读。如需进行更深入的研读，可读由焦菊隐、李健吾、童道明等翻译的《契诃夫戏剧全集》(四卷，上海译文出版社)，以便更加全面地欣赏和体会契诃夫作品的思想精髓和艺术美感。

《泰戈尔诗选》

导读作者 / 王中忱

《泰戈尔诗选》收入泰戈尔代表性诗集五部:《故事集》《吉檀迦利》《新月集》《园丁集》《飞鸟集》。

作者简介

罗宾德拉纳特·泰戈尔(1861—1941年),出生于印度孟加拉省加尔各答市一个婆罗门家庭,其时印度已经沦为英帝国的殖民地,但其祖父是一个成功的商人,他的几位哥哥皆为成就斐然的学者、诗人、音乐家,泰戈尔在富裕而充满艺术氛围的家庭长大,童年时期即开始写诗,14岁开始发表诗作,至1911年,出版孟加拉语诗集20余部及诗剧、小说多种。1912年他自选自译的英文诗集《吉檀迦利》在英国出版,得到叶芝等诗人的赞赏,1913年以此获得诺贝尔文学奖。

泰戈尔也是杰出的思想家、教育家和社会活动家,他积极参与本民族的反殖民斗争,后来独立建国的印度、孟加拉两国的国歌,都改编自他创作和谱写的歌曲。泰戈尔同时是一位胸怀开阔的国际主义者,多次撰文批评狭隘的民族主义。1938年曾以公开信方式谴责日本的侵华行为,明言"我坚信中国是不会被征服的"。1941年4月,他发表题为《文明的危机》的讲演,既表露了对现代文明的失望,也表达了对人类命运的信心。同年8月,泰戈尔在加尔各答祖居病逝。

英文版哲理诗集《吉檀迦利》是为泰戈尔带来世界性声誉的作品。从形式上看,这是一部献给神的颂歌,"吉檀迦利"就是"献诗"的意思。尽管为了适应英语读者的阅读习惯,泰戈尔把诗作中指称神的"你""我主""天帝""国王"等词语译为上帝,但细读和这些词语相关的上下文,不难看到,诗人歌颂的并非拥有绝对权威、凌驾万物之上的一神教式的神,而是和孟加拉语原作中"梵天"一脉相通的泛神,是人人可以亲近、具有浓厚平民色彩的存在。诗人劝告那些盲目的顶礼膜拜者:"把礼赞和数珠撇在一边罢!"因为神并不在那幽暗的神殿里,"他是在锄着枯地的农夫那里 / 在敲石的造路工人那里 / 太阳下,阴雨里 / 他和他们同在 / 衣袍上蒙着尘土"。所以,人们应该脱下圣袍,在泥土地里迎接神,"在劳动里,流汗里 / 和他站在一起罢!"(《吉檀迦利》第十一节)

泰戈尔认为,作为一个诗人,如果只是玩弄辞藻和炫耀文字技巧,同样是无法通向神的。那些浮华的装饰会成为障碍。他崇尚纯真和简朴，希望自己的说明"简单正直像一支苇笛"，让神"来吹出音乐"，从而达到人梵（神）合一的境界。（《吉檀迦利》第七节）

《吉檀迦利》所表现的泛神思想，无疑首先来自印度古老的传统思想，但泰戈尔在发扬本民族文化传统的时候，并无意营造一个封闭的世界，而是自觉尝试和其他文化的沟通。1913年度的诺贝尔文学奖评奖委员会称赞泰戈尔通过创作为"调和人类文明两极化"所做的努力（参见1913年诺贝尔文学奖评委会的授奖词），评价可谓恰切。

《园丁集》和《吉檀迦利》一样，也是一部"生命之歌"，但更多融进了诗人青春时代的体验，细腻地描述了爱情的幸福、烦恼和忧伤，其实可以视为一部青春恋歌。但诗人是在回首往事时吟唱出这些恋歌的，回味青春的心灵悸动，又与之保持了一定距离，对之进行理性的省思，从而使这部恋歌不时闪烁出哲理的光彩。

《新月集》是从睿智的心灵唱出的天真之歌，诗人借助儿童的视角，构筑了一个纯真晶莹的童话世界。深邃的哲理时时从稚嫩的话语和天真的画面中流露出来，智者的心灵和纯真的童心在这部诗集里得到了最好的融合。《飞鸟集》所收诗作以短小精粹见长，诗人把飘忽的情绪和流萤般的哲思巧妙地熔铸到格言般的体式里，这种诗体在五四时期曾激发了中国新诗人写作"小诗"的灵感。

本诗集所收《故事集》，如《译者前记》所介绍的那样，是从佛教故事、印度教故事、锡克教故事乃至民间传说中生发出来的，是泰戈尔以诗的形式进行的"故事新编"。译者注出了其中一些诗作的"故事"来源，如果以此为线索，查阅那些故事，看看泰戈尔是怎样改造或重述"前文本"的，应该是一种有趣的阅读吧。

《泰格尔诗选》有多种中译本，可选阅由冰心等译，人民文学出版社，2015年版。

《都柏林人》

导读作者 / 陈永国

> 《都柏林人》是爱尔兰著名小说家詹姆斯·乔伊斯的成名作,1914 年出版,被认为是 20 世纪西方最著名的短篇小说集。全书共 15 篇故事,但各篇故事之间联系紧密,生动细腻地描画出 19 世纪末 20 世纪初都柏林的苍凉世态。

作者简介

詹姆斯·乔伊斯(James Joyce,1882—1941 年),1882 年生于爱尔兰都柏林市郊区,1941 年在瑞士苏黎世去世。乔伊斯一生从事小说创作,虽作品不算丰厚,但其四部现代主义经典小说却惊世骇俗,包括《一个青年艺术家的肖像》《尤利西斯》《芬尼根守灵夜》和《都柏林人》。乔伊斯是现代主义意识流手法的经典实践者。

《都柏林人》主要描写以都柏林为代表的整个爱尔兰社会的精神瘫痪状态,具体体现在宗教、政治、情感和心理等方面。15 篇故事中描写的都是生活在大都市里的小人物,他们孤独寂寞,麻木不仁,狭小的生活空间渗透着他们的精神幻灭,鲜活感人的回忆讲述着最直接最细微的灵魂故事。这些小人物都出生在都柏林这座显赫却又空虚的大都市里,但他们却感觉不到它的真实存在。他们追求爱情,但情感生活屡屡受挫,如《阿拉比》中的男孩、《伊芙琳》中的女孩,甚至已经结婚多年、自认为与妻子相爱无间的《死者》中的丈夫。他们不但情感生活压抑,婚姻生活受到禁锢,同时也是公共生活中的受害者,这种现象突出地表现在大多数故事中的男性人物身上。他们身处人如海、马如潮的大城市里,却深受孤独寂寥的折磨,不敢投身于现实生活,不敢与人建立情感交流,不敢忏悔灵魂深处的罪过感,只能在恐惧和空虚中面对精神死亡。

死亡是贯穿全书的恒定主题,或者说是都柏林人生活的真实写照。在第一篇故事《姊妹们》中,读者就遭到老牧师的死;《伊芙琳》不断回忆的母亲的死;《泥土》中不断出现的死亡的预兆;《痛苦的事件》中被拒绝接受的一个女人的死讯;而最深刻体现死亡主题之哲理性及其与生存关系的则是最后一篇故事《死者》。在某种意义上,《死者》是对全书其余 14 篇故事的总结,以回忆和意识流手法总结都柏林人(尤其是男性)从童年到青年到成年的成长过程,而最终的觉醒则是察觉出与自己朝夕与共的妻子心里还装着另一个男孩。在睡意朦胧(或许是死亡意识)中,他想象着落在中部平原上的每一片雪花,轻轻地落在沼泽地上,落在汹涌澎湃的浪花里,落在目的地的每个角落里。过往生活中的一切一幕幕飘过,而最真实的莫过于这想象中的雪花,只有它是真实的,因为它对生者和死者都是公平的。

《都柏林人》并没有很多心理描写,只在《死者》中出现一些"意识流",但真正的乔伊斯式意识流要等到《尤利西斯》和《芬尼根守灵夜》。《都柏林人》中更多的是采用白描和象征手法。白描给人以直接、精确和细腻的感觉,而象征则又在字里行间潜藏着无尽的弦外之音,给读者留下了一个无限的思想空间,去琢磨故事中未尽的多元意义。

《都柏林人》可以从头一篇一篇地读下去,这样可以领略各个故事间的紧密逻辑关系,窥见都柏林人生活的全貌;但也可以从中任意选取一篇,因为每一篇都是独立的故事,从中领略都柏林人生活的某一侧面。但无论如何,读完15篇故事后,你所得到的不仅是对都柏林生活世界的了解,更重要的,是对生存本身的了解。

《都柏林人》中译本有几种,各有千秋。有的侧重文笔,读来流畅但难免缺失;有的侧重忠实,读来生硬但离原文较近;有的侧重意译,读来习惯但难免归化。无论选哪个版本,建议最好对照原文,或干脆读原文。只有读原文,方能领略真义。

《荒原》

导读作者 / 曹莉

> 《荒原》是 20 世纪现代派诗人艾略特的代表作，诗中的"荒原主题"集中表达了第一次世界大战后西方知识分子对西方文明前途的幻灭情绪，无论是内容还是形式，都堪称西方现代主义诗歌的里程碑。

作者简介

托·斯·艾略特（Thomas Stearns Eliot，1888—1965 年），是 20 世纪英语世界最重要的一位诗人、剧作家、编辑和文学批评家。1917 年发表的《普鲁弗洛克与其他观察》标志着英美现代主义诗歌运动的开端。由于其在东西方哲学、语言、文学和文论方面的造诣，艾略特以博学多才享誉世界文坛。1948 年获诺贝尔文学奖。

艾略特出生于美国密苏里州的圣路易斯，祖父是圣路易斯唯一神教的创始人。父亲经商，母亲是教师和业余诗人。艾略特先后在哈佛大学、巴黎索邦大学和牛津大学学习哲学和比较文学，受到欧文·白德、乔治·桑塔亚、威廉·詹姆斯、亨利·伯格森、伯特兰·罗素等人的指点和影响。1914 年，艾略特结识了美国诗人庞德，他早期的重要诗作都得到庞德的推荐和指点而正式出版。第一次世界大战爆发后，艾略特定居伦敦，先后做过教师和银行职员。1922—1939 年主办文学评论季刊《标准》。1922 年发表的《荒原》为他赢得了国际声誉，诗中所表达的"荒原意识"成为英美现代派诗歌的主要基调之一。1927 年，艾略特加入英国国籍。晚年主要从事诗剧创作和文学出版。1965 年在伦敦逝世。艾略特的主要诗作有：《普鲁弗洛克的情歌》(1917)、《荒原》(1922 年)、《空心人》(1925 年)、《圣灰星期三》(1930 年)、《四首四重奏》(1936—1942 年)；诗剧有：《磐石》(1934 年)、《大教堂的谋杀案》(1935 年)、《家庭团聚》(1939 年)、《鸡尾酒会》(1950 年)、《机要秘书》(1953 年)、《老政治家》(1958 年) 等；批评著作有：《传统与个人才能》(1919 年)、《圣木》(1920 年)、《玄学派诗人》(1921 年)、《关于文化定义的札记》(1948 年)、《论诗与诗人》(1957 年)、《批评批评家》(1965 年) 等。此外，1939 年出版的诗集《擅长假扮的老猫经》被英国著名作曲家安德鲁·劳埃德·韦伯改编为风靡全球的音乐剧《猫》。

《荒原》(*The Waste Land*) 发表于 1922 年。原诗 900 多行，经庞德删改，成为出版时的 433 行，同年在美国出单行版时，艾略特本人为诗歌增加了注释。诗中使用了七种文字，引用了几十位不同作家的作品和流行歌曲。全诗共分五章。第一章《死者葬仪》以没有水、没有生命力的荒原象征第一次世界大战后的欧洲文明，为全诗定下幻灭和绝望的基调：四月引起令人不安的回忆和欲望，冬天使人沉湎于遗忘；万物凋零是因为没有水，但水里也有死亡。第二章《对弈》选取西方社会不同阶层的几个插曲，表现庸俗丑陋、充满灾难的两性关系。第三章《火诫》描写伦敦泰晤士河畔的今昔，情欲之火使现代人的生活猥亵不堪，但火也能使人涅槃重生。第四章《水里的死亡》仅10行，写水中死亡，重述第一章提到的溺水而亡的腓尼基水手。最后一章《雷霆的话》，回到欧洲是一片荒原的主题，同时表达对东欧革命的不满，全诗以梵文"施舍、同情和克制"结束，暗示人类只有在古老的宗教信仰中寻找智慧和救赎。

　　《荒原》是西方现代派诗歌的扛鼎之作。诗人借用了寻找圣杯和渔王繁殖仪式的传说，大量使用圣经、希腊罗马神话和东西方近现代经典中的典故，以突出今昔异同和对比，极大地丰富了作品的象征意义和主题思想。诗歌对现代人生存状态的描写具有很强的预言性和象征性。叙述者、叙事场景和叙事时间的不断更迭和转换给读者带来极大的阅读挑战。表面形式上的突兀、碎片化和不规则，恰好与诗歌所要表现的现代人生活的荒唐和无序相得益彰，正如艾略特所说，诗人写作的逻辑不是常人所熟悉的秩序和逻辑，而是一种想象的秩序和逻辑。

　　爱尔兰小说家詹姆斯·乔伊斯的长篇巨著《尤利西斯》与《荒原》几乎在同一时间成为英美现代主义的奠基之作，可作比较阅读。

　　建议阅读赵萝蕤、张子清译，人民日报出版社2000年版本。可进一步阅读：Weston, Jessie L. *From Ritual to Romance*, with a new foreword by Robert A. Segal. Princeton University Press.1993；Frazer, James George. *The Golden Bough: A Study in Magic and Religion*. Gambridge University Press, 2012，以及《基督教与文化》，杨民生、陈常锦译，四川人民出版社1989年版本。

《先知》

导读作者 / 穆宏燕

> 《先知》是黎巴嫩旅美作家纪伯伦的代表作,是一部长篇哲理散文诗,创作于1923年,是纪伯伦思想的集中体现,对世界文坛具有重要影响,被誉为"东方赠送给西方的最好礼物"。纪伯伦自己对《先知》的评价是:"这是我思考了一千年的书。"

作者简介

纪伯伦(1883—1931年),黎巴嫩诗人、作家、画家。12岁时随母亲和异父兄妹一起赴美国波士顿侨居,相继在波士顿、贝鲁特、巴黎学习语言、文学和艺术。1912年起,纪伯伦定居纽约,潜心于文学和绘画创作,因其兼具东西方的智慧和学识,成就卓著,成为阿拉伯旅美派文学的领袖,也是阿拉伯现代文学的主要奠基人和开拓者之一。1931年,纪伯伦因患肝癌去世,遗体被运回故乡安葬,被誉为"黎巴嫩的骄子"。鉴于其卓越的文学成就和影响力,联合国教科文组织于1983年将纪伯伦列为"7位具有世界意义的人物"之一。

《先知》是作家借先知之口表达自己思想的经典之作,在构思方面可能受到尼采《查拉图斯特拉如是说》的启迪,但比后者更富有诗意和文学性。作品讲述阿拉伯先知穆斯塔法(这也是先知穆罕默德在《古兰经》中的名字)在阿法利斯城滞留12载,即将登舟返回故乡,全城百姓到海边为先知送行,并请先知给予临别赠言,教导真理。先知以其睿智的哲思回答了人们的26个问题,然后启舟离去。

先知回答的26个问题构成26章,即:爱、婚姻、孩子、施与、饮食、劳作、欢乐与悲哀、房舍、衣服、买卖、罪与罚、法律、自由、理性与热情、苦痛、自知、传授、友谊、谈话、时间、善恶、祈祷、逸乐、美、宗教和死亡。每章皆以哲言警句构成,没有任何故事情节,章与章之间看似彼此独立,实际暗含着隐秘的逻辑关联,加上序章"船的到来"和尾章"道别",全书共计28章,是一个完整的统一体。"爱"是一切之根本,推动着世间万物的运转,也主宰着万物之灵——男人与女人,"爱会引导你,如果发现你适于引导"。有了"爱",才有了男人与女人的结合,才有了人类社会繁衍与运转;孩子虽然为父母所生,却是独立于父母的人,具有自己的灵魂和思想,父母能给予孩子的只有爱;孩子长大,成为社会人,要懂得爱他人,应具备乐善好施的美德;要懂得感恩上天赐予食物;要积极劳作,因为劳作是对生命的报答,"劳作是眼能看见的爱";房舍衣物既是人生存所需,更是身外之物;公平买卖促进社会的和谐运转……

而悲欢、苦痛、理性、热情、自知等构成人丰富多彩的内心情智世界；罪罚、法律、善恶、自由、谈话、友谊、传授等构成人的社会属性；时间、祈祷、逸乐、美、宗教等构成人精神层面的需求；当人走完世间社会，死亡将会为我们揭启生命的真谛，"只有大地包容你们的肢体之时，你们才能真正手舞足蹈"。因此，《先知》从情智、社会和精神三个层面阐释了纪伯伦的生命哲学，即生命的意义在于爱，爱是贯穿全书的主线，人因爱而生，在爱中历练人性，爱自己，也爱他人。爱自己，全力升腾，使自己摆脱在地上匍匐爬行的"侏儒性"，成为在天空中的"飞翔者"；爱他人，积极作为，促进社会的和谐运转，因为社会是人展示生命的舞台，必须以爱来维护。二者相辅相成，使人获得完满的生命，进而成为具有神性的"巨人"。

　　《先知》具有先知般的智性光辉和诗性的语言，不仅是供阅读的，更是供思考的，适合慢读细品和反复品读，甚至可以吟诵朗读，从而涵养性情，砥砺思想。最好能结合阅读《先知》的续篇《先知园》，以求能更好地把握和理解纪伯伦的生命与爱的哲学思想。

　　《先知》比较通行的中译本是冰心译本，该译本转译自英文；现有直接译自阿拉伯语原文的中译本，由李唯中译。两种译本各有所长，可以对照阅读。

《城堡》

导读作者 / 陈永国

> 《城堡》是卡夫卡继《失踪者》(又译《美国》)、《判决》(又译《审判》)之后发表的第三部长篇小说,是未完成但却最能体现其艺术成就的名作,也是他倾注毕生精力抨击庞大、荒谬、无所事事的官僚机构的另一力作。

作者简介

弗兰茨·卡夫卡,1883年出生于古老的布拉格,1924年病逝于维也纳。卡夫卡在其短暂的一生中写了许多中短篇小说和三部长篇小说,大量书信、日记、随笔、箴言等,后由好友马克斯·罗德整理出版。但也有很多作品在此以前就被女友按照他的意愿烧毁了。卡夫卡被誉为19世纪末20世纪初表现主义的"呐喊者",他的十部作品全集早在1996年就由叶廷芳先生主编,在中国出版了。

《城堡》是卡夫卡的"压轴之作",是其思想和风格成熟的标志,也是在荒诞的外衣之下掩藏丰富意蕴的典型。如果说《失踪者》描写了现实与梦境交替的典型的"卡夫卡世界";《判决》描写了由庞大、无形和庸碌无为的法庭所象征的奥匈帝国;那么,《城堡》描写的则是另一个庞大、无能和荒谬的官僚结构。小说主人公与《判决》中的约瑟夫同姓K。K以土地丈量员的身份来见城堡主人,由于天色已晚,就在城堡前的一个村庄里住了下来。第二天,他在村内走了一整天,条条道路都摸索过了,可是每一条路似乎到了城堡门口便又拐开了。于是,他要求用电话联系,但遭到拒绝。接着他接到城堡长官的信,说这个村的村长就是他的直接上司,工作将由村长来安排,但村长告诉K他们这里不需要土地丈量员。K在酒馆里消磨时间时遇到了村长的情妇,就想通过她与村长见面,也没有成功,反倒与村长的情妇有了恋情。在无路可走的情况下,K接受小学教师给他提供的校工职位,但又与学校的正常秩序发生冲突,每天还有两个助手缠着他、监视他。他想继续找村长面谈,以便接近城堡,并能在村里成家立业,但村长就在村里,城堡就在眼前,看得见,摸不着,进不去。

从浅层次上说,这部长篇小说批判的是官僚机构的人浮于事,层层机构,官吏成群,整天忙忙碌碌,但就是没有效果。从深层次上说,卡夫卡旨在揭示的是人之所以为人的道理。城堡是一个象征,一个目标,尽管进入城堡的努力徒劳无益,但K还在努力争取，因为人的本性就是不懈努力地实现自己制定的目标，去实现一个自主的人的目标，尽管有众多的异己力量在左右这个世界，但人必须用自己的力量来证明自己，实现人的自身价值。

  阅读卡夫卡的作品并非是件易事。首先，读者需要了解其作品中固有的存在主义思想。作者本人读过存在主义哲学家克尔凯郭尔、尼采、海德格尔等人的著作，并深受其影响。其次，读者还需了解黑格尔、费尔巴哈和马克思提出并批判的"异化"观，进而深入理解卡夫卡作品中描写的人越是努力，越是更深地陷入生存危机和物化的境地。最后，卡夫卡作品中充斥着与生存悖论相对应的"悖谬"手法，从语言和创作手法上说，这是进入卡夫卡世界的最佳入口。

  《城堡》的最好译本出自德语界老翻译家赵荣恒教授之译笔。相关评论见叶廷芳、杨恒达、曾艳兵等学者的研究。

《高尔基中短篇作品精选》

导读作者／刘勇（格非） 钱浩

> 《海燕之歌——高尔基中短篇作品精选》（北岳文艺出版社2015年版）收有高尔基各个时期最有代表性的中短篇小说16篇，其中既有揭露社会丑恶、表达底层人民不满的现实主义小说，如《切尔卡什》《游街》等，也有富于传奇色彩的浪漫主义小说，如《马卡尔·楚德拉》《伊则吉尔老婆子》等。无论哪一类，高尔基都对人与社会的冲突这一主题做了全新处理。他以犀利的艺术目光投向形形色色的普通人，洞察着不公正的社会结构怎样无情地摧残人的美好天性。在19世纪的俄国作家中，几乎无人能像高尔基那样深刻地了解下层人民的痛苦和期待，表现他们的需求和愿望。高尔基以被压迫、被剥削阶级者代言人的身份登上文坛，给当时的俄国文学带来一股清新气息。

作者简介

马克西姆·高尔基（1868—1936年），苏联伟大的无产阶级作家，原名阿列克赛·马克西莫维奇·彼什科夫，生于木匠家庭，当过码头工、面包师傅等，流浪于俄国各地，经历丰富。1892年开始发表作品。早期作品多描写沙皇制度下人民的痛苦和他们对美好生活的憧憬。1899年起先后写出长篇小说《福玛·高尔杰耶夫》《三人》，剧本《小市民》《底层》《仇敌》，中篇小说《奥古洛夫镇》《马特维·克日米亚金的一生》等，刻画资产阶级、小市民和城市贫民的形象。《鹰之歌》《海燕》等散文诗反映作者激荡的革命情绪。1901年起因参加革命工作几次被捕。1906年发表长篇小说《母亲》，反映俄国工人阶级的斗争，被视为第一部社会主义现实主义作品。1934年主持第一次苏联作家代表大会，当选为苏联作家协会主席。还写有自传体三部曲《童年》《在人间》《我的大学》，反映资产阶级家庭三代历史的长篇小说《阿尔达莫诺夫家的事业》，描写革命前40年间资产阶级知识分子生活的长篇小说《克里姆·萨姆金的一生》，以及许多政论、特写、回忆、文学评论等。

高尔基的中短篇小说在主旨上以革命现实主义为主导，其中最有代表性的有《叶美良·皮里雅依》（1893）、《阿尔希普爷爷和缪恩卡》（1894）、《我的旅伴》（1894）、《切尔卡什》（1895）、《科诺瓦洛夫》（1897）、《莽撞人》（1897）、《奥尔洛夫夫妇》（1897）、《在草原上》（1897）、《因为烦闷无聊》（1898）、《二十六个和一个》（1899）等。这些作品，所反映的生活是多方面的，内容极为丰富，概括起来，其基本主题是：揭露资本主义制度的罪恶，批判私有者及市侩的卑劣灵魂，表达底层人民不满黑暗现实的反抗情绪和赞美他们身上的优良品质。主人公大都是失业工人、破产农民、小偷、妓女、乞丐和流浪汉等被侮辱与被损害者。这些人，是高尔基最熟悉的，也是19世纪末沙俄社会的特殊产物。当时，俄国在工业危机之后，又爆发了农业危机，失业工人和破产的农民流离失所，过着无衣无食的生活，处境十分悲惨。他们当中也有反抗和追求的，但大多是自发的、偶然的，甚至是无政府主义的。他们对奴役劳动的否定常常演化成对劳动本身的否定和对一切社会组织的仇视，对美好事物的追求也往往变质为心灵的自我折磨。高尔基给我们解释了这种悲剧性，详尽生动地描绘了这样一幅历史图景。

这个选集早在1996年北岳文艺出版社即发行过一版，译者（刘伦振、张敬铭、臧仲伦、鲁民等）大多都是1950年代北京大学的毕业生、我国俄苏文学翻译界前辈曹靖华先生的门生。他们继承曹老的优良传统，几十年勤奋笔耕，译出了一部又一部俄苏文学作品，兼具丰富的翻译经验和高超的文笔。对于热爱俄苏文学的同学们，这几位翻译大家的其他译著也都值得品读。

《雪国》

导读作者 / 王中忱

> 《雪国》，中篇小说，日本作家川端康成著，东京创元社 1937 年 6 月初版印行后，作家又有续作，至 1948 年印行最后完稿的"决定版"。

作者简介

川端康成（1899—1972 年），出生于日本的大阪市，两岁时父母去世，自幼形成"孤儿性格"。1917 年考入第一高等学校，1924 年毕业于东京帝国大学国文学科，同年 10 月和横光利一等人创办《文艺时代》杂志，被视为"新感觉派"的代表作家。"二战"以后曾任日本笔会会长。1968 年获得诺贝尔文学奖。代表作有《伊豆的舞女》《浅草红团》《雪国》《古都》等。

《雪国》篇幅不长，内容情节也不复杂，主要叙写来自东京的岛村与艺妓驹子在温泉宾馆里的邂逅与恋情。小说从岛村第二次来雪国写起，开篇第一句："穿过县界长长的隧道，便是雪国。夜空下一片白茫茫。火车在信号所前停了下来。"以曲折的句式和悠长的韵味，确立了整部作品的抒情基调。而接下来的追述，特别是火车驶入雪国世界之前那段有关车窗景象的描写，更是历来为人称道："暮霭中的车窗镜面上，浮现出一位少女的美丽眼睛和美丽面庞，静止而透明。镜面后的朦胧景色不停地匆匆流逝。"人物与背景似乎毫无关联，却又重合叠印在一起，相互衬托映衬："特别是当山野里的灯光映照在姑娘脸上时，那无法言说之美，使岛村的心都几乎为之颤动。"这段文字最为突出地表现了川端康成视觉感觉的非同寻常，也最为集中地凝缩了《雪国》的基本意旨和基本结构。在虚/实、真/幻的情节发展中，车窗镜像作为中心意象向读者暗示，《雪国》所努力营造的正是这镜中之像的虚幻之美。

川端曾多次否认岛村是小说里的中心人物，认为驹子才是中心式的存在，岛村和叶子都只是安置在两旁的道具（参见《顾影自命》，《川端康成谈创作》，生活·读书·新知三联书店 1988 年）。如果从人物性格塑造的丰满程度来说，作家的说法也自有道理。驹子虽为僻远雪乡的卖笑艺伎，却向往纯真的爱情。她恋慕岛村，即使知道岛村不可依靠，也隐忍着内心的痛苦，不顾一切地大胆追求。一部《雪国》，称得上性格饱满、生命充沛的人物，首先要数到驹子。但若从小说的叙述结构看，岛村显然是统摄全篇的视点人物，小说里的人物、场面、景物，都是通过他的眼睛呈现出来的。岛村不是一个行动型的人物，也非深沉的内省者，在作品里几乎近似一个苍白的影子，但他是一个鉴赏者和观察者，津津有味地品鉴镜中的幻影，他本人也很类似一面镜片。作品中的画面因为他的存在而变得朦胧，人物的悲哀际遇因为他的存在而失去发展成震撼心灵的悲剧的可能性，而衍化为超越悲喜的镜中幻美。

这是川端文学的典型特征，1968年瑞典文学院授予川端以诺贝尔文学奖时，对此表示赞赏。但川端的幻美境界是以放弃社会使命和道德责任为代价的。日本著名学者、作家加藤周一曾对川端文学的这一局限进行批评，并说这决定了川端康成只能是"一个伟大的小作家"。加藤的评价是很恰切的。

川端康成既是一位杰出的小说家，也是一位优秀的散文家和艺术鉴赏家，他在诺贝尔文学奖获奖仪式上的演讲《我在美丽的日本》，是一篇充满洞见的日本文学艺术论。对读川端的散文、评论和他的小说，思考二者之间的互文关系，肯定会有很多有意思的发现。

《雪国》有多种中译版本，其中叶渭渠译本和高慧琴译本比较通行。

《静静的顿河》

导读作者 / 刘勇（格非） 钱浩

> 四卷本长篇小说《静静的顿河》反映了1912—1922年，即第一次世界大战前到苏俄国内战争期间，顿河哥萨克地区新旧事物的冲突和尖锐的阶级斗争。作品着重描写哥萨克中农格里高利·麦列霍夫在历史转折时刻的彷徨与抗争。小说画面广阔，气势磅礴，是苏联文学中的史诗性巨著。

作者简介

米哈伊尔·亚历山大罗维奇·肖洛霍夫（1905—1984年），苏联作家，出生于维约申斯克区顿河流域，18岁开始发表小说，短篇小说集主要有《顿河故事》和《浅蓝色的原野》。1925年开始写《静静的顿河》，1940年完成最后一部。肖洛霍夫的生活与创作道路和苏联的历史进程同步，与顿河哥萨克的命运相连，因而以描写顿河哥萨克人的生活闻名于世。他的《静静的顿河》在苏联叙事文学中开创了独特的悲剧史诗的艺术风格。1941年获得斯大林文学奖，1965年获得诺贝尔文学奖。

在故事时间上，小说由战前的和平生活、第一次世界大战、1917年二月革命和十月革命、国内战争和战后生活这几个阶段组成。作者塑造了许多献身于苏维埃政权的革命者形象，也写了旧政权的垂死挣扎和白军的失败。1912年至1922年的历史事件，特别是1919年顿河哥萨克暴动，构成了小说的情节基础。

作品的中心人物格里高利·麦列霍夫是一个地道的哥萨克，在他身上反映着时代的矛盾、动荡、痛苦与巨大变迁。围绕着麦列霍夫一家人的跌宕命运，作品还展现了阿斯塔霍夫、科尔舒诺夫、珂赛伏依、李斯特尼茨基、莫霍夫等几个家庭的兴衰沉浮。肖洛霍夫笔下的农民是历史的积极创造者，有着丰富的内心世界，既有对劳动、对自然的深切热爱，也有感受爱情、友谊、欢乐和痛苦的丰富情感。这在俄国文学的农民形象创造方面标志着一个新的水平。

肖洛霍夫始终把人物描写置于社会生活和大自然的背景中，使人和环境融合一致。人物心灵的变化，反映着历史事件的发展和社会生活，而自然景物又随着人物心灵的变化而变化。格里高利从红军复员回家的时候，坐牛车走过秋天的草原，他茫然的心情和草原的死寂相映衬。当他再度和阿克西妮娅从村中出逃、阿克西妮娅中弹身亡的时候，格里高利看见自己头顶上是"一片黑色的天空和一轮耀眼的黑色太阳"。这一意象将他痛苦绝望的心境十分真实地表现出来。

肖洛霍夫作为一个现实主义作家，留给世界文学许多有益的启示。其中最可贵的是，在他看来，文学生命的源泉首先表现在作家同人民生活的密切联系上。他不仅为人民的利益而生活，而且还要生活在人民中间。他在获得诺贝尔文学奖之后的讲话中说："许多作家把能够用自己的笔、不受任何局限地服务于劳动人民看成是自己最高的荣誉和最大的自由，我正是属于这类作家的行列。"

这部苏联名著早在20世纪三四十年代即由我国老一辈翻译家金人陆续翻译出来。新中国建立前共印行过八版。1953年和1964年，肖洛霍夫对小说进行过两次修改，因此中译本也相应地做了校订和增删。1988年人民文学出版社的第二版是较为经典的一个版本。后来的各种新版（金人译）都以此为底本。

肖洛霍夫的短篇小说集《顿河故事》与《静静的顿河》有着相似的主题和时代背景。其中的《死敌》《牧童》《胎记》《看瓜田的人》等也都是非常值得一读的名篇。

《海明威短篇小说全集》

导读作者／陈永国

> 《海明威短篇小说全集》共收入海明威短篇小说84篇，俗称"观景庄版"，为海明威的三个儿子整理、查尔斯·斯克里布纳出版。

作者简介

　　欧内斯特·米勒·海明威（Ernest Miller Hemingway），1899年出生于美国伊利诺伊州芝加哥市郊区的奥克帕克，1961年在爱达荷州凯彻姆的家中自杀身亡。海明威曾当过战地记者，被认为是20世纪美国最著名的小说家之一；美国"迷惘的一代"的代表人物；第一次世界大战期间被授予银制勇敢勋章；1953年，他的中篇小说《老人与海》获得普利策奖；1954年，《老人与海》又获诺贝尔文学奖。他的《太阳照样升起》与《永别了，武器》两部长篇小说被美国现代图书馆列入"20世纪100部最佳英文小说"。

　　海明威的中短篇小说是给人类留下的一笔宝贵财富，是以精湛的笔力塑造的一个精致而虚构的艺术世界。出现在许多故事中的尼克·亚当斯就是这个世界的主人公。他从一个天真敏感的孩子（《印第安人营地》），经过善良迷惑的少年时代（《杀人者》），成为在第一次世界大战中成长起来的身心俱疲的青年人（《大二心河》）。而且，后来几部长篇小说中的主人公也是由尼克演变而来（《永别了，武器》的亨利，《太阳照样升起》中的杰克）。尼克从小就模糊地了解到病态、死亡和暴力给人类带来的不幸，随着年龄的增长，他逐渐亲身体验到了社会的不公平和邪恶。天生的敏感和见识的多广使他趋于早熟，更深刻地认识到在正义与邪恶的较量中，正义始终软弱无力，因此对现实产生迷惘之感。这种迷惘之感实际上是20世纪20年代在美国青年人成长过程中出现的一个普遍现象，即对现存秩序和人生价值困惑质疑，无所适从。海明威的全部作品几乎都是围绕这一主题创作的。

　　海明威的创作风格也独树一帜，被称为"电报式风格"，即简洁明快，善用短词短句表达清晰而深邃的思想，因此而使主题更有震撼力。此外，他的中短篇小说含有大量的象征、意识流、自传性回忆，在梦幻和清醒之间建立真实的世界秩序，在象征与生活之间穿插意识的流动，并在几篇故事中以极为罕见的第二人称邀请读者亲临小说描写的虚构之境，从而拉近了读者与人物之间的距离，使读者走进人物所生活的世界，与人物感同身受。这是海明威中短篇小说在读者中产生的奇特效果。

  阅读海明威的中短篇小说需要耐心的心理体悟，用细腻的文字功夫咀嚼字里行间的真意，而切不可随着语言明快的节奏和逸趣横生的情节而放任思绪，那样就将一无所获。作品的意义、人物的刻画、创作的真正意图，如果有的话，就在这简洁的电报式的表达之中。
  《海明威短篇小说全集》是较早的中文译本，上册为陈良廷等译；下册为蔡慧所译。较之其他译本，此译本收录全，能呈现海明威中短篇创作之全貌。

《迪伦马特喜剧选》

导读作者／刘勇（格非） 唐猛

《迪伦马特喜剧选》（叶廷芳等译，人民文学出版社编选出版）是瑞士作家弗雷德里希·迪伦马特的喜剧选集，收录了《罗慕路斯大帝》《天使来到巴比伦》《老妇还乡》等作品，均为迪伦马特受关注程度较高、影响较为广泛的戏剧代表作。

作者简介

弗里德里希·迪伦马特（1921—1990年），瑞士籍德语作家、剧作家。迪伦马特出生于瑞士科诺尔丰根市的一个牧师家庭，青年时期先后在苏黎世大学和伯尔尼大学攻读文学、神学和哲学，毕业后在苏黎世《世界周报》任美术与戏剧编辑，1946年迁居巴塞尔后开始职业作家生涯，创作领域广泛，涉及戏剧、小说、广播剧、电影剧本、儿童文学及戏剧理论等，曾获德国席勒奖、瑞士伯尔尼市文学奖、意大利广播剧大奖等，被认为是继布莱希特之后最重要的德语作家之一。

迪伦马特的喜剧创作选题广泛，从《圣经》记载的巴别塔神话到现代欧洲的普通市民生活，题材丰富，异彩纷呈，但在思想性和艺术性上呈现出明显的连贯趋势。虽然其戏剧作品的时代背景各不相同，然而对僵化、残酷而虚无的现代工业文明的嘲讽和绝望，对"冷战"时期"世界帝国"可能形成的忧虑，对被文明外衣和宗教道德掩盖的人性的贪婪、残忍和空虚的无情揭露，始终是迪伦马特"借题发挥"的思想主旨。同时，作家通过荒诞、夸张、充满戏谑色彩的"悲喜剧"艺术表现手法，强化了对这一系列思想主旨的阐发和呈现。

《迪伦马特喜剧选》收录的作品均很好地体现了作者文学创作的思想性和艺术性。在《罗慕路斯大帝》和《天使来到巴比伦》中，迪伦马特用罗马和巴比伦影射西方现代文明，描写了"精神的人"在"物质的人"的包围和迫害中挣扎残喘，企图对抗庞大、僵化而残酷的社会机器而失败，人类的生存现状陷入贪欲、幻觉和异化的泥淖的绝望境况，同时也表达了对"冷战"中大国沙文主义和"世界帝国"气氛的忧虑。迪伦马特对现代文明的悲观认识在《物理学家》和《流星》中表现得更为强烈：物理学家为了不使自己的先进研究成果落入野心家之手而装疯进入疯人院，而这份研究成果最终不免落入疯人院主管、怀揣统治世界狂想的疯子"博士小姐"之手；《流星》中的作家因对世界绝望而渴求死亡，然而抱有各类虚无幻想的人总在他身边不断死去，他自己却一次次复活，最终反而被宗教狂热者崇拜为象征着幻觉的偶像。《老妇还乡》是迪伦马特最贴近现实的作品：亿万富豪克莱尔年轻时被爱人伊尔背叛而沦为妓女，数十年后重返故乡，用数十亿重金贿赂当地居民杀死自己仍心爱的伊尔，"通过毁灭他而改变过去"。平日善良朴实的居民在金钱的诱惑下将伊尔步步逼入绝境，物质性的背叛将珍贵的爱情演变成残酷的复仇，这一切在瑞士全民福利、精神建设完善的背景下反而呈现出令人窒息的普遍性，道德外衣下暗流涌动的人性之恶被揭露得一览无余。迪伦马特的喜剧作品无不通过荒唐戏谑的描述阐发出对人类存在现状的绝望感，但也试图证明人类灵魂深处的正义感、通过共同的爱与美的体验建立的联系是走出绝望的唯一途径。然而这份希望在巨大的苦难面前显得苍白无力，因而衍生出他在晚期作品《流星》中表现出的自毁倾向。

除了人民文学出版社出版的《迪伦马特喜剧选》，同社出版的《老妇还乡》同样收录了迪伦马特的五部喜剧作品，其中有四部相同，仅增添了《流星》一部，删减了《弗兰克五世》，可将两部选集互相补充阅读。至于尚未被译成中文的迪伦马特戏剧作品，在《迪伦马特选集：戏剧篇》(*Friedrich Dürrenmatt: Selected Writings, Volume I, Plays,* Joel Agee 英译本) 中均有收录。同时，也可对迪伦马特的小说作品《抛锚》(人民文学出版社)《诺言》《法官和他的刽子手》(群众出版社) 进行扩展阅读，从而获得对迪伦马特的文学创作更为深入全面的理解。

《百年孤独》

导读作者 / 童燕萍

> 《百年孤独》被称为拉丁美洲魔幻现实主义的代表作,小说以"汇集了不可思议的奇迹和最纯粹的现实生活"荣获 1982 年的诺贝尔文学奖。

作者简介

加西亚·马尔克斯1927年出生于南美哥伦比亚的小镇阿拉卡塔卡。1947年考入波哥大大学攻读法律,并开始文学创作。1948年因哥伦比亚内战,中途辍学,先后担任多家报社记者。1961年至1967年他移居墨西哥,从事文学、新闻和电影工作。1982年他获得诺贝尔文学奖,同年返回祖国,并担任法国西班牙语文化交流委员会主席。1999年他患淋巴癌,2014年去世。其主要作品有《恶时辰》(1962年)、《百年孤独》(1964年)、《霍乱时期的爱情》(1985)等。

《百年孤独》的故事发生在虚构的马孔多镇,描述了布恩蒂亚家族百年来七代人的兴衰历史。其内容涉及社会和家庭生活的方方面面,可以说是拉丁美洲历史文化的浓缩投影。小镇的创始人何·阿·布恩蒂亚最初为了逃避家族的责备逃离家乡。他率领20来户人家走到海边,在那里居住下来,把那个地方取名"马孔多"。布恩蒂亚为全村人设计合理的村镇布局,带领大家共建马孔多。后来,随着吉普赛人、阿拉伯人、欧洲人以及美国人不断涌入这个世外桃源,各种各样的"新奇"东西也随之进入这个新开发的小镇。布恩蒂亚为那些新奇的东西兴奋着迷。他不断地接受新事物,竟然在不断"发明"和"探索"中变得神魂颠倒,最后发疯,被家人捆在大树下,成了个活死人。他的二儿子奥雷良诺,曾身经百战,可到头来发现他和战友们的流血奋斗没有丝毫意义。闹了半天,一切依旧。奥雷良诺绝望地把自己关在作坊里制作小金鱼,再也不关心国内局势,最终他无声无息地死去。他的妹妹阿玛兰塔,因为妒忌她母亲的养女雷贝卡,先是与其明争暗夺意大利商人皮埃特罗的爱情,之后在皮埃特罗向自己求婚时,又断然拒绝了他。皮埃特罗不堪连续打击,愤而自尽。不久阿玛兰塔成了梅林列尔的未婚妻,可是,在他准备同她结婚时,她又坚决拒绝了他。她整天织她的裹尸布,日织夜拆,打发日子。雷贝卡和布恩蒂亚的大儿子结婚后,他们的生活方式被全村人憎恨。在她丈夫被人杀死后,雷贝卡把自己锁在屋内,完全与世隔绝地度过了后半生。布恩蒂亚家族的一代又一代,"他们尽管相貌各异,肤色不同,脾性、个头各有差异,但从他们的眼神中,一眼便可辨认出这个家族特有的、绝对不会弄错的那种孤独眼神"。小说作者花了大量的笔墨,描写那些由于愚昧、落后、保守以及情欲所造成的孤独,表现了一种因为不能掌握自身命运而产生的绝望、冷漠和疏远感。这种孤独成为阻碍民族或国家进步的一大障碍。

小说《百年孤独》内容复杂,人物众多,情节离奇,手法新颖。马尔克斯在书中融汇了南美洲特有的五彩缤纷的文化,通过描写小镇马孔多的产生和兴衰,表现了拉丁美洲令人惊异的疯狂历史,并对"孤独"这一具有民族特性的问题做了深刻的揭示。《百年孤独》采用了环环相套、循环往复的叙事结构,展现了小镇马孔多的历史。这种形式结构,恰如其分地表现了小说的一个主题:人的孤独、封闭,以及由孤独封闭造成的落后、消亡。小镇马孔多对于人物来说是现实,对于叙述者来说是过去,而对于小说中的预言者梅尔加德斯来说又是将来。因而小说中的过去、现在和将来形成了自在的、形而上的世界。小说结尾是梅尔加德斯的手稿被布恩蒂亚家族的最后一个成员破译。读者看到,全书的故事不过是对羊皮纸手稿的印证和再现。这一深刻的寓意揭示出历史与虚幻交织、现实与神奇相连的道理,点出魔幻现实主义的真谛。

关于《百年孤独》的中文译本,推荐阅读由高长荣根据英文翻译的、北京十月文艺出版社的版本,以及黄锦炎等人从西班牙文合译的、上海译文出版社的版本。